Kasseler Edition Soziale Arbeit
Band 2

Herausgegeben von
Werner Thole, Universität Kassel, Deutschland

Die Soziale Arbeit gewinnt zunehmend an Bedeutung und öffentlicher Anerkennung. Hierzu trägt unter anderem der Ausbau der empirischen Forschung in Bezug auf sozialpädagogische Fragestellungen bei. Motiviert durch vermehrt vorliegende Forschungsbefunde entwickeln sich auch die theoretischen Reflexionen zur Sozialen Arbeit weiter und in der sozialpädagogischen Praxis ist ein neues Interesse an wissenschaftlichen Erkenntnissen wahrzunehmen.

In der „Kasseler Edition Soziale Arbeit" erscheinen Beiträge, die alte und neue Fragen und Herausforderungen der Sozialen Arbeit empirisch und theoretisch fundiert aufgreifen. Mit der Reihe soll das Projekt einer disziplinären und professionellen Profilierung der Sozialen Arbeit weiter angeregt und fachlich qualifiziert werden. Aus unterschiedlichen Perspektiven werden die einzelnen Bände der Edition insbesondere Veränderungen und Transformationen der Sozialen Arbeit in den modernen, kapitalistischen Gesellschaften kritisch reflektieren. Bedeutung erhält so die Beobachtung, dass die Soziale Arbeit weiterhin ein gesellschaftlich vorgehaltenes Angebot der Hilfe, Unterstützung, Begleitung und Betreuung für diejenigen ist, denen die Ressourcen für ein „gelungenes" und „zufriedenstellendes" Leben nicht hinreichend zur Verfügung stehen oder denen diese Ressourcen vorenthalten werden. Beachtung wird aber auch der Entwicklung geschenkt, dass die Soziale Arbeit inzwischen ein bedeutender Akteur im Feld des non-formalen Bildungssektors ist: Soziale Arbeit hat sich zu einem gesellschaftlichen Allgemeinangebot entwickelt und ist zugleich damit beauftragt, die Verschärfung von materiellen, kulturellen und sozialen Problemlagen in den gesellschaftlichen Teilgruppen, die unter den kapitalistischen Reproduktionsbedingungen aufgrund ihrer strukturellen oder temporären Marginalisierung zu leiden haben, durch Hilfs-, Unterstützungs- und Bildungsangebote abzufedern Damit zusammenhängende Problemstellungen werden aus adressat_innen-, struktur- und professionsbezogenen Perspektiven aufgegriffen und profund erörtert

Herausgegeben von
Prof. Dr. Werner Thole
Universität Kassel

Moonki Hong

Kinderschutz in institutionellen Arrangements

Deutschland und Südkorea in international vergleichender Perspektive

Mit einem Vorwort von Werner Thole

 Springer VS

Moonki Hong
Kassel, Deutschland

Kasseler Dissertation
Universität Kassel
Fachbereich: Humanwissenschaften
Verfasser: Moonki Hong
Datum der Disputation: 22.10.2014

Kasseler Edition Soziale Arbeit
ISBN 978-3-658-10741-3   ISBN 978-3-658-10742-0 (eBook)
DOI 10.1007/978-3-658-10742-0

Die Deutsche Nationalbibliothek verzeichnet diese Publikation in der Deutschen Nationalbi-
bliografie; detaillierte bibliografische Daten sind im Internet über http://dnb.d-nb.de abrufbar.

Danksagung

Im Wintersemester 2014 wurde die vorliegende Studie vom Promotions-ausschuss zur Verleihung des Titels des Dr. phil. der Sozialen Arbeit an der Universität Kassel, als Dissertation angenommen. Meinen Dank möchte ich hier meinem verehrten Doktorvater, Herrn Professor Dr. Werner Thole aussprechen. Er ermöglichte es mir, meine Doktorarbeit an der Universität Kassel zu schreiben. Er hat die Arbeit von Anfang an begleitet und stets mit großem Einsatz betreut.

Bei Professor Dr. Mark Schrödter, als zweitem Gutachter, bedanke ich mich für die wertvollen Anregungen und entgegenkommende Begleitung. Ebenfalls danke ich Professorin Dr. Alexandra Retkowski sowie Professorin Dr. Theresia Höynck für das Bereitstellen Ihres vielfältigen Materials und die hilfreichen Hinweise.

Professor Dr. Deokhwan Kim, der mein Masterstudium in Südkorea betreut hat, hat mir empfohlen in Deutschland zu studieren und mir im gesamten Verlauf meines Studiums vielseitig geholfen. Professor Dr. Woongsoo Kim, Dr. Changhee Kim aus Tübingen, Jessica Tetzel, Juri Kilian, Ivan Smolenicki, Angelina Daum, Moonzo Kim, Tom Giersch, Sebastian Wojtek und Monika Haug aus Kassel haben bei meiner Dissertation die Korrektur durchgeführt, sowie Diskussionen mit mir geführt. Des weiteren haben mir Kollegen aus dem Kolloquium vielfältiges Material und Informationen zur Verfügung gestellt. Recht herzlichen Dank dafür.

Pastor Hong Songhun und Mitglieder der koreanischen Gemeinde in Kassel sowie Pastor Hong Joohyeong aus Südkorea haben mir die Daumen gedrückt und mir viel Erfolg bei meinem weiteren beruflichen Werdegang gewünscht. Herzlichen Dank für alles.

Dank der finanziellen Unterstützung durch den DAAD konnte ich mich auch in der Abschlussphase voll und ganz auf meine Arbeit konzentrieren. Auch bedanke ich mich bei Frau Ulrike Prueß und Herrn Dr. George von Soest des Jugendamtes Kassel für Ihre vielfältigen Informationen und Materialien.

Ohne die geduldige Unterstützung und Förderung meiner Frau Yugyeong Choe und meiner Tochter Jia wäre mir diese Arbeit nicht möglich gewesen.

Ebenfalls wäre dies alles ohne die finanzielle Unterstützung und den herzlichen Beistand meiner Eltern in Südkorea niemals zustande gekommen. Ihnen gilt mein besonderer Dank.

„Ich hebe meine Augen auf zu den Bergen. Woher kommt mir Hilfe? Meine Hilfe kommt vom Herrn, der Himmel und Erde gemacht hat" Psalm 121:1-2

Kassel, im April 2015
Moonki Hong

Inhalt

Abbildungs- und Tabellenverzeichnis

Abbildungsverzeichnis

Tabellenverzeichnis

Abkürzungsverzeichnis

Abs.	Absatz
Abb.	Abbildung
ASD	Allgemeine Soziale Dienste
BMFSFJ	Bundesministerium für Familie, Senioren, Frauen und Jugend
BMJ	Bundesministerium der Justiz und für Verbraucherschutz
bzw.	beziehungsweise
ca.	circa
d.h.	das heißt
Ebd.	Ebenda
FamFG	Gesetz über des Verfahrens in Familiensachen und in den Angelegenheiten der freiwilligen Gerichtsbarkeit
ggf.	Gegebenenfalls
GfBhG	Gesetz für besondere Fälle zur Bestrafung von Verbrechen von häuslicher Gewalt
GG	Grundgesetz
GPhGS	Gesetz für die Prävention von häuslicher Gewalt und zum Schutz der Opfer
JA	Jugendamt
JSG	Jugendschutzgesetz
KFG	Kinderfürsorgegesetz
KICK	Kinder- und Jugendhilfeweiterentwicklungsgesetz
KJHG	Kinder- und Jugendhilfegesetz (Sozialgesetzbuch Achtes Buch - SGB VIII)
KSS	Kinderschutzsystem
KSZ	Kinderschutzzentrum
KWG	Kinderwohlfahrtsgesetz
OLG	Oberlandesgericht
StGB	Strafgesetzbuch
DStGB	Deutsches Strafgesetzbuch
KoStGB	Koreanisches Strafgesetzbuch
Stk.	Stück

Tab.	Tabelle
UN	United Nations
UNICEF	United Nations Children's Fund
	(Kinderhilfswerk der Vereinten Nationen)
Vgl.	Vergleiche
u.a.	und anderem
z.B.	zum Beispiel
ZPO	Zivilprozessordnung
ZR	Zivilrecht

Vorwort

Die von Moonki Hong als Dissertation angefertigte und jetzt in Buchform vorgelegte Studie verdient aufgrund von zwei Besonderheiten Aufmerksamkeit. Erstens mangelt es international, aber insbesondere im deutschsprachigen Wissenschaftsraum an Studien, die Systeme und die Praxis der Sozialen Arbeit in verschiedenen Ländern und Regionen vergleichend betrachten. Zudem und zweitens sind Publikationen nachdrücklich zu begrüßen, die die Formen von gewaltförmigen Verletzungen der kindlichen Integrität und Autonomie aufgreifen und so mit dazu beitragen, die Sensibilität für die damit verbundenen Herausforderungen in den professionellen und disziplinären Diskursen zu erhöhen. Bekanntermaßen erfahren Fragen der Gewaltanwendung gegen Kinder durch Erwachsene in der Bundesrepublik Deutschland erst mit dem bekannt werden der sexualisierten Gewaltpraxen von LehrerInnen, ErzieherInnen und SozialpädagogInnen seit Ende der ersten Dekade des neuen Jahrtausends erneut eine prominente Aufmerksamkeit. In der anschließenden Phase der politischen und fachlichen Aufarbeitung der Gewaltpraxen in Schulen und sozialpädagogischen Einrichtungen erfuhr auch der Kinderschutz und die Frage der Kindeswohlgefährdung erneut verstärkte Beachtung. In Südkorea erhalten entsprechende Fragen erst gegenwärtig erstmals eine bescheidene öffentliche Anerkennung, insbesondere auch durch veröffentlichte Szenen aus vorschulischen Einrichtungen. Dort fest installierte Videokameras, von denen die Pädagog_innen wissen, hielten diese nicht von gewaltvollen Übergriffen auf Kinder ab.

Für den deutschsprachigen Raum interessant sind insbesondere die Reflexionen zu den historischen, kulturellen und sozialpolitischen Rahmenbedingungen des Kinderschutzes in Südkorea. Häufig wird übersehen, dass der eigentliche Modernisierungsprozess und der Wandel von einer Agrar- hin zu einer kapitalistischen Prämissen folgenden Industrie- und Dienstleistungsgesellschaft dort erst in den 1960er Jahren begann. Erst vor dem Hintergrund dieser enormen Entwicklung werden die dargestellten Formen des Umgangs mit Gefährdungen des Kindeswohls in Südkorea verständlich. So sind, wird der Studie gefolgt, die juristischen Vorgaben zur Identifizierung und zum Umgang mit gewaltvollen Interaktionen gegenüber Kindern in der Bundesrepublik Deutschland eindeutiger geregelt als in Südkorea, wo die gesetzlichen

Grundlagen im Rechtssystem sehr vielfältig und unübersichtlich formuliert sind. Interessant ist auch, dass die öffentliche Verantwortung für das kindliche Aufwachsen über ein System von freien Trägern prozessiert wird und das System des Kinderschutzes in der Bundesrepublik Deutschland stärker präventiv angelegt ist als in Südkorea.

Moonki Hong Studie „Kinderschutz im institutionellen Arrangement" ist eine breite Beachtung zu wünschen, weil sie dazu anregt, Kinderschutzsysteme intensiver vergleichend zu erforschen, und herausfordert, auch das bundesrepublikanische System kritischer als zuweilen üblich zu reflektieren.

Kassel im Mai 2015
Werner Thole

1 Einleitung

„Gewalt gegen Kinder kann nicht gerechtfertigt werden. Alle Gewalt gegen Kinder ist zu vermeiden."[1]

Ein positiver Prozess der Entwicklung und des Aufwachsens von Kindern und Jugendlichen ist ein wichtiger Auftrag und eine Herausforderung, nicht nur für das soziale Umwelt des Individuums, sondern auch für die Gesellschaft und den Staat. Damit ein Kind als gesundes Mitglied der Gesellschaft heranwachsen kann, ist es wichtig, entwicklungsgerechte Lebensbedingungen für Kinder und Jugendliche zu schaffen, so dass sie in der Lage sind, sich selbst zu verwirklichen. Kinder und Jugendliche der modernen Gesellschaft wachsen in einer Welt auf, die geprägt ist von einem raschen Wandel, die potenziell gefährliche Umgebungen mit verschiedenen Risikofaktoren bereithält, in der es vorkommen kann, dass sie Gewalt ausgesetzt werden könnten.

Das internationale Flüchtlingswerk UNICEF stellte in seiner Untersuchung fest, dass 2002 die Zahl der Morde an Kindern und Jugendlichen bisher weltweit auf 53000 geschätzt wurde und in den Industrieländern rund 3500 Kinder jährlich durch Gewalt starben. Diese Einschätzung von UNICEF ist jedoch nur die Spitze des Eisbergs alltäglicher Gewalt gegen Kinder.[2] Außerdem wies die UNICEF-Studie von 2010 in 37 Ländern nach, dass 76 Prozent der Kinder im Alter von zwei bis 14 Jahren unter heftigen psychischen Aggressionen ihrer Eltern oder Betreuer leiden und zwei von drei Kindern körperlichen Bestrafungen ausgesetzt sind.[3]

Aber allein, ohne sachkundige Beratung und gesellschaftliche Unterstützung, können sie sich oft nicht aus solch einer Gewaltbeziehung aus eigener Kraft heraushelfen.[4] Kinder benötigen daher unbedingt Förderung, Unterstützung und

---

[1] Pinheiro, S. P., 2006. Report of the independent expert for the United Nations study on violence against children. United Nations.

[2] Vgl. UNICEF, 2003. A league table of child maltreatment. Deaths in rich nations. http://www.unicef-irc.org/publications/pdf/repcard5e.pdf: 05.11.2012. S. 2; UNICEF, 2008. Gewalt gegen Kinder. http://www.unicef.de/fileadmin/content_media/mediathek/I_0077_Gewalt_gegen_Kinder_2008.pdf: 05.11.2012. S. 1

[3] Vgl. UNICEF, 2010. Child Disciplinary Practices at Home: Evidence from a Range of Low and Middle-Income Countries. New York, S. 21

[4] BMFSFJ, BMJ, 2010. Mehr Schutz bei häuslicher Gewalt. 3 Auflage. Berlin. S. 7

Schutz seitens verschiedenerEinrichtungen. Gemäß der UN-Konvention für Kinderrechte versuchen die beteiligten Länder nicht nur Schutzmaßnahmen für Kinder zu entwickeln und die Ressourcen der Familie zu fördern, sondern Kindern auch ein Aufwachsen in gewaltfreien und geschützten Räumen optimal zu ermöglichen.[5]

> „Artikel 19 der Konvention über die Rechte des Kindes 1989 ruft zu geeigneten Gesetz-
> gebungs-, Verwaltungs-, Sozial- und Bildungsmaßnahmen auf, um Kinder vor allen Formen
> der Gewalt und des Missbrauchs zu schützen."[6]

Es ist erforderlich, dass in jeder Entwicklungsphase von Kindern, diesen der Schutz vor Gefahren und Risiken sichergestellt ist. Prinzipiell kommt zuerst den Familien, dann der Gemeinschaft und letztlich auch dem Staat die Verantwortung zu, Gewalt in Familien entgegenzuwirken, Risiken frühzeitig zu erkennen und angemessen darauf zu reagieren. Dabei ist es eine besondere Herausforderung entsprechende Schutzmechanismen zu schaffen. Eine strategische Unterstützung in der Entwicklung von Kindern ist demnach als ein Teil der sozialen Investition in die Gesellschaft zu sehen, welche durch die Sozialpolitik strukturell verankert wird und somit der Kinderschutz uns alle etwas angeht. Der Hauptgrund dafür liegt darin, dass Kinder Hoffnungsträger für unsere Gesellschaft sind, dass sie die Zukunft des Staates darstellen und dass noch viele sozial benachteiligte Kinder der *sozialen Inklusion* bedürfen, also unbedingt in die Gesellschaft mit einbezogen werden müssten. Für sie sollte die Gesellschaft Möglichkeiten für eine gesunde Entwicklung bereitstellen.

1.1 Wohlfahrtsstaats- und Kinderschutzmodell in Südkorea und Deutschland

Von der südkoreanischen Gesellschaft wurde die Gewalt gegen Kinder lange nicht ernst genommen und tabuisiert. In den letzten zehn Jahren ist das Thema *Gewalt gegen Kinder* jedoch mit zunehmender Intensität in das öffentliche Interesse gerückt und als soziales Problem immer wieder thematisiert worden. Dennoch wird auch heute noch Gewalt gegen Kinder in der Gesellschaft toleriert.

---

[5] Die UN-Kinderrechtskonvention beschreibt die Familie als die natürliche Umgebung für das Wachstum und das Wohlergehen der Kinder. Der besondere Schutz der Privatheit und Unabhängigkeit der Familie ist in zahlreichen Menschenrechtsdokumenten hervorgehoben. Vgl. UNICEF, 2008. Gewalt gegen Kinder. http://www.unicef.de/-/fileadmin/context_media/mediathek/I_0077_Gewalt _gegen_Kinder_2008. pdf: 05.11. 2012 S. 4; Pinheiro, S. P., 2006. Report of the independent expert for the United Nations study on violence against children. United Nations, S. 17
[6] UN, 1989. Übereinkommen über die Rechte des Kindes. http://www.national-coalition.de/-pdf/UN Kinderrechtskonvention.pdf: 05.11.2012. S. 17

Als Reaktion auf Gewalttaten gegen Kinder erfolgen weiter mildeste Strafen, mit dem Anspruch die TäterInnen zu erziehen. Die Opfer haben Angst vor den TäterInnen und möglichen Konsequenzen (z.b. durch den Prozess der polizeilichen Ermittlung oder dem gerichtlichen Verfahren, Mobbing in der Schule und der Stigmatisierung durch die Gesellschaft). Weiterhin verschließen viele Familien und Nachbarn ihre Augen und Ohren vor den Gewalttaten und streiten diese ab. Aus diesen Gründen war es bisher schwierig Anzeichen von Gewalt an Kindern zu erkennen, um dann ein Einschreiten des Staates in die Wege leiten zu können. Dadurch bedingt verlassen sich Opfer und Familien nicht auf staatliche Institutionen und Maßnahmen, die sie eigentlich schützen sollen. Nach der Statistik des nationalen Kinderschutzzentrums aus dem Jahr 2010 sind noch immer viele Kinder und Jugendliche der alltäglichen Gewalt ausgesetzt. Die Zahl der bekannten Fälle von Misshandlungen und sexuellen Missbrauch bzw. der Vernachlässigung von Kindern und Jugendlichen unter 18 Jahren wird in Südkorea im Jahr 2010 auf 5657 geschätzt.[7] Im Zeitraum von 2000 bis 2010 ist die Zahl der Gewalttaten gegen Kinder in jedem Jahr kontinuierlich gestiegen (83,2 Prozent davon geschehen durch die Eltern).

Mit der Überarbeitung des südkoreanischen Kinderwohlfahrtsgesetzes im Jahr 2000, bei der Systeme für Prävention und Intervention bei Gewalt gegen Kinder implementiert wurden, vollzog sich ein Paradigmenwechsel. Der Staat als „liberaler Wohlfahrtsstaat" übertrug die Kinderschutzaufgaben verschiedenen freien Trägern, gab somit also die Verantwortung ab. Nach diesem Modell wird die Kinderschutzarbeit nun also durch freie Träger in Kinderschutzzentren durchgeführt bzw. praktiziert. Obgleich die Aktivität der freien Träger zu flexiblen und dynamischen Angeboten zur Verhinderung von Gewalt gegen Kinder und Familien führte, bleibt die Schwierigkeit der Erfüllung gesetzlicher Aufgaben wie z.B. die Herausnahme der Kinder aus dem Elternhaus oder die Inobhutnahme über 3 Tage, bestehen. Diese Schwierigkeiten sind dadurch bedingt, dass ein Kooperationsproblem zwischen Schulen, staatlichen Behörden, der Polizei usw. besteht und infolgedessen eine Bestrafung der Täter erschwert wird, da diese oftmals nicht miteinander, sondern gegeneinander arbeiten. In den letzten fünf Jahren wurde im südkoreanischen Kinderschutzsystem (KSS) im Hinblick auf Gewalt gegen Kinder häufig diskutiert, ob öffentliche oder freie Träger besser für diese Aufgabe geeignet seien. Darüber hinaus wurde das Eingreifen der Familiengerichte in das Sorgerecht und die Entscheidung über angemessene Maßnahmen bei elterlichen Tätern erörtert. Verschiedene Studien[8]

---

[7] National Child Protection Agency, 2010. National Child Abuse Report. Seoul, S. 70

[8] Einige Untersuchungen finden sich in den folgenden Büchern: National Child Protection Agency, 2008. National Child Abuse Report. Seoul, S. 38-42; Lee, B., 2008. Kinderpolitik, Ideologie und politische Fragen. National Youth Policy Institute Forum (2). Seoul, S. 3-18; Ders., 2005. Child

stellten fest, dass die bisherigen Angebote und Maßnahmen der Institutionen nicht ausreichend sind, z.b. aufgrund fehlender Gesetze von Gewalt gegen Kindern, mangelndem Einschreiten durch öffentliche Träger, mangelnder Befugnisse des KSZ, fehlender Interventionen des Familiengerichts bezüglich elterlicher Sorgepflicht und einem Fehlen angemessener Zwangs- bzw. Strafmaßnahmen für Täter usw. Weiterhin wird festgestellt, dass die Kinder immer noch als elterliches Eigentum angesehen werden und viele Menschen Gewalt gegen ein solches Eigentum, also als eine familiäre Angelegenheit sehen.

Richtet man den Blick wieder auf die Situation in Deutschland, wird ebenfalls trotz aller aktuellen Gesetze immer wieder von grausamen Gewalttaten gegen Kinder in den Medien berichtet, z.b. von kleinen Kevin aus Bremen oder der dreijährigen Vera aus Wiesbaden.[9] Obwohl vielfältige Präventionsprojekte in Deutschland durchgeführt werden, ist die Zahl der Gewalttaten gegenüber Kindern immer noch hoch. Dies zeigt die polizeiliche Kriminal- und auch die Jugendhilfestatistik deutlich auf.[10] Mit dem Inkrafttreten des Kinder- und Jugendhilferechts im Jahr 1990 und mit der Überarbeitung des „Kinder- und Jugendhilfeweiterentwicklungsgesetzes" (KICK) 2005 vollzog sich in Deutschland nicht nur eine stärkere präventive Förderung und Unterstützung, sondern auch eine hoheitsstaatliche Intervention. Weiterhin sollen nach dem Bundeskinderschutzgesetz (BkiSchG) von 2012 die beteiligten Instanzen, wie zum Beispiel Jugendamt und Kindergarten, also öffentliche und freie Träger der Kinder- und Jugendhilfe für verbindliche Kooperationen und Informationsaustausch im Kinderschutz sorgen. Es soll also seitens der öffentlichen Träger, sowie des Staates ein Miteinander herrschen, der zu Informationsaustausch zum Wohle der Kinder und Jugendlichen beiträgt. Für das Wohl der Kinder und Jugendlichen ist das Jugendamt als öffentlicher Träger zuständig, d.h. es trägt die Gesamtverantwortung für die Angebote, Interventionen und Folgen bei drohender oder gegebener Gewalt gegen Kinder. Zudem ist das Jugendamt berechtigt und verpflichtet, alle Verfahren präventiver Förderung und Unterstützung vor dem Auftritt von Gewalt gegen Kinder, bis hin zur Untersuchung und Risikoeinschätzung konkreter Fälle im Zusammenwirken mehrerer Fachkräfte,

---

Protection System Korea Dilemma-Reported, research and service functions, role conflict between. Seoul; Park, S., 2005. A Comparative Study on Child Protection System among OECD Countries. Korea Institute for Health and Social Affairs. Seoul, S. 272-287; Yoon, H., 2003. Child Abuse Prevention Centers: Practice Overview and Implications for Future Development of Child Protective Services. Korea Society of Child Welfare 2003 (1). Seoul, S. 7-38

[9] Z.B. Fall Kevin: http://www.stern.de/panorama/tod-des-kleinen-kevin-eine-geschichte-desversagens 581-419.html; Vera: http://www.merkur-online.de/lokales/regionen/stiefvater-quaeltdreijaehrige 355-690.html: 16.06.2013

[10] Bundeskriminalamt 1994-2012 der Bundesrepublik Deutschland; Statistisches Bundesamt. 2013, Statistiken der Kinder- und Jugendhilfe. Wiesbaden

anzubieten und durchzuführen. Das Jugendamt ist zudem verpflichtet, ein Kind oder einen Jugendlichen bei akuter Kindeswohlgefährdung vorübergehend in Obhut zu nehmen. Sind die Erziehungsberechtigten nicht bereit oder in der Lage, bei der Abschätzung des Gefährdungsrisikos mitzu-wirken, hat das Jugendamt bei der Entscheidung über eine Kindeswohl-gefährdung das Familiengericht hinzuzuziehen, so also eine höhere Instanz für das Wohl des Kindes eingreift. Das Familiengericht prüft, ob von Amts wegen gerichtliche Maßnahmen erforderlich sind, ob darüber hinaus weitere gerichtliche, langfristige Entscheidungen bei Kindeswohlgefährdung notwendig sind oder ob der teilweise oder vollständige Entzug der elterlichen Sorge von Nöten ist. Weiterhin werden verschiedene Dienstleistungen sowie Therapien oder präventive Aktivitäten in Bezug auf Gewalt gegen Kinder von verschiedenen freien Trägern angeboten bzw. durchgeführt. In Deutschland reagieren also Jugendamt, Familiengericht und freie Träger gemeinsam auf potentielle Gefahren für Kinder. Daraus ergibt sich jedoch die zentrale Problematik, wann der genaue Zeitpunkt für die sozialpädagogische Diagnostik, Einschätzung und Entscheidung ist, um anschließend Präventions- und Interventionsmaßnahmen einzuleiten.

Südkorea und Deutschland haben unterschiedliche Wohlfahrtsstaats- und Kinderschutzmodelle, da sie unterschiedlichen sozialen Ausrichtungen in der Kinder- und Jugendhilfe, Familie und Gesellschaft haben. Nach Esping-Andersen[11] interveniert Deutschland als konservativer Typ des Wohlfahrtsstaates zwar stärker, aber eher temporär aus staatspolitischen, paternalistischen Gründen. Weiterhin ist er stark lohnarbeits- und sozialversicherungszentriert und soziale Rechte sind an Klasse und Status gebunden. Dagegen wird Südkorea in der Forschung meist als liberaler Wohlfahrtsstaat, ähnlich wie die USA klassifiziert. Nach Esping-Andersen wird beim liberalen Wohlfahrtsstaat vor allem die Rolle des freien Marktes und der Familie betont, er ist mit individuellen Bedürftigkeitsprüfungen verbunden und der Leistungsbezug ist oftmals mit Stigmatisierung behaftet.[12] Weiterhin wurde nach Gilbert[13] das Kinderschutz-modell in das *Child Protection System* und das *Family Service System* unterschieden. Das Family Service System in Deutschland ist in Form einer auf Familienhilfe, staatlich organisierten, niedrigschwelligen und auf gesellschaftliche Solidarität hin ausgerichteten Kinderschutztradition aufgebaut. Dagegen folgt das Child Protection System in Südkorea einer gefährdungsfokussierten, auf die Intervention in Gefährdungsfällen orientierten Tradition.[14] Internationale Vergleiche

---

[11] Esping-Andersen, G., 1990. The Three Worlds of Welfare Capitalism. Princeton, S. 26-28
[12] Schmid, J., 2010. Wohlfahrtsstaaten im Vergleich. 3. Auflage. Wiesbaden, S. 101; Esping-Andersen, G., 1990. The Three Worlds of Welfare Capitalism. Princeton, S. 26-28
[13] Gilbert, N., 1997. Combatting Child Abuse. Oxford, S. 233
[14] Vgl. Müller, R., Nüsken, D. (Hrsg.), 2010. Child Protection in Europe. Münster, S. 31

dieser Systeme ermöglichen eine Prüfung der jeweiligen Systeme, Diskurse und Ergebnisse und bereichern die Debatte über unterschiedliche Ansätze und ihre jeweiligen Vorteile für den Schutz der gefährdeten Kinder, sowie der Unterstützung der Eltern.[15]

1.2 Die methodisch-theoretischen Grundlagen

Die methodisch-theoretischen Grundlagen dieser Studie werden mit Hilfe einer ländervergleichenden Forschung und Analyse durchgeführt. In der gegenwärtigen internationalen Forschung im Hinblick auf das Kinderschutzsystem wird es zunehmend wichtiger, nicht nur die Sozialpolitik im eigenen Land zu verstehen, sondern durch den Blick auf andere Länder auch die möglichen Schwachstellen und Reaktionsmöglichkeiten zur Kenntnis zu nehmen. Dies kann zur Erweiterung der Perspektive für bestimmte Probleme führen und eine Übernahme alternativer Lösungen durch imitatives Lernen ermöglichen.[16]

„In recent years increasing attention has been given to the value of cross-national research and analysis to illuminate strengths and weaknesses in child welfare systems. International comparisons of child maltreatment way allow policy and practice in one or more countries to be benchmarked against others. And may also assist in the identification of alternative strategies to protect children from harm and promote their welfare"[17]

Nach der Fall-Variablen-Matrix der vergleichenden Forschung (Tab. 1), also eine Fallzahlen vergleichende Statistik, ist es in beiden Ländern angebracht, einen makro-historischen-internationalen Vergleich anzustreben. Dies bedeutet also, großräumig mit Vergangenheit beider Länder, auf internationalen Ebene einen Vergleich durchzuführen. Jedoch erweist sich dies als schwierig, da entsprechende Daten zur Auswertung einer solchen Analyse schlicht und ergreifend fehlen. Auch wenn Deutschland deutlich mehr Datensätze vorzuweisen hat, sind diese jedoch zu komplex und verworren, um sie mit den Variablen der südkoreanischen Daten in Verbindung bringen zu können.

---

[15] Kojan, B., Lonne, B., 2012. A comparison of systems and outcomes for safeguarding children in Australia and Norway. Child and Family Social Work 17, S. 96

[16] Vgl. Ebd., S. 37; Vgl. Wagner, L., Lutz, R. (Hrsg.), 2009. Internationale Perspektiven Sozialer Arbeit. 2. Auflage. Wiesbaden, S. 9

[17] Munro, E., Manful, E., 2012. Safeguarding children: a comparison of England's data with that of Australia. Norway and the United States, S. 4

		Anzahl der untersuchten Fälle	
		Wenige	Viele
Variablen	Wenige	(a) Einzellfallstudie	(b) internationaler Vergleich
Anzahl	**Viele**	**(c) makro-historischer Vergleich**	(d) massen-statistischer Vergleich

Quelle: Schmid 2010[18] (zitiert nach Immerfall 1991)

Tabelle 1. Fall-Variablen-Matrix in der vergleichenden Forschung

Bisherige vergleichende Studien in Bezug auf beide Kinderschutzsysteme zeigen, dass die vergleichenden Kriterien und das Spektrum in diesen länderver-gleichenden Studien weitgehend unterbestimmt und die Informationslagen unvollständig sind[19]. Ebenfalls existiert in Südkorea ein Rechtsvergleich mit Deutschland, der jedoch lediglich die oberflächlichen Gesetze bzw. Strukturen in Deutschland im Hinblick auf die Kinder- und Jugendpolitik betrachtet. Es ist unschwer zu erkennen, dass eine wesentliche Lücke zwischen theoretischen und praktischen Kontexten in der Kinder- und Jugendhilfe besteht. Auch gibt es zum Beispiel im Gesetz für den Kinderschutz einen vorgeschriebenen sicheren Raum, der in der Praxis jedoch nur begrenzt zur Verfügung steht und aus diesem Grund die oberflächliche Darstellung beider Länder problematisch betrachtet wird. Auch in Deutschland gibt es kaum vergleichende Literatur und Forschung in Bezug auf das Kinderschutzsystem in Südkorea, stattdessen wird vermehrt mit anderen europäischen Ländern verglichen.

Bei der ländervergleichenden Studie spielt es eine entscheidende Rolle, sich nach den wohlfahrtsstaatlichen Formen und deren politischem sowie kulturellen Verständnis und den dortigen Institutionen und Organisationen zu richten. Dabei muss immer der Hintergrund einer Einwicklungsgeschichte des jeweils anderen Gesellschaftsystems berücksichtigt werden, nur so wird es verständlich.[20] Durch rechtliche, institutionelle und politische Rahmenbedingungen werden Schutz-mechanismen gegen die Gewalt von Kindern und Jugendlichen geschaffen. Diese Systeme müssen durch verschiedene Netzwerke organisatorisch und institutionell in enger Verbindung stehen. Nur so kann den noch immer komplizierten und offensichtlichen Problemen der Gewalt gegen Kinder und Jugendliche begegnet und ein professionelles Kinderschutzsystem aufgebaut bzw. effektive Veränderungen oder Verbesserungen in beiden Ländern erzielt werden. Dazu bedarf es einer sicheren Basisstruktur, welche nicht ausgereift oder kaum vorhanden ist. Das erfordert die Beurteilung und Untersuchung der Kinder-schutzsysteme beider Länder, da es dann möglich wird, die besten Präventions-

---

[18] Schmid, J., 2010. Wohlfahrtsstaaten im Vergleich. 3. Auflage. Wiesbaden, S. 40
[19] Vgl. Müller, R., Nüsken, D. (Hrsg.), 2010. Child Protection in Europe. Münster, S. 33
[20] Vgl. Ebd.

und Reaktionsmöglichkeiten gegen die Gewalt an Kindern herauszuarbeiten. Gleichzeitig ist das Ziel eines solchen Vergleichs, die unterschiedlichen Herangehensweisen auf die jeweiligen Länder zu übertragen, auch wenn wir von unterschiedlichen kulturellen Norm- und Wertvorstellungen in Hinblick auf das Kinderschutzsystem ausgehen.[21]

In dieser Studie wird das jeweilige Schutzsystem beider Länder anhand der folgenden Kriterien untersucht.

- Gesellschaftliche Lage von Kindern und Jugendlichen
- Verläufe von Kinderschutz bei Gewalt gegen Kinder
- Formen der Gewalt gegen Kinder
- Gesetzgeberische Entwicklungen und Anwendungsmöglichkeiten der Gesetze
- Reaktion der zuständigen Instanz und familiengerichtliches Eingreifen
- Maßnahmen gegen Täter und Unterstützungsangebote für Opfer
- Risikoeinschätzung und Verfahren bei Verdacht auf Gewalt gegen Kinder
- Praxisbezogene Instanzen und deren Modellprojekte für die Präventionsaktivität

---

[21] Vgl. Ebd.; Vgl. Ginsburg, N., 2004. Structured diversity: a framework for critically comparing welfare states?. In: Kennett, P. (Hrsg.), A handbook of comparative social policy. Northampton, S. 201; Vgl. Gilbert, N., 1997. Combatting Child Abuse. Oxford, S. 240; Vgl. Schmid, J., 2010. Wohlfahrtsstaaten im Vergleich. 3. Auflage. Wiesbaden, S. 37

1.3 Ziele und Aufbau dieser Studie

Diese Studie zielt darauf ab, das Kinderschutzsystem in Bezug auf Gewalt gegen Kinder durch den Zwei-Länder-Vergleich in Deutschland und Südkorea darzustellen. Diese Arbeit konzentriert sich nicht auf individuelle und ethische Fragen, sondern nach Unterschiede und Gemeinsamkeiten der Systeme in beiden Ländern und die Entdeckung von Systemfehlern (z.b. fehlende Gesetze und Kooperation der beteiligten Institutionen, Schwachstellen in der organisatorischen Struktur). Das Aufzeigen von effektiveren Möglichkeiten sollen durch diesen Vergleich deutlich gemacht werden. Mit folgenden Fragen werde ich mich diesbezüglich in meiner Studie befassen:

- Wie haben sich die Kinderschutzsysteme in Deutschland und Südkorea entwickelt?
- Wie ist Gewalt gegen Kinder in beiden Ländern definiert?
- Welche Rollen kommen Staat, Gerichten und freien Trägern in den Kinderschutzsystemen in Deutschland und Südkorea zu?
- Wie geht das jeweilige Land bei Kindeswohlgefährdungen vor, um Kinder vor Gewalt zu schützen bzw. sie zu unterstützen, wenn sie in einer gefährlichen Umgebung aufwachsen?
- Wie ist bei Gewalt gegen Kinder das Risiko einzuschätzen und zu verfahren?

Vor diesem Hintergrund wird ein Überblick über die gesellschaftliche Lage von Kindern und Jugendlichen in beiden Ländern gegeben und der geschichtliche Rahmen in Bezug auf den Verlauf der Gewalt gegen Kinder in beiden Ländern untersucht (Kap. 2). Darauf folgend wird mithilfe von Sekundärliteratur und bisherigen theoretischen Studien im Allgemeinen die Gewalt gegen Kinder in beiden Ländern thematisiert. Dabei werden die unterschiedlichen Begriffe und Formen erläutert, sowie die Häufigkeit und Verbreitung in beiden Ländern dargestellt werden (Kap. 3). Anhand von Literatur und Gesetzen werden dann die gesetzlichen und praktischen Gesichtspunkte für die Hauptthemenbereiche aufgearbeitet, als auch rechtliche Regelungen und organisatorische Gegebenheiten und Handlungs-ansätze für die Praxis betrachtet (Kap. 4, 5). Darauf folgt ein praxisbezogener Vergleich zwischen dem KSZ Iksan in Südkorea und dem Jugendamt Kassel sowie dem Präventionsprojektmodell von beiden Ländern in der heutigen Praxis (Kap. 6). Schließlich wird die in beiden Ländern aktuelle geführte Diskussion zusammengefasst.

Einen Beitrag zur erweiterten Perspektive über ländervergleichende Kinderschutzsysteme zu leisten, ist eine entscheidende Motivation für diese Studie.

Eine vergleichende Betrachtung der Situation in Südkorea und Deutschland soll hierzu fruchtbare Anregungen, Diskussionsstoff und Denkanstöße liefern.

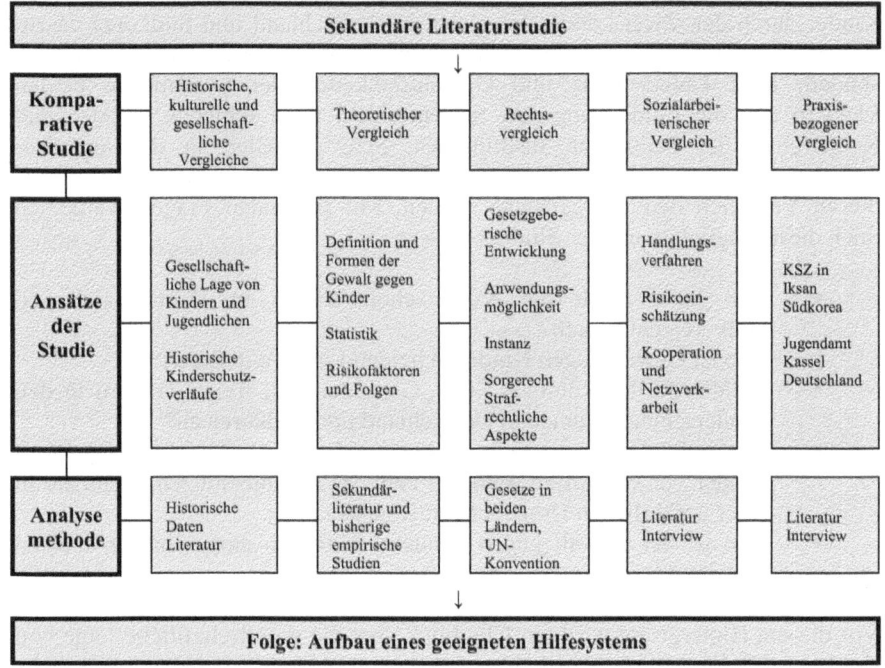

Abbildung 1: Forschungsdesign

Teil Eins: Der Hintergrund – Die gesellschaftliche Lage in Deutschland und Südkorea

Ohne Kenntnis über die gesellschaftliche Lage von Kinder- und Jugendhilfe und der geschichtlichen Entwicklung des Kinderschutzsystems in Deutschland und Südkorea sind realistische Vergleiche nicht möglich. Da Gewalt gegen Kinder mit dem historischen soziokulturellen Prozess eng verzahnt ist, wird somit auch das Schutzsystems beeinflusst.

Als ein Schwerpunkt wird die soziale Grundlage und Situation der Kinder und Jugendlichen im Kontext der gesellschaftlichen Lage und des sozialen Wandels in Südkorea und Deutschland aufgegriffen. Weiterhin werden die historischen Verläufe der Kinderschutzsysteme in beiden Ländern betrachtet und das Thema der Gewalt gegen Kinder als das Resultat der modernen Gesellschaft betrachtet.

Obwohl die gesellschaftliche- und historische Datenlage über Kinder, Jugendliche und Familien in beiden Ländern unterschiedlich ist, sind diese Daten dennoch relativ aussagekräftig.

2 Die gesellschaftliche Lage und gegenwärtige Kinder- und Jugendhilfe in Südkorea

2.1 Überblick über die südkoreanische Geschichte

Seit 1960 nahm das Wirtschaftswachstum in Südkorea zu und Korea entwickelte sich von einem Agrarstaat, zu einer Industrienation und erhielt dadurch viel Aufmerksamkeit und Bewunderung.[22] Die traditionsreiche Geschichte sowie kulturelle Identität ist jedoch weniger bekannt. Die koreanische Halbinsel hat eine Gesamtbevölkerung von ca. 48,61 Millionen Menschen und liegt zwischen Japan und China.[23] Die Geschichte reicht etwa 5000 Jahre zurück, jedoch ist ein genauer Zeitraum noch umstritten.

Die ersten Menschen besiedelten die umliegenden Gebiete der koreanischen Halbinsel vor ca. 700.000 Jahren.[24] Im Laufe der Zeit bildeten sich viele Stämme, welche von Stammesführern regiert wurden. Um 2333 v. Chr. entwickelte sich das Königreich Gojoseon, später folgten die drei Königreiche Päkje, Koguryo und Shilla, welche das Land teilten. Zwischen dem 3. und 5. Jahrhundert etablierte sich in allen drei Ländern der Buddhismus[25] und es entwickelten sich politische Strukturen. Im Jahr 668 wurden schließlich alle Reiche unter Shilla vereinigt und die Flüchtlinge aus Koguryo im Jahr 698 gründeten das Königsreich Balhae im südlichen Zentrum der Mandschurei.[26] Danach existierten die Reiche Goryeo (918-1392) und Joseon (1392-1910). Die Joseon-Dynastie unterstützte den Konfuzianismus als ihre Leitphilosophie und drängte somit den zuvor weit verbreiteten buddhistischen Glauben zurück. Der Konfuzianismus spielte in den Familienverhältnissen Südkoreas eine besonders prominente Rolle.

---

[22] Vgl. Korean Culture and Information Service Ministerium für Kultur, Sport und Tourismus, 2009. Tatsachen über Korea. Seoul, S. 86
[23] Vgl. Ebd., S. 8
[24] Vgl. Ebd., S. 26
[25] Der Buddhismus war in Koguryo und Päkje bereits Ende des 4. Jahrhunderts (372 bzw. 384), in Shilla erst 535 durch König Beopheungwang (514-540) anerkannt worden. In allen drei Ländern spielten, bei der Würdigung des Buddhismus die Königshäuser eine wichtige Rolle. Kern, T., Köllner, P. (Hrsg.), 2005. Südkorea und Nordkorea. Frankfurt und New York, S. 21
[26] Vgl. Korean Culture and Information Service Ministerium für Kultur, Sport und Tourismus, 2009. Tatsachen über Korea. Seoul, S. 28

Wontroba und Menzel beschreiben den Konfuzianismus wie folgt:

> „Der Konfuzianismus ist weniger eine Religion mit der Thematisierung einer übernatürlichen Welt, sondern weit mehr ein auf das irdische Leben bezogenes Doktrinensystem, in dem staatsphilosophische, moralische und ethische Imperative zusammenfließen. Eine Schlüsselstellung in diesem Denksystem nehmen die fünf ‚Pflichtverhältnisse' ein. Dabei handelt es sich um die Regeln der Beziehungen zwischen Souverän und Untertan, Vater und Sohn, Mann und Frau, dem älteren und dem jüngeren Bruder sowie zwischen Freunden. Nur das letztere Pflichtverhältnis postuliert einen Verhaltenskodex von Gleichberechtigten, fordert sogar Solidarität und Verständnis. Alle anderen Beziehungen sind auf Ungleichheit und Subordination aufgebaut und bilden ein stabiles hierarchisches Folge- und Kontrollverhältnis von monarchischer Autorität über die Autorität des Clanältesten und Familienvaters bis hinunter auf die Ebene der gleich unterworfenen Frauen und Kinder"[27]

Aufgrund der konfuzianistischen Ideale wurden der Autoritarismus und der Gehorsam als soziale, moralische und ethische Philosophie entwickelt. Dies bedeutet, dass die patriarchalischen Herrschaftsstrukturen ideologisch durch die konfuzianistischen Lehren und Traditionen zementiert wurden.[28] Hierdurch wird deutlich, dass der Konfuzianismus die Familie eindeutig in den Mittelpunkt stellt und ebenfalls die besondere Bedeutung der Ehrerbietung des Sohnes gegenüber dem Vater betont.[29] Der Gehorsam nach konfuzianistischem Ideal wurde von Generation zu Generation weitergegeben und dient daher als soziales Leitbild. Die große Bedeutung, die in Korea der Rangordnung beigemessen wird, kann den menschlichen Beziehungen also sehr leicht einen ausgesprochen autoritären Charakter geben.[30]

Von 1910 bis 1945 blieb Korea unter japanischer Okkupation. Auch nach der Befreiung im Jahre 1945 gelang die Halbinsel schnell wieder ins Visier externer Mächte das der Sowjetunion sowie der Vereinigten Staaten von Amerika. Dies entschied in der Folge über die zukünftige ambivalente Staatsideologie, Kommunismus und Kapitalismus. In diesem Zuge wurde die koreanische Halbinsel trotz der territorialen Einheit in zwei Staaten geteilt: In Süd- und Nordkorea. Nun befanden sich die zwei Staaten auch in einer ideologischen Trennung, welche bis heute andauert.

---

[27] Wontroba, G., Menzel, U., 1978. Stagnation und Unterentwicklung in Korea. von der Yi-Dynastie zur Peripherisierung unter japanischer Kolonialherrschaft. Meisenheim am Glan, S. 70

[28] Vgl. Ebd., S. 201-203

[29] Vgl. Choi, J., 2004. Die Religion in der koreanischen Gesellschaft. In: Chei, W. (Hrsg.), Aspekte der koreanischen Kultur und Gesellschaft. Seoul, S. 54

[30] Vgl. Ebd., S. 55

2.2 Der Einfluss des Konfuzianismus[31] auf Gewalt gegen Kinder

Die Kultur in den jeweiligen Ländern ist mit den gesellschaftlichen Phänomenen eng verbunden. Alle gesellschaftlichen Ereignisse sowie soziale Einstellungen oder soziale Bräuche sind abhängig von der Kultur und beeinflussen so das Leben der Menschen. Allerdings gilt es zu berücksichtigen, dass bestimmte Begriffe sich jedoch nur schwer ins Deutsche übersetzen lassen, da sie auf einem anderen philosophischen und gesellschaftshistorischen Verständnis basieren. Die Werte der traditionellen koreanischen Gesellschaft und Familie werden von den konfuzianistischen Lehren bestimmt. Basierend auf konfuzianistischen Lehren entwickelte sich die Familie als wichtigste und maßgebende autonome Einheit innerhalb der Gesellschaft. Dieses Wertesystem der Joseon-Dynastie (1392-1910) prägt bis heute die koreanische Gesellschaft. Dies hat sich nicht nur auf den fleißigen menschlichen Geist ausgewirkt, sondern auch eine relativ gehorsame systematische Gesellschaft gebildet, z.B. entwickelte sich hieraus die Konsequenz, je nach Alter, der Zwang zum absoluten Gehorsam in der Beziehung zwischen Eltern und Kindern als senkrechte Subordination.[32] In der gegenwärtigen Zeit könnte dies eine der Ursachen der Dysfunktion zwischen Familie und Gesellschaft sein. Beispielweise wird die Gewalt gegen Kinder lediglich als Angelegenheit innerhalb der Familie angesehen. Die Gesellschaft, der Zwang zu Gehorsam und die Unabhängigkeit der Familie dominiert und toleriert auch körperliche Züchtigung und Gewalt gegen Kinder. Dies ist sicherlich ein Grund des sozialen Problems in der gegenwärtigen Zeit. Lee stellte in seiner Forschung fest, dass die konfuzianistischen Werte Einfluss auf die Gewalt gegen Kinder haben.

„Der Grund dafür, dass in Südkorea lange Zeit die Gewalt gegen Kinder als kein soziales Problem angesehen wurde, erklärt sich dadurch, dass Züchtigung als eine erlaubte Methode zur Erziehung galt (Gesellschaftlich geduldet und praktiziert) und der betonte Zusammenhalt bzw. Autonomie der familiären kulturellen Traditionen in der koreanischen Gesellschaft stark ausgeprägt war. (...) Der Konfuzianistische Hauptwert, der in der koreanischen Gesellschaft lange Zeit auf dem philosophischen Grund für die Kinderbetreuung und der sozialen

---

[31] Die Philosophie Konfuzius hat seit der Gründung Chinas eine kontinuierliche Entwicklung genommen, sie war eine Hauptlinie des traditionellen chinesischen Denkens und hatte auf Politik und Gesellschaft erhebliche Einflüsse. Allerdings entwickelten sich im Verlauf der Entwicklung der konfuzianistischen Lehre im Zuge theoretischer Auseinandersetzungen Glaubensrichtungen und Sekten, Orthodoxien und Heterodoxien. Später nahm die konfuzianistische Lehre buddhistische und taoistische Elemente auf und integrierte sie in ihr Lehrgebäude. Lee, Z., 2003. Normative Rahmenbedingungen in Korea. Berlin, S. 29

[32] Es gibt laut Konfuzius 5 wichtige Sozialbeziehungen: Vater-Sohn, Herr-Untertan, Mann-Frau, älterer-jüngerer Bruder, Freund-Freund, Wimmer, F., der klassische Konfuzianismus und die Idee der Menschenrechte. http://sammel-punkt.philo.at: 8080/896/1/se0102-arbhagn.pdf: 12.12.2013. S. 6-7

Beziehungen basierte, wurde desshalb Familienzentriert entwickelt und die Gewalt gegen ein Kind als Angelegenheit innerhalb der Familien angesehen. Die Gesellschaft ließ und lässt auch noch heute kaum Raum um ein einschreiten zum Schutz der Kinder zu ermöglichen."[33]

Der Wille des Staates, auf die Frage von Gewalt gegen Kinder Einfluss zu nehmen, erzeugte Konflikte. Diese Haltung gegenüber dem Eingreifen durch den Staat auf dieses Problem ist auf die konfuzianistische Haltung zurückzuführen:

„durch das Wertesystem des Konfuzianismus wird jeder Koreaner, egal welcher sonstigen Religion er angehört, mehr oder weniger durch Konfuzianismus beeinflusst. Seine Verhaltensweisen und die gesamte gesellschaftliche Moral sind vom Konfuzianismus geleitet. Der Konfuzianismus prägt die soziokulturellen Verhältnisse in Korea. D.h. dass die zwischenmenschlichen Beziehungen und die Organisationskultur sich unter streng konfuzianistischem Einfluss entwickelt haben. Es gibt einen einfachen Grund für die wichtige Rolle, die der Konfuzianismus für die individuellen und sozialen Moralvorstellungen noch im heutigen Korea spielt. Die veralteten Denkweisen ändern sich nicht so schnell, so dass auch heute noch jeder Tag von konfuzianistischen Einflüssen geprägt ist."[34]

Mit der Verabschiedung des KWG im Jahr 2000 wurden Interventionsmöglichkeiten und Strafmaßnahmen gegen Gewalt an Kindern verschärft. Dennoch besitzen die Eltern den Anspruch, dass ihre Autonomie und ihre subjektive Position ernst genommen werden soll. In diesem Spannungsfeld zwischen der elterlichen Autonomie und dem staatlichen Zwang entstanden Konflikte. Wird von den Eltern Gewalt gegen Kinder ausgeübt, muss abgewägt werden, ob entweder die elterliche Würde und Autonomie respektiert werden soll oder die Einschaltung der KSZ gegen den Willen der Eltern erfolgt. Zurzeit steht die gesellschaftliche Verantwortung beim Thema Gewalt gegen Kinder und Kindeswohlgefährdung stärker im Fokus der Öffentlichkeit. Infolgedessen gewinnt in der koreanischen Gesellschaft die staatliche Beeinflussung der Entscheidungs- und Handlungsfreiheit der Familien an Bedeutung. Im Selbstverständnis der Eltern ist die Autonomie der Familie noch stark verankert, weshalb sie mit dem staatlichen Zwang in einen Konflikt gerät.

---

[33] Lee, B., 2005. Child Protection System Korea Dilemma-Reported. research and service functions, role conflict between. Seoul, S. 8

[34] Choi, J., 2004. Die Religion in der koreanischen Gesellschaft. In: Chei, W. (Hrsg.), Aspekte der koreanischen Kultur und Gesellschaft. Seoul, S. 47-54

2.3 Sozialer Wandel und dessen Einfluss auf Kinder- und Jugendhilfe

Um die gegenwärtigen Lage der Kinder und Jugendlichen zu verstehen, muss das betroffene soziale Umfeld und die beeinflussenden Faktoren analysiert werden. Wie oben bereits erwähnt, war in Südkorea durch jahrzehntelange japanische Kolonialherrschaft (1910-1945) und den Koreakrieg (1950-1953) das ganze Land verwüstet sowie alle Eisenbahnen und mehr als 75% der Industrieanlagen zerstört. Ebenfalls waren wegen des Kriegs mehr als 4 Millionen Menschen ums Leben gekommen. Deshalb hatte Südkorea im Jahr 1960 pro Person nur 79 Dollar des Bruttoinlandsprodukts[35], (im Vergleich zu Südkorea hatten zur selben Zeit die Philippinen 254 Dollar pro Person, mehr als drei Mal so viel zur Verfügung). Ab 1970 war eine der größten Veränderungen das wirtschaftliche Wachstum. Deutlich wird das an der Firma Samsung: Das Unternehmen Samsung beschäftigte sich in den 60er Jahren mit der primär-Sektoren-Basis und produzierte in den 80er Jahren Speicherchips (jetzt Mobiltelefone). Vom primären Sektor über den sekundären bis zum tertiären Sektor hat sich dieses Unternehmen atemberaubend entwickelt. Das Bruttoinlandsprodukt erhöhte sich kontinuierlich über den Zeitraum von 1970 bis 2011 (Abb. 2). Zudem gab es einen Wandel im koreanischen Produktionssystem. Es kam zu einer Abnahme bei der agrarischen Produktion und zu einer Zunahme der industriellen Produktion (Abb. 3).

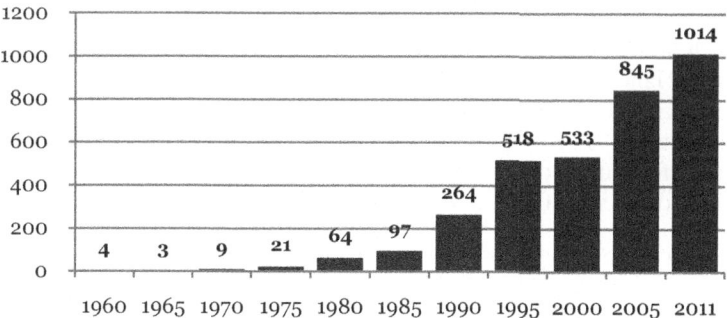

Quelle: World bank, Statistisches Amt von Südkorea

Abbildung 2: Bruttoinlandsprodukt in Südkorea 1970-2011 (in Mrd., Dollar)

---

[35] Statistisches Amt, www.kostat.go.kr. Südkorea

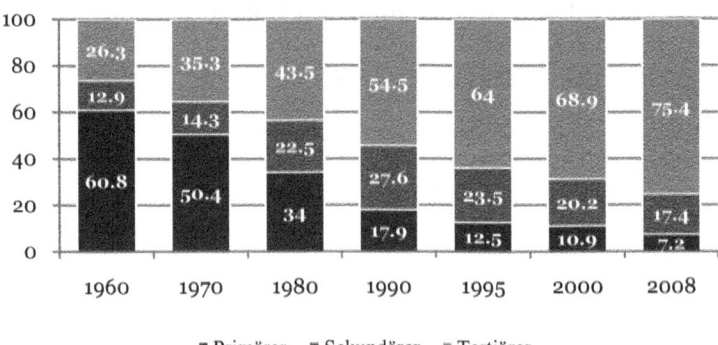

Abbildung 3: Beschäftigte nach Wirtschaftssektoren 1960-2008 (in Prozent)

Diese Tendenz des Strukturwandels in der Wirtschaft weist darauf hin, dass die Berufsstruktur mit der raschen Industrialisierung zunehmend differenzierter wurde und dass damit die Heterogenität unter den Mitgliedern der Gesellschaft wuchs.[36] Im Vergleich zu den USA, die fast zwei Jahrhunderte Modernisierung und Deutschland das fast ein Jahrhundert zur Modernisierung benötigte, brauchte Südkorea nur ein halbes Jahrhundert für die Modernisierung und trat im Jahr 1996 der OECD bei. Die wirtschaftliche Entwicklung hatte zur Folge, dass viele Menschen ihre Heimat verließen und in die Großstadt Seoul gezogen sind (bereits im Jahr 1990 über 10 Million Einwohner). In dieser Zeit spielte das Wohl des Kindes und Jugendlichen oder die Gewalt gegen Kinder keine Rolle und wurde nicht als soziales Problem angesehen. Kim (1986) stellte in seiner Forschung fest, dass dabei der ab den 1960er Jahren eingeleitete Industrialisierungsprozess spezifische und nachhaltige Probleme erzeugte:

> „Die meisten Sozialprobleme der gegenwärtigen Gesellschaft entstanden im Prozess und im Gang der Industrialisierung, in dem sich die Industrialisierung in extrem raschem Tempo vollzogen hat und dabei nur einseitig das quantitative Wachstum in den Vordergrund gestellt wurde. Die gemeinsame Ursache der sozialen Probleme liegt in der ungleichmäßigen Entwicklung der unterschiedlichen Sektoren der Wirtschaft und der gesellschaftlichen Gebiete."[37]

---

[36] Kim, Y., 1986. Jugendpolitik in Korea und in der Bundesrepublik Deutschland. Diss. Bochum, S. 26

[37] Ebd., S. 38

Durch den Industrialisierungsprozess und die wirtschaftliche Entwicklung entstanden neue soziale Phänomene. Eine der wichtigsten und deutlichsten Phänomene war der Wandel der Familienstruktur. Eine traditionelle, koreanische Familienstruktur war die Großfamilie, welche vom Konfuzianismus geprägt war. Doch aufgrund der seit den 60er Jahren rapide gestiegenen Industrialisierung hat allmählich die Zweigenerationen-Kleinfamilie die Mehrgenerationen-Großfamilie abgelöst, wie Tab. 2 zeigt.

	Jahr	1970	1975	1980	1985	1990	1995	2000	2005	2010
	Haushalte	5576	6367	7470	8751	10167	11133	11928	12490	12995
Kleine Familie	Ehe	5,4	5,0	6,4	7,8	9,3	12,6	14,8	18,0	20,6
	Ehe + Kind	55,5	55,6	56,5	57,8	58,0	58,6	57,8	53,7	49,4
	Alleinerziehende + Kind	10,6	10,1	10,0	9,7	8,7	8,6	9,4	11,1	12,3
Groß Familie	Ehe + Großeltern	1,4	0,5	0,6	0,8	0,9	1,1	1,2	1,2	1,2
	Ehe + Großeltern +Kind	17,4	10,9	10,4	9,9	9,3	8,0	6,8	5,7	5,0
	Sonstige	9,7	17,9	16,1	14,0	13,8	11,2	10,1	10,4	11,6

Quelle: Statistisches Amt von Südkorea

Tabelle 2: Familienformen 1970-2010 (in Tsd, %)

Mit der raschen Urbanisierung und der massiven Land-Stadt-Migration ist das traditionelle Altersversorgungssystem der Großfamilie brüchig geworden.[38] Die Zunahme der Ehe ohne Kind war von 5,4 Prozent im Jahr 1970 auf 20,6 Prozent im Jahr 2010 gestiegen, während gleichzeitig die Ehe mit Kind von 55,5 Prozent auf 49,4 Prozent langsam sank. Besonders auffallend ist, dass Ehe, Großeltern und Kind von 17,4 Prozent auf 5,0 Prozent rasche Abnahme fand und sich Alleinerziehende mit Kind und sonstige, z.B. Großeltern mit Kind, Gemeinschaften usw. allmählich erhöhte. Insbesondere unterliegen Alleinerziehende mit Kind hohen Belastungen wie Haushalt, Erziehung und Versorgung, wirtschaftliche Verantwortung, Stress usw., die wiederum hohe Risikofaktoren für die Gewalt gegen Kinder darstellen. Es wird deutlich, dass das Versorgungssystem innerhalb der Familie sowie Schutz, Pflege und Erziehung in der Moderne einem schnellen Wandel unterliegt und diese Funktion zunehmend in den verschiedenen gesellschaftlichen Systemen wie Kindergarten und Krippe ersetzt wird. Eine der wichtigsten Gründe für die Wandlung der Familien ist die Zunahme der Ehescheidungen von 2000 bis 2011 wurden jährlich jeweils über 1 000 000 Ehen annulliert (Abb. 4).

---

[38] Engelhard, K., 2004. Südkorea vom Entwicklungsland zum Industriestaat. Münster, S. 88

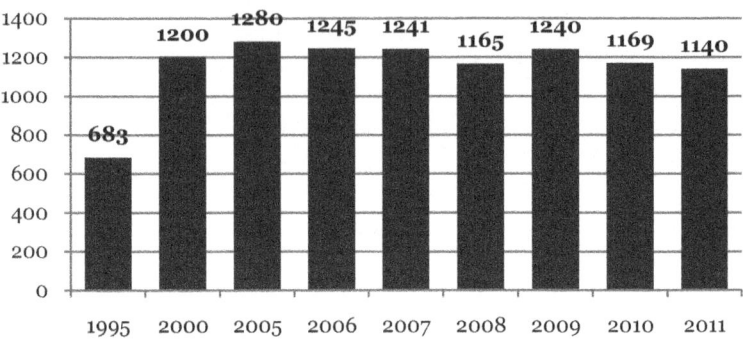

Quelle: Statistisches Amt von Südkorea

Abbildung 4: Ehescheidungen in Südkorea 1995-2011 (in Tsd.)

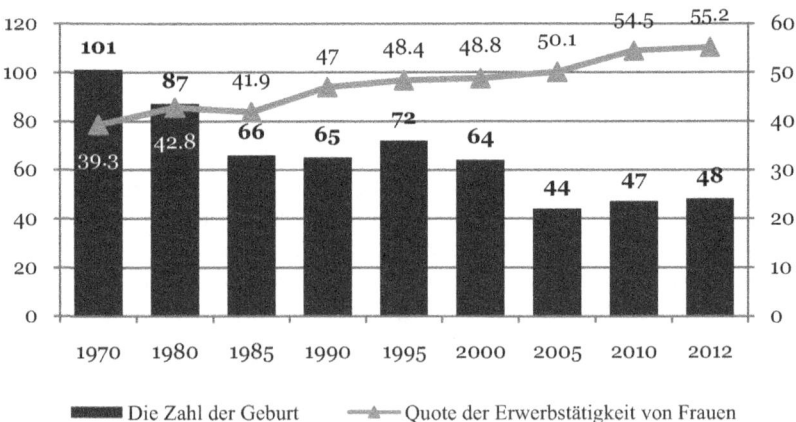

Quelle: Statistisches Amt von Südkorea

*Abbildung 5: Die Zahl der Geburten von Kindern und Erwerbstätigkeit von
Frauen in Südkorea 1970-2012 (in Zehntausend, %)*

Eine weitere wichtige Veränderung neben den neuen Familienformen in
Südkorea ist die rasche Zunahme der Berufstätigkeit der Frauen wie Abb. 5.
zeigt. Im Zeitraum von 1970 bis 2012 erhöhte sich die Zahl der Berufstätigkeit
der Frauen von 39,3 Prozent auf 55,2 Prozent kontinuierlich. Mit zunehmender

Berufstätigkeit der Frauen wird der Familienwandel stark beeinflusst. Berufstätige Frauen, die zwischen Job, Haushalt und Familie in der koreanischen Gesellschaft stehen, sind komplexen Herausforderungen unterlegen, da sie zwischen diesen zwei Welten funktionieren müssen und dies direkten Einfluss auf die Pflege und Erziehung des Kindes haben kann (z.b. Stress, wenig Zeit für Familie wegen dem Beruf, usw.). In erster Linie ist die Kinderbetreuung von berufstätigen Frauen durch soziale Einrichtungen, z.b. Kindergarten, Kinderkrippe oder Betreuungspersonen wie Verwandte und Großeltern sichergestellt. Fehlen jedoch die sozialen Einrichtungen oder die Unterstützungen, ist die Versorgung der Kinder nicht sichergestellt und die berufstätigen Frauen verzichten auf die Geburt eines Kindes[39].

Die Abnahme der Zahl der Geburten hat sich in Südkorea rapide entwickelt. Von 1970 bis 2005 ist die Geburtenrate von 4,53% auf 1,08% stark gesunken[40] und im Jahr 2010 wieder gestiegen. Jedoch ist sie im Jahr 2012 nur 1,3% niedriger als in im Durchschnitt der restlichen Welt. Gründe dafür sind nicht nur, dass sich das Heiratsalter durch die Veränderung der sozialen Lage und der Wertvorstellungen erhöht hat (das Durchschnittsalter der Frauen bei der ersten Heirat: im Jahr 1990, 24,9 Jahre, 2005, 27,7 Jahre, 2012, 30,2 Jahre[41]), sondern auch, dass die Unsicherheit der Beschäftigungsverhältnisse in der gesamten Zeit der Ausbildung zunimmt und sich bei unzureichenden Arbeitsbedingungen die Frauen entweder für den Arbeitsplatz oder die Familie entscheiden. Ebenfalls ist die unzureichende Tragbarkeit der zu hohen Kosten der Kinderbetreuung auf verschiedene komplizierte Faktoren zurückzuführen[42]. Neben abnehmenden Geburtenzahlen sank die Gesamtzahl der Kinder und Jugendlichen unter 18 Jahren kontinuierlich (1970- 16419 Tsd., 50,9%, 1980- 16545, 43,4%, 1990-14489, 33,8%, 2000- 12904, 27,5%, 2010- 10763, 21,8%, 2013- 10019, 20,0%[43]).

---

[39] Vgl. Chang, J., Boo, G., 2003. Hidden Choice: Paid Work and Child Care for Married Female Workers. Korean Women´s Development Institute (65). Seoul, S. 3

[40] Statistisches Amt, www.index.go.kr

[41] Statistisches Amt. http://115.84.165.91/jsp/WWS00/outer_Seoul.jsp?stc_cd=1201

[42] Statistisches Amt; Vgl. Oh, J., Jeong, I., 2008. Child Welfare. Seoul, S. 13

[43] Statistisches Amt, www. index.go.kr

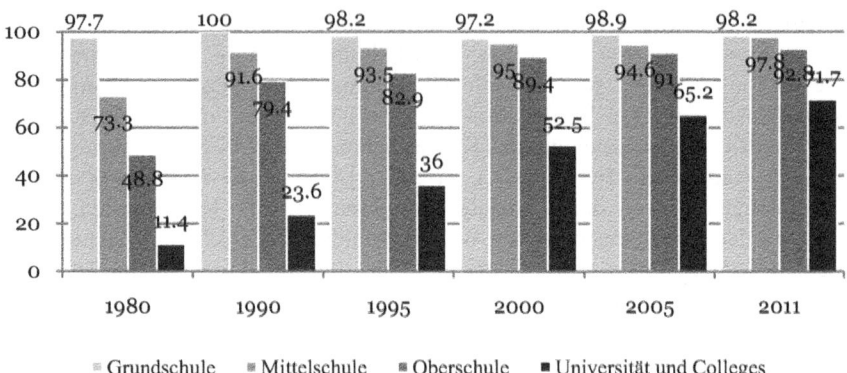

= Grundschule   ■ Mittelschule   ■ Oberschule   ■ Universität und Colleges

Quelle: Ministry of Education[44], National Statistical Office von Südkorea
* Die koreanischen Kinder sollen ab 7 Jahren die Schule besuchen.
** Grundschule: 6 Schuljahre, Mittelschule: 3 Schuljahre, Oberschule: 3 Schuljahre.

Abbildung 6: Bildungsbeteiligung 1980-2011 (in Prozent)

Im Laufe des rasanten Modernisierungsprozesses entwickelte sich das Bildungs-
wesen ebenso sprunghaft. Mit dem raschen Wirtschaftsaufstieg entstand ein
Bedarf an qualifizierten Arbeitskräften, was in kurzer Zeit zu einer Bildungs-
expansion führte, wie Abb. 6 zeigt. Es fällt auf, dass sich die Bildungsbeteiligung
an Universitäten und Colleges von 11,4% auf 71,1% im Zeitraum 1980 bis 2011
rasch erhöhte. Es weist vieles darauf hin, dass immer mehr Kinder und
Jugendliche einen höheren Schulabschluss anstreben und ein Studium an
Universtiäten oder Hochschulen planen.

2.4 Die historische Entwicklung des Kinderschutzes in Südkorea

In Südkorea wurde nach dem Beginn des 19. Jahrhunderts die Kinder- und
Jugendhilfe systematisch entwickelt und institutionalisiert. Nach der Wandlung
von Politik und Gesellschaft veränderte sich ebenfalls das Kinderschutzsystem.
Wie oben erwähnt, wurde und wird das Kind als Besitz der Eltern angesehen,
wodurch das gegenwärtige Problem entsteht. Um den geschichtlichen Hintergrund von Kinderschutz zu klären, muss man von der Vergangenheit bis heute,
den Kinderschutz aus makroskopischer Sicht betrachten. In südkoreanischer

---

[44] Ministry of Education, 2009. Bericht für statistische Ausbildung. Sejong, S. 22

Literatur wird die Entwicklung des Kinderschutzes speziell in Bezug auf Gewalt gegen Kinder nicht ausführlich thematisiert. Es ist sehr schwierig, an geschichtliche Quellen in Bezug auf Kinderschutz und Gewalt gegen Kinder heranzukommen.

2.4.1 Das koreanische Mittelalter: Von der Goryeo-Dynastie (918–1392) bis zur Joseon-Dynastie (1392–1910)

In Südkorea dominiert in Zeitspanne des koreanischen Mittelalters typischerweise das konfuzianistische Leitprinzip des „Gehorsams" zwischen Eltern und Kindern. Aus diesem Grund war das Kind Gegenstand der Zucht und hatte somit einen sozialen niedrigen Stand in der Gesellschaft. Trotz der elterlichen Gegenwehr wurde das Kinderschutzsystem durch königliche Politik eingeführt.[45] Der Kinderschutz im Rahmen der Armenfürsorge wurde durch staatliche Maßnahmen erstmals in der Goryeo-Dynastie realisiert. Diese Zeit war von Krieg und strenger Klassengesellschaft bestimmt, es gab viele Waisen- und Bettelkinder. Im Sinne des buddhistischen Gedankens wurden in dieser Zeit Findel- und Waisenkinder in Tempeln versorgt und meist zu arbeitstauglichen Mönchen erzogen[46]. Zudem wurden diese Kinder durch Adoptionsfamilien als Sklaven gehalten. Diese Zeit war zusätzlich auch noch durch Kinderhandel bzw. Entführungen bestimmt.[47] Nach historischen Daten gewährte König Seongjong (981-997) im Jahr 991, 994 Waisenkindern unter 10 Jahren staatliche Hilfe und Unterstützung. Im Jahr 1347 gründete König Chungmok (1344-1348) eine soziale Einrichtung mit dem Namen „Haeadogam", um dort den Säuglingen und Kleinkindern Schutz und Unterkunft zu bieten.[48]

Bis Mitte der Joseon-Dynastie (1392-1910) waren fürsorgliche Bemühungen um die Sicherheit und den Schutz des Lebens von Kindern stets vorhanden. Die positive Entwicklung der Kinderversorgung in der Joseon-Dynastie ist als die Weiterentwicklung der Maßnahmen zur Rettung von Findelkindern, Waisen und Vagabunden anzusehen.[49] Die Joseon-Dynastie hat sich mehr als die Goryeo-Dynastie um Kinderschutzaktivitäten bemüht und dabei eine Satzung für Waisenkinder, Kinderarmut und hungrige Kinder eingeführt. Beispielsweise hat König Jeongjo (1776-1800) im Jahr 1783 den Schutz von Bettel- und Waisen-

---

[45] Vgl. Kim, S., Kim, H., Choe., H., 2013. Child Welfare. Paju, S. 96-97
[46] Vgl. Kindeswohlinstitut, 2002. Kindeswohl und Politik. Seoul, S. 35
[47] Vgl. Pyo, G., 2010. Kinder- und Jugendwohl. 2. Auflage. Paju, S. 58
[48] Vgl. Kim, S., Kim, H., Choe., H., 2013. Child Welfare. Paju, S. 98-99
[49] Vgl. Kim, Y., 1986. Jugendpolitik in Korea und in der Bundesrepublik Deutschland. Diss. Bochum, S. 64-69

kindern in die Satzung „Jahyul Prinzip" aufgenommen. Diese Kinder wurden bei einer Katastrophe (z.B. Hungersnot oder Krieg) durch den Staat oder die Gemeinschaft versorgt. Weiterhin gewährte König Hyeonjong (1659-1674) im Jahr 1661 in Seoul und König Sukjong (1674-1720) im Jahr 1696 den Schutz durch Zivile. In dieser Zeit durften staatliche oder private Gesellschafts-mitglieder Kinder als Sklaven aufnehmen oder adoptieren, um sie vor Armut, Verwahrlosung und Hungertod zu schützen. [50] Im Jahr 1880 gründete ein französischer Priester in Seoul eine soziale Einrichtung für Waisenkinder.[51]

2.4.2 Kinderfürsorge während der japanischen Besatzungszeit (1910 – 1945) und nach der Kolonialherrschaft Japans (1945 – 1960)

Am Ende der Joseon-Dynastie bis zur japanischen Besatzungszeit beschleunigte sich die Entwicklung der Kinderfürsorge. In dieser Zeit gab es keine staatliche Tätigkeit der Kinderfürsorge. Nach der Öffnung (Kabo-Reform) strömte west-liches Gedankengut in das Land, insbesondere durch viele Missionare aus den verschiedenen Kirchen der westlichen Länder. Sie errichteten zusätzlich zu ihrer Missionstätigkeit moderne Schulen, Hospitale und Armenfürsorgeeinrich-tungen[52], als Beispiel hierfür: Im Jahr 1921 erbaute ein amerikanischer Missionar die soziale Eirichtung „Taehwa" für Gesundheit und Erziehung des Kindes. Zudem bestimmte das japanische Generalgouvernement Kinder unter 13 Jahren und Schwangere als Personen des Schutzes und erbaute im Jahr 1921 die soziale Einrichtung „Jesaengwon". 60 dieser sozialen Einrichtungen wurden im Jahr 1939 landesweit errichtet (2192 Kinder wohnten dabei in Kinderheimen[53]). Diese Art der Kinderfürsorge ist weniger als Kinderschutz zu betrachten und diente nur der Aufrechterhaltung der sozialen Ordnung.[54]

Nach der Befreiung der japanischen Besetzung unterstützten die amerika-nischen Truppen Südkorea, so wurden unter anderem neue Sozialgesetze einge-führt sowie ein Verbot der Kinderarbeit erlassen. Allerdings wurden die meisten Sozialgesetze weitgehend beibehalten, die schon während der Kolonialzeit geschaffen worden waren.[55] Die moderne Entwicklung der koreanischen Kinder-fürsorge begann nach dem Koreakrieg. Dabei waren während des Krieges von

---

[50] Vgl. Kim, S., Kim, H., Choe., H., 2013. Child Welfare. Paju, S. 98-99
[51] Vgl. Pyo, G., 2010. Kinder- und Jugendwohl. 2. Auflage. Paju, S. 58
[52] Vgl. Kim, Y., 1986. Jugendpolitik in Korea und in der Bundesrepublik Deutschland. Diss. Bochum, S. 69-71
[53] Vgl. Pyo, G., 2010. Kinder- und Jugendwohl. 2. Auflage. Paju, S. 58
[54] Vgl. Kim, S., Kim, H., Choe., H., 2013. Child Welfare. Paju, S. 99-100
[55] Vgl. Kim, Y., 1986. Jugendpolitik in Korea und in der Bundesrepublik Deutschland. Diss. Bochum, S. 78

1950 bis 1953 tausende Koreaner ums Leben gekommen, wodurch ebenfalls die Zahl der Waisen- und Findelkinder anstieg. Nach dem Krieg war ein staatlicher Wiederaufbau der Kinderfürsorge durch die finanzielle Lage des Staates schwierig.[56] Deshalb erhielt Südkorea Unterstützung und Hilfe durch das Ausland, wie z.b. der katholischen Gemeinde Amerikas oder der World Vision Organisation sowie durch die UN. Zudem bauten viele freie Träger soziale Einrichtungen für den Schutz des Kindes und Jugendlichen neu auf, wodurch sich im Jahr 1960 die Zahl der sozialen Einrichtungen bei 472 in Südkorea befand. In dieser Zeit gab es kaum staatliche Verantwortung und professionelle Dienstleitungen, sondern wurde nur in Abhängigkeit von ausländischer Unterstützung bzw. durch verschiedene freie Träger für die Kinderfürsorge Einrichtungszentriert entwickelt.[57]

2.4.3 Kinderfürsorge seit der Industrialisierung (1960 – 2000)

Für den Wiederaufbau wurden 1961 erstmals zahlreiche Sozialgesetze erlassen, darunter auch das erste Kinderfürsorgegesetz. Nach diesem staatlichen Auswahlprinzip des KWG wurde von 1960 bis 1980 die Arbeit zum Wohl des Kindes und Jugendlichen praktiziert. Jedoch blieb in dieser Zeit wegen der Irrealität und der mangelnden Leistungsfähigkeit, der schlechten ökonomischen Bedingungen und ungünstigen Sozialstrukturen die erhoffte Wirkung der Kinderfürsorge aus.[58] Mittlerweile entwickelte sich die Zahl der sozialen Einrichtungen des Kinderschutzes rapide weiter (im Jahr 1967 befanden sich 65212 Kinder und Jugendliche in 568 sozialen Einrichtungen[59]). Im Jahre 1981 wurde das KWG schließlich überarbeitet und als neues Kinderwohlfahrtsgesetz (KWG) erlassen. Mit dieser Gesetzesänderung wurde die Fürsorge auf alle Kinder ausgeweitet. Dennoch gab es Ausnahmen, z.b. wurde die häusliche Gewalt gegen Kinder immer noch als privates Problem angesehen, was die staatlichen Eingriffe in solchen Fällen einschränkte.[60]

Bezüglich der Gewalt gegen Kinder hatte das Südkorea Social Welfare Council im Jahr 1979 eine Hotline für Gewalt gegen Kinder etabliert und sollte ab dieser Zeit als freie Träger auf Gewalt gegen Kinder reagieren. Jedoch gab es keine Meldungen von Gewalt gegen Kinder und nach einem Jahr wurde diese

---

[56] Vgl. Ebd., S. 78
[57] Vgl. Pyo, G., 2010. Kinder- und Jugendwohl. 2. Auflage. Paju, S. 58
[58] Vgl. kim, Y., 1986. Jugendpolitik in Korea und in der Bundesrepublik Deutschland. Diss. Bochum, S. 78
[59] Vgl. Pyo, G., 2010. Kinder- und Jugendwohl. 2. Auflage. Paju, S. 59-60
[60] Vgl. Kindeswohlinstitut. 2002. Kindeswohl und Politik. Seoul, S. 36

wieder eingestellt. Später hat der Verein für Kinderschutz im Jahr 1983 eine Hotline für Beratung gegen Gewalt von Kindern eingeführt und etablierte diese im Jahr 1985 in städtischen Kinderberatungsstätten in Seoul, die aber wegen geringer Meldungen (96 Gefährdungsmeldungen in 5 Jahren) nicht sehr aktiv war. Es gab zu dieser zeit noch kein Kinderschutzgesetz für Gewalt gegen Kinder und ebenfalls nur eine geringe Wahrnehmung und Sensibilisierung der Bevölkerung für diese Thematik. Danach haben im Jahr 1989 die sozialen Einrichtungen für Kindeswohl und Geistesmedizin zur Prävention gegen Gewalt von Kinder die „Korea Association for Prevention of Child abuse and Neglect" etabliert und mittlerweile die freien Träger z.b. Goodneigbors bzw. Childfund Korea in das Zentrum für Prävention von Gewalt gegen Kinder integriert und geleitet.[61] Dabei gab es Begrenzungen der Intervention und Prävention, da keine Regelungen von Gewalt gegen Kinder in Südkorea vorlagen. Die Gewalt gegen Kinder erhielt erst Anfang der 1990er Jahre mehr Aufmerksamkeit, da mehrere Forschungsberichte und die Medien es häufiger thematisierten. Sie waren besonders von der Gewalt gegen Kinder in der konfuzianistischen Tradition Koreas schockiert, und es wurde stark zunehmend als soziales Problem wahrgenommen. Gewalt gegen Kinder als soziales Problem in koreanischer Atmosphäre anzuerkennen, war allerdings eine äußerst empfindliche Angelegenheit, da die körperliche Züchtigung als erzieherische Maßnahme angesehen wurde. Dieser Gedanke wurde als pädagogische Züchtigung oder eine disziplinäre Strafe anerkannt und gebilligt. Man sah also die Erziehung der Kinder in der alleinigen elterlichen Verantwortung und betrachtete sie nicht als unabhängige Persönlichkeiten. Die elterliche Haltung, die die äußerliche Einmischung ablehnte, bestand weiter als innerfamiliäres Problem, obwohl schwerwiegende Gewalt an Kindern bestraft wurde. Aufgrund der konfuzianistischen Tradition, die den Kerngedanken der Erziehung dominierte, sollte Gewalt gegen Kinder nicht vorkommen, wenn es aber geschah, lag die Verantwortung dafür nur bei den Eltern.[62] In dieser Zeit hatten die freien Träger, die großes Interesse an der Thematik hatten, angefangen, sich für den Kinderschutz zu engagieren. Jedoch gab es große Beschränkungen, die ohne ein staatliches Gesetz das Einschreiten erschwerten. Je nach Eigenart des freien Trägers entschied dieser, verschiedene Interventionen, Therapien und Kampagnen durchzuführen. Trotzallem hatten diese Prozesse einen positiven Einfluss auf die Lösung des Problems, welches zu einer erneuten ideologischen Wende führte. Durch diese gedankliche Wende hatte der Staat die Möglichkeit, sich für den Kinderschutz in der Familie einzusetzen.

---

[61] Vgl. Oh, J., Jeong, I., 2008. Child Welfare. Seoul, S. 291-292
[62] Vgl. Hwang, Ok-Gyung. 2002. die Konstruktion des Kinderschutzsystem und Analyse der Führung. In: Theology and mission (27), S. 524-525

2.4.4 Gegenwärtiger Kinderschutz (2000 bis heute)

Obwohl bis zu diesem Zeitpunkt eine positive Einstellung zum konfuzianistischen Gedanken (Besitz der Eltern ihrer Kinder) bestand, veränderte sich die Sicht auf Kinder: sie wurden als individuelle und selbstständige Lebewesen mit Bewusstsein wahrgenommen.[63] Zudem wurden wegen anhaltender Zunahme von Gewalt gegen Kinder und wegen des sporadischen Eingreifens, die freien Trägern zum Kinderschutz im Jahr 2000 in die Pflicht genommen. Damit wurde das Kinderwohlfahrtsgesetz (KWG) im Jahr 2000 umfangreich überarbeitet, das das Kinderschutzsystem (KSS) regelt.

Es beinhaltet den Einsatz des Kinderschutzzentrums, die Einrichtung einer Notrufnummer für Angehörige und Opfer von Gewalt gegen Kinder, Erste Hilfe und Schutz sowie der Entzug und Einschränkungen der elterlichen Ansprüche etc. Zudem wurde aufgrund der politischen Veränderung in dieser Zeit die Übertragung von Aufgaben von staatlichen zu freien Trägern vorgenommen, d.h. die freien Träger erhielten die Kontrolle über das Kinderschutzsystem und das Kinderschutzzentrum (KSZ), welches sie unter eigener Verantwortung leiten. Das KSZ übernahm die verantwortliche Rolle im gesamten Prozess zur Vermeidung von Gewalt gegen Kinder sowie Kindesmisshandlung, sexuellen Missbrauch und Vernachlässigung. SozialarbeiterInnen im KSZ sind in alle Vorgänge eingebunden; von der Intervention bis hin zur Zielerreichung (Inobhutnahme des Kindes/Jugendlichen), z.B vom Verdacht auf Kindeswohlgefährdung (Notruf), der Evaluation, der Risikoeinschätzung von Kindeswohlgefährdung, dem Schutz der Familie, der Therapie, der Fortbildung und der Präventionsaktivität (z.B. für eine Kampagne in der Öffentlichkeit/ Präventionskampagnen in der Schule). Zudem gibt es zusätzlich auch regelmäßige interne und externe Sitzungen mit Experten im Fall von Klienten mit schwerwiegenden Problemen.

---

[63] Vgl. Kim, S., Kim, H., Choe., H., 2013. Child Welfare. Paju, S. 96-97

3 Die gesellschaftliche Lage und gegenwärtige Kinder- und Jugendhilfe in Deutschland

3.1 Gegenwärtige Lebenslage von Kindern und Jugendlichen

Während in den USA und einigen europäischen Ländern Industrialisierungsprozesse Ende des 18. bzw. zu Beginn des 19. Jahrhunderts begonnen hatten, begannen diese seit den 1830er Jahren in Deutschland und beschleunigten sich gegen Ende des 19. Jahrhunderts, die das deutsche Reich im Weltmaßstab sichtlich konkurrieren ließ.[64] Im Zeitraum von 1950 bis 2011 stieg das Bruttoinlandsprodukt in Deutschland rasant von 46,69 Mrd. auf 2570,80 Mrd., was die starke wirtschaftliche Entwicklung der Bundesrepublik Deutschland zeigt. Im gleichen Zeitraum stieg die Anzahl an Beschäftigten nach Wirtschaftssektoren noch rascher, wie Abb. 8 zeigt: In den letzten 60 Jahren, also von 1950 bis 2011, wuchs die Gesamtzahl aller Beschäftigten im tertiären Sektor um 37,6%. Dagegen sank die Zahl der primären Sektoren um 23,0% und die der sekundären Sektoren gingen um 14,6% zurück.

Dieser Wandel bedeutet nicht, dass die neuen Bereiche nicht auch für die Industrie arbeiten, sondern, dass die Nachfrage nach *Wissens-Arbeitern* deutlich gestiegen ist. Auf diese Veränderung wurde in Deutschland mit dem starken Ausbau der weiterführenden qualifizierten Ausbildung im akademischen Bereich reagiert.[65] Weiterhin wurde das Familienmodell in der Industriegesellschaft, das als Kleinfamilie aus einem Ehepaar mit seinen Kindern in einem gemeinsamen Haushalt besteht, als natürliche Ordnung menschlichen Lebens gefordert. [66]

---

[64] Vgl. Johansen, E., 1978. Betrogene Kinder. Frankfurt am Main, S. 88
[65] Vgl. Diskowski, D., Pesch, L. (Hrsg.), 2008. Familien schützen Kinder schützen. Weimar und Berlin, S. 18
[66] Vgl. Ebd., S. 18

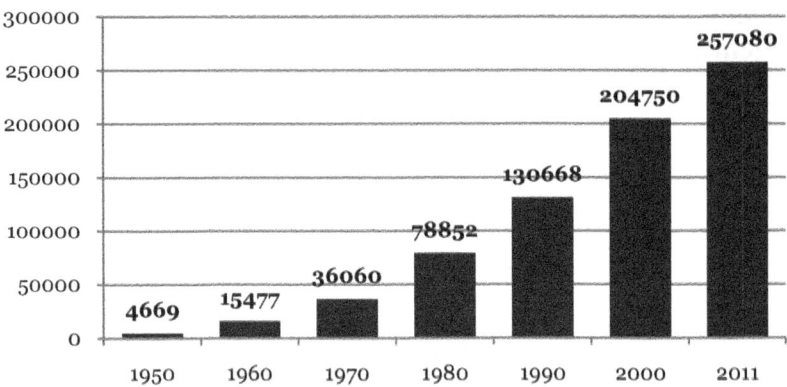

Quelle: Statistisches Jahrbuch 2011 der Bundesrepublik Deutschland[67]
* 1950-1990 Westdeutschland, 2000 Gesamtdeutschland

Abbildung 7: Bruttoinlandsprodukt in Deutschland 1950-2011 (in Mrd., euro)

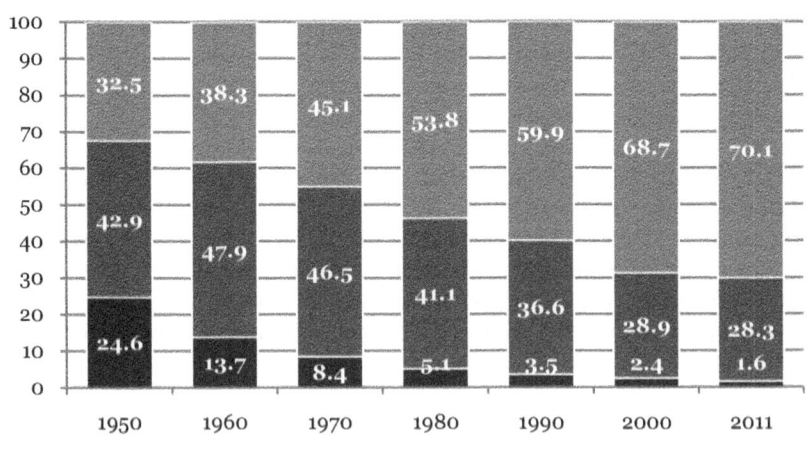

■ Primärer   ■ Sekundärer   ■ Tertiärer

Quelle: Statistisches Bundesamt der Bundesrepublik Deutschland

Abbildung 8: Beschäftigte nach Wirtschaftssektoren in Deutschland 1950-2011
(in Prozent)

---

[67] Statistisches Bundesamt, 2011b. Statistisches Jahrbuch 2011. Für die Bundesrepublik Deutschland mit internationalen Übersichten. Wiesbaden, S. 630

Die Tabelle 3 zeigt, wie sich die Entwicklung der Altersstruktur der Bevölkerung in Deutschland 1950-2011 verändert hat. Die Zahl der Kinder und Jugendlichen wird allmählich kleiner, wie die Entwicklung bei den Heranwachsenden unter 20 im Zeitraum von 1950 bis 2011 von 30,4% auf 18,2% verdeutlicht. Dagegen wächst die Zahl der anderen Altersgruppen (20-64, 65-79 und über 80) kontinuierlich. Der Jugendquotient (Zahl der unter 20-Jährigen bezogen auf die Altersgruppe der 20- bis 64-Jährigen) sank seit 1970 (53,4%) bis im Jahr 2011 auf 29,8%. Weiterhin überstieg der Anteil des Altenquotienten (33,8%) ab 2010 den Anteil des Jugendquotienten (30,3%). Diese Entwicklung der Altersstruktur wird unmittelbar von der Zahl der Geburten beeinflusst.[68]

	Bevölkerung in 1000	Davon im Alter von ... bis... Jahren				Jugend-quotient*	Alten-quotient**
		unter 20	20-64	65-79	80 und älter		
		in %					
1950	69 346	30,4	59,9	8,7	1,0	50,8	16,3
1960	73 147	28,4	60,0	10,0	1,6	47,3	19,3
1970	78 069	30,0	56,2	11,8	2,0	53,4	24,6
1980	78 397	26,8	57,7	12,8	2,7	46,3	26,9
1990	79 753	21,7	63,4	11,2	3,8	34,2	23,6
2000	82 260	21,1	62,2	12,9	3,8	34,0	26,8
2010	81 752	18,4	60,9	15,3	5,3	30,3	33,8
2011	81 844	18,2	61,2	15,2	5,4	29,8	33,7

Quelle: Datenreport 2013 der Bundesrepublik Deutschland [69]
* Altersgruppe der unter 20-Jährigen bezogen auf die Altersgruppe der 20- bis 64-Jährigen.
** Altersgruppe der 65-Jährigen und Älteren bezogen auf die Altersgruppe der 20- bis 64-Jährigen.

Tabelle 3: Entwicklung der Altersstruktur in Deutschland 1950-2011

Die Geburtenzahlen in Deutschland sinken rapide. Seit Anfang der 1960er Jahre bis 2011 sind sie von 17,3% auf 8,1% zurückgegangen, wie Abb. 9 zeigt. Im Jahr 2011 wurde die niedrigste Geburtenrate, mit 663000 Kindern seit 1950 festgestellt. Die Kinderzahlrate (Fruchtbarkeitsrate) je Frau lag durchschnittlich bei 1,36%. Der Grund dafür ist, dass einerseits die Zahl der Frauen im gebärfähigen Alter abgenommen hat und andererseits die gewünschte Kinderzahl je Frau durchschnittlich zurückgegangen ist.[70] Die Erwerbstätigkeit von Frauen in Deutschland nahm von 47,2% auf 71% im Zeitraum von 1960 bis 2011 zu. Nach dem statistischen Bundesamt waren 2010 knapp 70% der 20 bis 64

---

[68] Statistisches Bundesamt, 2013. Datenreport 2013. Ein Sozialbericht für die Bundesrepublik Deutschland. Bonn, S. 14-15
[69] Ebd., S. 14
[70] Vgl. Münder, J., Wiesner, R., 2007. Kinder- und Jugendhilferecht. Baden-Baden, S. 13

jährigen Frauen erwerbstätig und davon arbeiteten 46% in Teilzeit und 54% in Vollzeit[71]. Der Grund für Teilzeiterwerbstätigkeit ist, dass 51% der Frauen die Betreuung von Kindern bzw. Pflegebedürftigen oder andere familiäre und persönliche Verpflichtungen nannten und 19% der Frauen keinen ganztätigen Arbeitsplatz finden konnten.

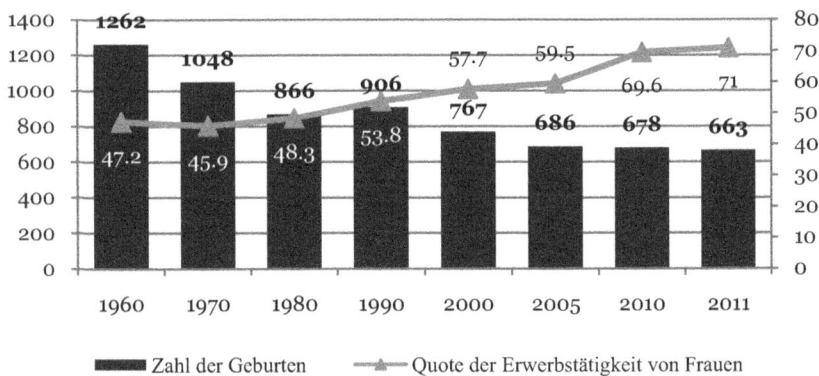

Quelle: Datenreport 2013[72], Statistisches Amt der Bundesrepublik Deutschland

Abbildung 9: Geburtenzahlen (in 1000) und die Erwerbstätigkeit von Frauen in Deutschland 1960-2011

Im Jahr 2011 wohnten insgesamt ca. 20,0 Mio. Paare, davon 18,0 Mio. Ehepaare, 2,8 Mio. Lebensgemeinschaften, 2,7 Mio. nicht-ehelichen, und 67000 gleich-geschlechtlichen. Daneben gab es 17,6 Mio. alleinstehende Personen, darunter wohnten ca. 90% Personen allein oder ca. 10% Personen teilten den Haushalt mit anderen Mitbewohnern, wie Tab. 4 zeigt. Zudem waren es ca. 17,6 Mio. alleinerziehende Mütter und Väter. Während innerhalb der betrachteten zehn Jahre ein Rückgang der Ehepaare mit gesetzlicher Eheschließung um rund 0,75 Mio. (-7%) festzustellen war, gab es von 2001 bis 2011 eine Zunahme der Lebensgemeinschaften um rund 0,59 Mio. (+27%) (Nicht-ehelich um rund 0,57 Mio., gleichgeschlechtliche Lebensgemeinschaft um rund 17000), alleinerzie-hende Väter und Mütter um rund 0,33. Mio. (+14%) und Alleinstehende um 4,1 Mio. (+17%) (Einpersonenhaushalte 2,3 Mio.). Weiterhin lebten 2001 noch 7,1 Mio. Ehepaare mit mindestens einem Kind unter 18 Jahre, 10 Jahre später, also

---

[71] Vgl. Wanger, S., 2011. Vielen Frauen würden gerne länger arbeiten: IAB-Kurzbericht. 9/2011
[72] Ebd., S. 15

2011, nur noch 5,8 Mio. (-19%). Demgegenüber erhöhte sich die Zahl alleinerziehender Mütter und Väter mit minderjährigen Kindern in diesem Zeitraum von knapp 1,5 Mio. auf fast 1,6 Mio. (+8%) und ebenfalls stieg die Anzahl der Lebensgemeinschaften mit minderjährigen Kindern von 586000 auf 743000 (+27%). [73] Nur noch drei von vier Kindern wachsen in der traditionellen Familiensituation (vollständige Kleinfamilie mit verheirateten Eltern) auf. [74] Es wird deutlich, dass die Zahl der traditionellen Familienkonstellation kontinuierlich zurückgegangen ist, während die Zahl der alternativen Familienformen (Alleinerziehende und Lebensgemeinschaften mit Kindern) stieg.

Lebensform	2001	mit Kindern	2011	mit Kindern
1. Paare	21 561		20 808	
1.1 Paare mit gerichtlicher Eheschließung	19 358	7,1 Mio.	18 008	5,8 Mio. (-19%)
1.2 Lebensgemeinschaften	2 203	586 000	2 800	743 000 (+27%)
1.2.1 Nicht- ehelich	2 154		2 732	
1.2.2 gleichgeschlechtlich	50		67	
2. Alleinerziehende	2 355	1,5 Mio.	2 685	1,6 Mio. (+8%)
3. Alleinstehende	14 995		17 607	
3.1 Einpersonenhaushalte	13 505		15 898	

Quelle: Datenreport 2013 der Bundesrepublik Deutschland [75]

Tabelle 4: Lebensformen der Bevölkerung in Deutschland 2001, 2011 (in 1000)

In Bezug auf die Veränderung der Familienlebensformen, haben die Lebenssituationen der Kinder und Jugendlichen an Bedeutung gewonnen, weil ihr Sozialisationsprozess, die Wohlfahrts- und Schutzsysteme der Sozialversicherung und des Gesundheitswesens mit der Leistung der Familie eng verzahnt sind. [76] Nach den statistischen Daten seit 1950 vom Bundesamt veränderte sich die traditionelle Familienstruktur, als eine der wichtigsten gesellschaftlichen Erscheinungen in Deutschland. Die vormalige Monopolstellung der „Normal-Familie" wandelte sich zu einem Prozess der Pluralisierung von privaten Lebensformen und Lebensgemeinschaften. [77]

---

[73] Statistisches Bundesamt, 2013. Datenreport 2013. ein sozialbericht für die Bundesrepublik Deutschland. Bonn, S. 44-51

[74] Vgl. Münder, J., Wiesner, R., 2007. Kinder- und Jugendhilferecht. Baden-Baden, S. 18

[75] Statistisches Bundesamt, 2013. Datenreport 2013, Ein Sozialbericht für die Bundesrepublik Deutschland. Bonn, S. 44- 51

[76] Vgl. Manfred, H., 2004. Familiäre Lebensformen, In: Seidenstücker, B., Mutke, B. (Hrsg.), Praxisratgeber Kinder- und Jugendhilfe. Bobingen, S. 127

[77] Vgl. Ebd., S. 128

Im Jahr 2011 hatten ca. 11% der Familien mit Kind ein monatliches Nettoeinkommen von weniger als 1300€ und ca. 35% der Familien mit Kindern lebten von über 1 300€ aber unter 2600€, 38% über 2600€ jedoch unter 4500€ und 15% über 4500 (Tab. 5). Die Anteile der Familien mit Migrationshintergrund waren in den beiden unteren Einkommensstufen (unter 1300€: 12,8%, 1300€ - 2600€: 46,6%) mehr als die Familien ohne Migrationshintergrund. Dagegen sind Familien ohne Migrationshintergrund vermehrt in den beiden oberen Einkommensklassen (2600€ - 4500€: 40,6%, über 4500€: 17,6%) als Familien mit Migrationshintergrund. Weiterhin lebten nach statistischem Bundesamt 42% alleinerziehende Mütter und Väter von unter 1300€ monatlichem Nettoeinkommen. Und 77% der Ehepaare und 81% aller Lebensgemeinschaften mit minderjährigen Kindern lebten von einem monatlichen Familiennettoeinkommen zwischen 1300€ und 4500€.[78]

Monatliches Nettoeinkommen der Familie von... bis unter.. Euro	Familien		
	insgesamt	ohne Migrations-Hintergrund	mit Migrations-Hintergrund
	in 1000 (%)		
Insgesamt	**8 060**	**5 718**	**2 362**
mit Angabe	7 582 (100)	5 370 (100)	2 213 (100)
unter 1 300	857 (11,3)	572 (10,7)	283 (12,8)
1 300 - 2 600	2 707 (35,7)	1 675 (31,2)	1 032 (46,6)
2 600 - 4 500	2 879 (38,0)	2 179 (40,6)	700 (31,6)
4 500 und mehr	1 140 (15,0)	943 (17,6)	196 (8,9)
Sonstige	498	348	150

Quelle: Datenreport 2013 der Bundesrepublik Deutschland[79]

Tabelle 5: Familien mit Kind unter 18 Jahren nach monatlichem Nettoeinkommen 2011 (in 1000)

---

[78] Ebd., S. 52
[79] Ebd.

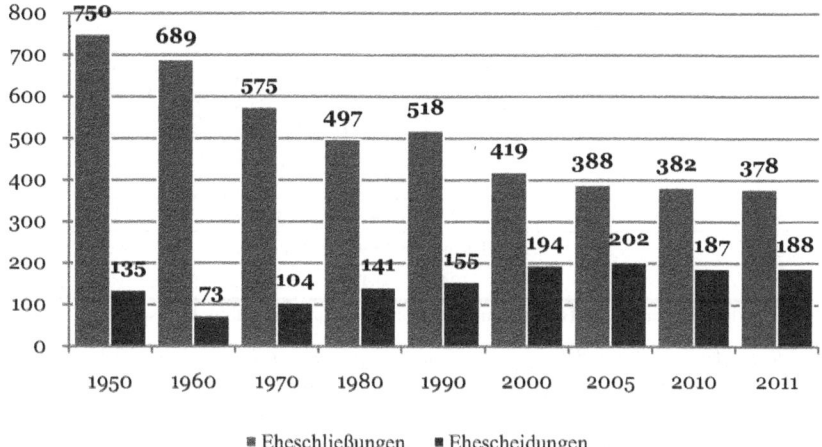

■ Eheschließungen   ■ Ehescheidungen

Quelle: Datenreport 2013 der Bundesrepublik Deutschland [80]

Abbildung 10: Eheschließung, Ehescheidung in Deutschland 1950-2011(in 1000)

1950 lag die Zahl der Eheschließungen in Deutschland bei 750000, so ist ein Rückgang der Zahl bis 2011 auf 378000 auszumachen. Dagegen wurden 1960 ca. 7000 Paare geschieden, 51 Jahre später, im Jahr 2011, stieg die Zahl auf 188000 Paare (Abb. 10). Dabei lebten auch bei der Hälfte davon minderjährige Kinder: Dabei sind rund 148200 Kinder unter 18 Jahren im Jahr 2011 von der Scheidung ihrer Eltern betroffen.[81] Die DJI-Jugendsurvey zeigt, dass ca. 20% der befragten Jugendlichen zwischen 12-15 Jahren eine elterliche Scheidung erlebten.[82]

Ein zentraler Paramenter über die Lage von Kinder- und Jugendlichen ist die schulische Bildungsbeteiligung, wie Tab. 6 zeigt. In Deutschland besuchten im Jahr 2010 insgesamt rund 16,8 Mio. Kinder und Jugendliche, Kindertagesein-richtungen, Schulen oder Hochschule. Die Anzahl der Schüler und Stundenten an beruflichen Schulen und Hochschulen sind im Jahr 2011 höher als 1998. Besonders erhöhte sich die Anzahl der Studierenden von von 1,8 Mio. auf 2,2 Mio. (also um 0,4 Mio.). Ebenfalls war die Zunahme der Anzahl von Schülern an Gymnasien auszumachen, während die Anzahl an Haupt- und Realschülern sank.

---

[80] Statistisches Bundesamt, 2013. Datenreport 2013. Ein Sozialbericht für die Bundesrepublik Deutschland. Bonn, S. 50
[81] Ebd., S. 50
[82] Münder, J., Wiesner, R., 2007. Kinder- und Jugendhilferecht. Baden-Baden, S. 18

	Kindertageseinrichtungen	Allgemeinbildende Schule						Berufliche schulen	Hochschulen
		Zusammen	darunter						
			Grundschulen	Hauptschulen	Realschulen	Gymnasien	Schule mit mehreren Bildungsgängen		
2010/11	3 122	8 796	2 837	703	1 166	2 475	955	2 687	2 217
1998/99	3 104	10 107	3 062	1 097	1 247	2 223	934	2 600	1 800
Veränderung 1998/99-2010/11									
	18	-1 310	-764	-394	-81	251	21	87	416

Quelle: Bundesministerium für Bildung und Forschung der Bundesrepublik Deutschland[83]

Tabelle 6: Anzahl der Bildungsteilnehmerinnen und -teilnehmer in Bildungseinrichtungen 1998/99-2010/11 in Deutschland (in 1000)

Weiterhin ist ein zentraler Indikator, bezogen auf die Lebenslage von Kindern und Jugendlichen, die Armut. Die empirische Armutsforschung zeigt deutlich seit den 1990er Jahren, dass die Anteile von in Armut aufwachsenden Kindern und Jugendlichen angestiegen ist. Dies kam besonders häufig im Falle von Alleinerziehenden oder Eltern vor, die keine oder nur prekären Beschäftigungen nachgingen, und somit einem hohen Armutsrisiko ausgesetzt waren.[84]

Anhand dieser Daten lässt sich zusammenfassend sagen, dass Beck ein umfassendes Erklärungsmodell, über den Wandlungsprozess der westlichen Gesellschaft in seiner Literatur darstellt, in der er die gesellschaftlichen Modernisierungsprozesse als Individualisierung von Lebensabläufen und Pluralisierung der Lebensformen beschreibt. In der modernen Gesellschaft ist eine Schwächung der Funktionen von Familie sowie Traditionen und die Zunahme von Arbeitsmarkt und Ausbildungsmarkt auszumachen.[85] In Bezug auf diesen Veränderungsprozess spielen soziale und sozialpädagogische Hilfe und Dienstleistungen eine große Rolle, da die Bewältigungsanforderungen in den Modernisierungsrisiken alle jungen Menschen und Familien betreffen können.[86]

---

[83] Bundesministerium für Bildung und Forschung, 2012. Bildung in Deutschland 2012. Bie-lefeld, S. 227
[84] Vgl. BMFSFJ, 2012. 14. Kinder- und Jugendbericht. Berlin, S. 46
[85] Vgl. Beck, U., 1986. Risikogesellschaft. Frankfurt am Main, S. 121-160
[86] Vgl. Jordan, E., Maykus, S., Stuckstätte, E., 2012. Kinder- und Jugendhilfe. 3. überarbeitete Auflage. Weinheim und München, S. 10

3.2 Die historsiche Entwicklung des Kinderschutzes in Deutschland

Eine Perspektive, die sich auf die geschichtliche Entwicklung des Kinderschutzes bezieht, zeigt, dass die Praxis des Kinderschutzes gegenwärtig und in vergangenen Zeiten von einer Vielzahl unterschiedlicher Faktoren beeinflusst wurde und wird. Normalerweise waren die Eltern in antiken und mittelalterlichen Epochen des Europas vor der Industrialisierung verantwortlich für ihre Kinder. Waisen- und Findelkinder wurden meistens in religiösen Einrichtungen wie Klöstern und Kirchen geschützt. Nach der Industrialisierung erweiterte sich jedoch allmählich die Verantwortung und Wahrnehmung des Schutzes der Kinder von den Familien bis hin zur Gesellschaft bzw. zum Staat. In diesem Kapitel werden daher zwei Perspektiven behandelt. Zum einen die antiker und mittelalterlicher Zeit vor der Industrialisierung und zum anderen die der Neuzeit und Modernen nach der Industrialisierung in Deutschland.

3.2.1 Kinderschutz in der vorindustriellen Zeit

Bis zum späten 19. Jahrhundert waren Kinder, wegen der hohen Geburts- und Sterberate, ein großer Anteil der Gesamtbevölkerung und die Anzahl dieser blieb stets konstant. Bis dahin bekam eine verheiratete Frau durchschnittlich alle zwei Jahre ein Kind.[87] Aber Kinder waren im Mittelalter vielen Gefahren und Leiden ausgesetzt wie Seuchen, Kriegen und Hungersnöten, wodurch sie auch ihren Familien zur Last fielen. Ein Leben war zu dieser Zeit schwer finanzier- und tragbar. Aus diesem Grund gab es tausende Waisenkinder[88]. Arme Eltern zwangen ihre Kinder zum Betteln.[89]Aus mittelalterlichen Aufzeichnungen kann man entnehmen, dass durchschnittlich etwa 20%-25% der Kinder unter einem

---

[87] In ihren ersten Lebensjahren stellten Kinder für die Familien also einen hohen Kostenfaktor dar. Daher war es umso wichtiger, dass sie möglichst schnell zum Familieneinkommen beitragen konnten: Gerade für bäuerliche Familien waren Kinder als zukünftige Arbeitskräfte und Hoferben unverzichtbares Humankapital. Überstieg die Zahl der Kinder die Möglichkeiten zum ökonomischen Kapital beizutragen, bestand die Überlebensstrategie armer Familien häufig darin, ihre soziale Not durch ein Weggeben oder Aussetzen „überzähliger" Kinder zu lindern. Fegert, J., Ziegenhain, U., Fangerau, H., 2010. Problematische Kinderschutzverläufe. Weinheim und München, S. 24-26

[88] Wegen der niedrigen Lebenserwartung ihrer Eltern wurden viele Kinder vor Erreichen des Erwachsenenaltes zu Halb- oder Vollwaisen. Cunningham, H., 2006. Die Geschichte des Kindes in der Neuzeit. Düsseldorf, S. 144

[89] Vgl. Alexandre, D., Riché, P., 2007. Das Leben der Kinder im Mittelalter. München, S. 14

Jahr starben[90] und Mitte des 19. Jahrhunderts europaweit jährlich über 100000 Kinder ausgesetzt wurden.[91] Im Jahr 1905 starb in Berlin etwa jedes dritte Kind.[92]

Fegert stellte in seiner Forschung dar, dass die Perspektive über die richtige Behandlung und Erziehung von Kindern im Mittelalter und der frühen Neuzeit aus antiken Überlieferungen und christlichen Quellen umfangreich beeinflusst wurde. Bereits in der antiken Zeit in Europa wurde das Aussetzen des Kindes praktiziert und als legitimes Mittel angesehen, sich unerwünschter Kinder zu entledigen. Seit dem Mittelalter gab es zwar eine Strafe für die Aussetzung des Kindes, aber nur ein kleiner Teil konnte wegen der hohen Zahlen der ausgesetzten Kinder ermittelt werden.[93] Noch im 16. und 17. Jahrhundert durften Kinder im Kleinkindalter mit Duldung ihrer Eltern von anderen Erwachsenen sexuell missbraucht werden [94] und es war nirgends die Rede von einem Erziehungsziel und einer Berufsausbildung.[95]

Meier beschreibt in seiner Studie, dass die Eltern ihre Kinder in Grenzgebieten von Städten, an Klöstern oder Kirchen bzw. Wäldern aussetzten, da diese Orte die Entdeckung des Kindes in Folge dessen eine gerichtliche Verfolgung erschwerten und die Eltern schnell von den Orten fliehen konnten. Zudem versuchten manche Eltern bei schwerer Not, ihre Kinder in soziale Einrichtung sowie Klöstern, Hospitalen und Findelhäusern, oder bei einer anderen Familie bzw. bei Verwandten unterzubringen.[96] Die Kinder arbeiteten dort in Haus- und Heimarbeiten und wurden zum Betteln für das Hospital oder die Stiftung gezwungen. Die damalige Atmosphäre in Waisen- und Findelhäusern stellte Jordan so dar, dass sie „durch eine Mischung aus Arbeit, Prügel und Frömmelei, aus Ordnungsrecht, Lieblosigkeit und bornierter Psalmsingerei" bestimmt wurde.[97] Eine hohe Zahl von Kindern starb in den Findel- und Waisenhäusern

---

[90] Vgl. Fegert, J., Ziegenhain, U., Fangerau, H., 2010. Problematische Kinderschutzverläufe. Weinheim und München, S. 24-25; Vgl. Shahar, S., 1991. Kindheit im Mittelalter. München, S. 144-145

[91] Vgl. Cunningham, H., 2006. Die Geschichte des Kindes in der Neuzeit. Düsseldorf, S. 138

[92] Johansen, E., 1978. Betrogene Kinder. Frankfurt am Main, S. 101

[93] Vgl. Fegert, J., Ziegenhain, U., Fangerau, H., 2010. Problematische Kinderschutzverläufe. Weinheim und München, S. 25-26

[94] Vgl. Johansen, E., 1978. Betrogene Kinder. Frankfurt am Main, S. 43

[95] Vgl. Jordan, E., Maykus, S., Stuckstätte, E., 2012. Kinder- und Jugendhilfe. 3 überarbeitete Auflage. Weinheim und München, S. 26

[96] Vgl. Meier, F., 2006. Mit Kind und Kegel. Kindheit und Familie im Wandel der Geschichte. Stuttgart, S. 70; Alexandre, D., Riché, P., 2007. Das Leben der Kinder im Mittelalter. München, S. 14, 32-33

[97] Beispielweise entstand in Halle eine Waisen-, Schüler- und Studentenstadt mit 3.000 Zöglingen. Franckes Stiftungen waren Impuls für weitere Einrichtungen mit ähnlicher Programmatik: „Härter noch als in Franckes Anstalten in Halle stellte sich die pietistische Erziehung bei den Herrnhutern dar: fünf Stunden Unterricht, sechs Stunden körperliche Arbeit, drei Stunden Andachtsübungen,

wegen der schlechten Versorgung und Hygiene. Auch gab es dort kaum Rechte für Waisen- und Findelkinder.[98] In der frühen Literatur finden sich Hinweise, dass 31,4% der Kleinkinder unter drei Jahren im Zeitraum von 1762 bis 1842 in den Kirchengemeinden der Stadt Fulda gestorben sind. Dazu kommen weitere 10,2% die im Altern von drei Jahren bis zum heiratsfähigen Alter gestorben sind. (Insgesamt 41,6% aller Todesfälle von junger Generation).[99] Zudem starben im Jahr 1902 in Berlin 59,7% der Pflegekinder im ersten Lebensjahr und im Stuttgarter Waisen-Arbeitshaus kamen bereits in den ersten Jahren von 457 Waisenkindern, 118 um.[100]

Erste Maßnahmen der Kinderfürsorge begann im späten Mittelalter: Ab dem 13. Jahrhundert hatten die kirchlichen Stiftungen in den Städten Findel- und Waisenhäuser eingerichtet[101] und seit dem 14. Jahrhundert richteten die Städte und Gemeinden ebenfalls Findelhäuser ein. Dabei existierten bereits die Babyklappe und Ammen für die Versorgung der Säuglinge.[102] Fegert beschrieb in seiner Studie, dass die Kindstötung bereits im frühen Mittelalter als Verbrechen angesehen wurde und dafür mit verschiedenen Strafen und Bußformen belegt wurde. Beispielsweise wurde bei Kindsmord durch Ertränken, lebendiges Begraben, Pfählen oder Zerreißen mit glühenden Zangen oder die Todesstrafe angewandt, und somit wurden von 1500 bis 1800 in Deutschland mindestens 30000 Frauen als Kindsmörderinnen hingerichtet.[103] Jedoch war der Schutz der Kinder, mit der Aussicht auf Bestrafung, nur teilweise gewährleistet, weil die Aussetzungshandlungen oder Kindermorde im Verborgenen geschahen oder als

---

das war der Tageslauf im Herrnhuter Waisenhaus...". (Zitiert nach Blankertz, H., 1982. Geschichte der Pädagogik. Von der Aufklärung bis zur Gegenwart. Wetzlar, S. 53). Jordan, E., Maykus, S., Stuckstätte, E., 2012. Kinder- und Jugendhilfe. 3. überarbeitete Auflage. Weinheim und München, S. 26-30

[98] Vgl. Fegert, J., Ziegenhain, U., Fangerau, H., 2010. Problematische Kinderschutzverläufe. Weinheim und München, S. 27

[99] Vgl. Johansen, E., 1978. Betrogene Kinder. Frankfurt am Main, S. 55

[100] Vgl. Ebd., S. 59, 79

[101] Vgl. Jordan, E., Maykus, S., Stuckstätte, E., 2012. Kinder- und Jugendhilfe. 3 überarbeitete Auflage. Weinheim und München, S. 25-26

[102] Schon Ende des 12. Jahrhundert wurden auf päpstliche Anordnung hin an den Eingangstüren der Findelhäuser und Klöster Drehladen montiert, um anonyme Kindsaussetzungen zu ermöglichen. Zwar wurden viele Kinder unmittelbar nach der Geburt ausgesetzt, doch wurden einige der Kinder vorher noch getauft, um die eventuelle Bestrafung der Eltern abzumildern. (Rechtlich wurde das Aussetzen eines getauften Kindes als weniger schwerwiegend bewertet, als das eines ungetauften, da nur ersteres im Todesfall die Aufnahme im Paradies gefunden hätte). Fegert, J., Ziegenhain, U., Fangerau, H., 2010. Problematische Kinderschutzverläufe. Weinheim und München, S. 27; Meier, F., 2006. Mit Kind und Kegel. Kindheit und Familie im Wandel der Geschichte. Stuttgart, S. 72; Alexandre, D., Riché, P., 2007. Das Leben der Kinder im Mittelalter. München, S. 11

[103] Vgl. Fegert, J., Ziegenhain, U., Fangerau, H., 2010. Problematische Kinderschutzverläufe. Weinheim und München, S. 29-30

Unfälle getarnt wurden. Aus diesem Grund wurden Kindermorde nur in den seltensten Fälle aufgedeckt. Entdeckte Kindermorde jedoch wurden im über das gesamte Mittelalter hinweg streng bestraft[104], und die Strafe für die Aussetzung von Kindern im Laufe der Zeit verschärft.[105] Im Vergleich zum Kindsmord wurden andere Formen der Gewalt gegen Kinder sowie körperliche Züchtigung als legitimes und notwendiges Mittel zur Erziehung angesehen und nur in Ausnahmefällen geahndet.[106]

Viele Studien über die Kindheit im Mittelalter gehen davon aus, dass in der mittelalterlichen Gesellschaft kein Verständnis für Kindheit existierte.[107] Es wird darauf hingewiesen, dass Kinder in der mittelalterlichen Gesellschaft lange Zeit keine Rechte hatten und Gewalt gegen Kinder akzeptiert sowie toleriert wurde. Jedoch veränderte sich die Sicht auf die Kindheit im 18. Jahrhundert. Ariés ging davon aus, dass sich im 17. Jahrhundert die starke Veränderung in der Bewertung von Kindheit vollzog, während die meisten Historiker dies dem 18. Jahrhundert zuweisen.[108] Cunningham (2006) geht daher davon aus, dass sich im Laufe der Zeit von 1500 bis 1900 die Rolle der Kinder in der Familie stark veränderte. Am Anfang dieses Zeitraums bedeutete Kindheit ab dem sechsten Lebensjahr, die langsame Einführung in die Arbeitswelt der Erwachsenen und am Ende dieser Periode wurde in beinahe jedem Land der Schulbesuch für Kinder obligatorisch.[109] Weiterhin stellte Fegert dar, dass die Kindheit ab dem Hoch- und Spätmittelalter von einer defizitären Lebensphase hin zu einer eigenständigen förderwürdigen Lebensphase, wahrgenommen wurde und dass Eltern materiell und emotional in ihr Kind investierten.[110] Weiterhin entstand am

---

[104] Vgl. Meier, F., 2006. Mit Kind und Kegel. Kindheit und Familie im Wandel der Geschichte. Stuttgart, S. 74; Schwarz, H., 1993. Der Schutz des Kindes im Recht des frühen Mittelalters. Siegburg, S. 169

[105] Vgl. Jordan, E., Maykus, S., Stuckstätte, E., 2012. Kinder- und Jugendhilfe. 3 überarbeitete Auflage. Weinheim und München, S. 27

[106] Vgl. Fegert, J., Ziegenhain, U., Fangerau, H., 2010. Problematische Kinderschutzverläufe. Weinheim und München, S. 28

[107] Vgl. Ariés, P., 1977. Geschichte der Kindheit. 4. Auflage. München, S. 209; Cunningham, H., 2006. Die Geschichte des Kindes in der Neuzeit. Düsseldorf, S. 49

[108] Ein Grund für die völlige Umwertung der Kindheit, von einem reinen Stadium der Unvollkommenheit hin zu einer eigenen Lebensphase mit eigenem Wert und eigenen Fertigkeiten wird vielfach in der Säkularisierung der Haltung gegenüber Kindern gesehen. Durch den schleichenden Autoritätsverlust des Erbsünde-Gedankens kehrte sich die Wahrnehmung und Bewertung des Kindes und kindlichen Verhaltens fast vollständig ins Gegenteil um. Fegert, J., Ziegenhain, U., Fangerau, H., 2010. Problematische Kinderschutzverläufe. Weinheim und München, S. 32; Cunningham, H., 2006. Die Geschichte des Kindes in der Neuzeit. Düsseldorf, S. 94

[109] Vgl. Cunningham, H., 2006. Die Geschichte des Kindes in der Neuzeit. Düsseldorf, S. 120-121

[110] Vgl. Fegert, J., Ziegenhain, U., Fangerau, H., 2010. Problematische Kinderschutzverläufe. Weinheim und München, S. 25-26

Ende des 18. Jahrhunderts ein öffentlicher Diskurs über und Kritik an Manufakturen mit Waisenhäusern, ein „Waisenhaussstreit"[111].

3.2.2 Kinderschutz ab dem 19. Jahrhundert bis heute

Am Anfang des 19. Jahrhunderts entwickelte sich die Industriegesellschaft in Deutschland rasch weiter und damit trat ein massiver Anstieg der Ausbeutung von Kindern und eine Vernachlässigung von Kindern wegen Armut und auseinanderbrechenden Familien auf. Darauf änderte sich die Sicht auf den Schutz vor Gewalt gegen Kinder und deren Ausbeutung. Als Reaktion darauf entstanden am Anfang des 19. Jahrhunderts die ersten Kinderschutzinitiativen.[112] Im Jahr 1829 etablierte sich der Schutz von sittlich vernachlässigten Kindern, was somit als Vorläufer des Kinderschutzbundes galt. Am 6. April 1839 wurde das erste gesetzgeberische Arbeitsverbot für Kinder unter neun Jahren durch das „Preußische Regulativ über die Beschäftigung jugendlicher Arbeiter in Fabriken" erlassen und 1853 mit der Begrenzung der Arbeitszeit von Kindern unter 12 Jahren überarbeitet. Schließlich erfolgte 1891 das gänzliche Arbeitsverbot der Fabrikarbeit für schulpflichtige Kinder. Im Jahr 1898 wurde der Verein zum Schutze der Kinder gegen Ausbeutung und Misshandlung in Berlin etabliert. Ende des Jahrhunderts wurden staatliche Kinderschutzinitiativen, z.B. regionale und staatliche Gesundheits- und Sozialämter und freiwillige Verbände, wie Kinderhilfsorganisationen zu einem übergreifenden Kinderfürsorgesystem, für institutionelle Programme, Gruppenprogramme und Tagesbetreuung bzw. soziale Beratung zur Familienbildung, vereint. Im Jahr 1903 wurde das erste Reichsgesetz zur Beschäftigung von Kindern, das „Gesetz betreffend die Kinderarbeit in gewerblichen Betrieben", verabschiedet, welches nicht nur die Ausbeutung der Kinder in der Industrie, sondern auch die Eingriffsmöglichkeit in die elterliche Verfügungsgewalt beeinflusste. Damit wurden Kinder vor der Ausbeutung und Misshandlung durch die eigenen Eltern geschützt.[113]

---

[111] Jordan, E., Maykus, S., Stuckstätte, E., 2012. Kinder- und Jugendhilfe. 3 überarbeitete Auflage. Weinheim und München, S. 30

[112] Vgl. Herrmann, B., Dettmeyer, R., Banaschak , S., Thyen, U., 2010. Kindesmisshandlung. 2. Auflage. Heidelberg, S. 6-9

[113] Vgl. Herrmann, B., Dettmeyer, R., Banaschak , S., Thyen, U., 2010. Kindesmisshandlung. 2. Auflage. Heidelberg, S. 6-9; Jordan, E., Maykus, S., Stuckstätte, E., 2012. Kinder- und Jugendhilfe. 3. überarbeitete Auflage. Weinheim und München, S. 36-38; Fegert, J., Ziegenhain, U., Fangerau, H., 2010. Problematische Kinderschutzverläufe. Weinheim und München, S. 36-37; Flitner, A., Hornstein, W., 1964. Kindheit und Jugendalter in geschichtlicher Betrachtung. Zeitschrift für Pädagogik 10. S. 311-339; Bange, D., 2005. Gewalt gegen Kinder in der Geschichte. In: Deegener, G., Körner, W. (Hrsg.), Kindesmisshandlung und Vernachlässigung.

Am Anfang des 20. Jahrhunderts erfolgte die Verbreitung des Kinderschutzes auf internationaler Ebene. In Deutschland wurde die Wende in der öffentlichen Wahrnehmung von juristischen Reformen begleitet. Das Bürgerliche Gesetzbuch führte beispielsweise 1900 die Strafen für Eltern ein, die ihre Kinder misshandelten oder vernachlässigten. Im Jahr 1912 wurde Kindesmisshandlung mit schwerer Körperverletzung dem Strafrecht hinzugefügt.[114] Das Kinderschutzsystem wurde durch das nationalsozialistische Regime (1933-1945) zentralisiert und der Bereich der gemeinnützigen Sozialarbeit verstaatlicht. Dieses Regime benutzte deviantes Verhalten und Kindesmissbrauch zur Propaganda und verstärkte den bestrafenden Ansatz zur Sicherung sozialer Kontrolle, die mit schnellerem Eingreifen in die Rechte und Privatsphäre der Familie verbunden war. Aus diesem Grund wurden in dieser Zeit die Rechte des Kindes weniger verwirklicht.[115] Nach dem nationalsozialistischen Regime wurde 1953 die Einrichtung von Jugendämtern mit der Novellierung des Jugendwohlfahrtsgesetzes eingerichtet und 1953 etablierte sich in Hamburg der Deutsche Kinderschutzbund. 1973 wurde das Züchtigungsrecht an deutschen Schulen (Prügelstrafe) abgeschafft, die körperliche Züchtigung zu Haus und in der Schule als normales, notwendiges Korrektiv und privates Erziehungsmittel legitimierte. Ebenso wurde seit 2000 das Recht auf gewaltfreie Erziehung in Familien verabschiedet (§ 1631 BGB).[116] Im Jahr 1976 etablierte sich das erste deutsche Kinderschutzzentrum in Berlin[117] und in der öffentlichen Auseinandersetzung beschleunigten sich die Kinderschutzdebatten besonders seit 1980: die Fokusverschiebung in den deutschen Medien von Fällen der Misshandlung in den 1970er Jahren, Missbrauch in den 1980er Jahren und Vernachlässigung ab den 2000er Jahren.[118] Im Jahr 1989

Göttingen, S. 16; Vgl. Hering, S., Münchmeier, R., 2003. Geschichte der Sozialen Arbeit. 2. Auflage. Weinheim und München, S. 24-26

[114] Vgl. Herrmann, B., Dettmeyer, R., Banaschak , S., Thyen, U., 2010. Kindesmisshandlung. 2 Auflage. Heidelberg, S. 6-9

[115] Vgl. Ebd., S. 6-9

[116] Vgl. Ebd., S. 5-6

[117] Aus der Gewaltdiskussion um den Vietnamkrieg und der in Deutschland parallel einhergehenden Verarbeitung der Enttabuisierung der Gewalterfahrung des Nationalsozialismus entstand 1976 das erste deutsche Kinderschutzzentrum in Berlin. Bange, D., 2005. Gewalt gegen Kinder in der Geschichte. In: Deegener, G., Körner, W. (Hrsg.), Kindermisshandlung und Vernachlässigung. Göttingen, S. 22

[118] Fegert, J., Ziegenhain, U., Fangerau, H., 2010. Problematische Kinderschutzverläufe. Weinheim und München, S. 21-22; z.B. 1982 wurde durch Alice Miller in der Zeitschrift Brigitte mit dem Titel: Die Töchter schwiegen nicht mehr und 1984 durch Barbara Kavemann und Ingrid Lohstöter mit dem Buch Väter als Täter, der sexuelle Missbrauch erstmals öffentlich thematisiert. Es bildeten sich im Rahmen der Frauenbewegung Initiativen zur Bearbeitung des Tabuthemas, wie 1983 Wildwasser in Berlin und 1986/87 Zartbitter in Münster und Köln. Doch erst in den 90er Jahren beherrschte das Thema die fachliche Diskussion und ließ andere Bereiche wie körperliche und seelische Gewalt in den Hintergrund rücken. Die Diskussion wurde von „Kinder-

verfasste die Vollversammlung der Vereinten Nationen ein Menschenrechts-dokument für Kinder sowie die UN-Kinderrechtskonvention (KRK). Der Artikel 19 der KRK definiert den Schutz des Kindes, als Schutz „vor jeder Form körperlicher oder geistiger Gewaltanwendung, Schadenszufügung oder Miss-handlung, vor Verwahrlosung oder Vernachlässigung, vor schlechter Behand-lung oder Ausbeutung einschließlich des sexuellen Missbrauchs"[119]. Der Staat, der die Konvention ratifiziert, ist dazu verpflichtet, alle Schutzmaßnahmen gegen Gewalt an Kindern zu ergreifen[120]. Nachdem im Jahr 1991 einige Bundesländer die Kinderrechte in ihre Landesverfassung aufgenommen hatten, bemühten sich in Deutschland verschiedene Verbände für die Umsetzung der Kinderrechte und eine Sensibilisierung für Gewalt gegen Kinder.[121] 1991 wurde das Kinder- und Jugendhilfegesetz verabschiedet, das nicht nur Eingriffsmöglichkeiten zur Gewalt gegen Kinder, sondern auch Unterstützung und Hilfeangebote für die Familien bereit stellte. 1994 erfolgte der multiprofessionelle Ansatz in der Arbeit mit Gewalt gegen Kinder durch die Gründung der Deutschen Gesellschaft gegen Kindesmisshandlung und- Vernachlässigung (DGgKV) in Hannover. 2009 ent-stand die Fusion mit dem Bundesverein zur Prävention von sexuellem Miss-brauch „Deutsche Gesellschaft für Prävention und Intervention bei Kindesmiss-handlung und -vernachlässigung(DGfPI).[122]

schänder" Skandalen, Sexualmorden, Sex-Tourismus und Internetpornographie beherrscht. Gleichzeitig kam es zu einer kritischen Gegenbewegung, die den Missbrauch des Missbrauchs postulierte. (Herrmann, B., Dettmeyer, R., Banaschak , S., Thyen, U., 2010. Kindesmisshandlung. 2. Auflage. Heidelberg, S. 6-9)

[119] Vgl. Fegert, J., Ziegenhain, U., Fangerau, H., 2010. Problematische Kinderschutzverläufe. Wein-heim und München, S. 47

[120] Vgl. Ebd., S. 47

[121] Vgl. Herrmann, B., Dettmeyer, R., Banaschak , S., Thyen, U., 2010. Kindesmisshandlung. 2 Auf-lage. Heidelberg, S. 6-9

[122] Vgl. Ebd., S. 6-9

4 Die gegenwärtige soziale Stellung der Kinder und Jugendlichen in der Gesellschaft – Zum Thema „Gewalt gegen Kinder"

Während die heutige soziale Stellung der Kinder und Jugendlichen in der Gesellschaft in Südkorea seit den 1960er nur ein halbes Jahrhundert durch den starken sozialen Wandel beeinflusst wurde, wobei der Aufstieg zur Industrienation ohne sozialpolitische Absicherung erfolgte, hat sich in Deutschland die soziale Stellung fast ein Jahrhundert mit der Modernisierung verändert. Obwohl die unterschiedliche Geschwindigkeit und Dauer des sozialen Wandels mit den Modernisierungsprozessen in beiden Ländern zusammenhängt, entstand eine weite Verbreitung des Individualismus, der Schwächung der Solidarität in der Gemeinschaft, eine geschwächte Funktion der Moral und der Ethik als gemeinsamer Wertemaßstab bei Kindern und Jugendlichen.

Obwohl in beiden Ländern das traditionelle Zusammenleben (Ehepaar mit Kindern) zurückging, leben die meisten Familien heute in solch einer Lebensgemeinschaft. Jedoch erhöhte sich die Anzahl an alternativen Lebensgemeinschaften, wie alleinerziehende Mütter und Väter, Wohngemeinschaften/ Alleinstehende sowie Einpersonenhaushalte kontinuierlich. Ebenfalls leben viele Kinder und Jugendliche (in Deutschland mehr als die Hälfte der Kinder[123]) mit Halbgeschwistern, durch einen Partnerwechsel eines Elternteils oder einer neuen Zusammensetzung der Familie, zusammen. Während zudem in Deutschland die Frauen mit Kindern wegen Familiengründung und Veränderungen in der Lebensplanung überwiegend in Teilzeit arbeiten[124], arbeiten Frauen in Südkorea meistens in Vollzeit. In beiden Ländern wachsen aus diesen Gründen die Kinder und Jugendlichen nicht mehr in dem Konzept der „häuslichen Erziehung" auf, sondern verbringen die meiste Zeit allein zu Hause oder in Tageseinrichtungen, bei Betreuungspersonen, usw.[125]. Als Grund hierfür kann man die Schwächung

---

[123] Vgl. Schone, R., Tenhaken, W. (Hrsg.), 2012. Kinderschutz in Einrichtungen und Diensten der Jugendhilfe. Weinheim, S. 41

[124] Vgl. Bundesministerium für Bildung und Forschung, 2012. Bildung in Deutschland 2012. Bielefeld, S. 28

[125] Statistische Ämter, 2015. Kindertagesbetreuung regional 2014. Wiesbaden, S. 7

der familiären Struktur und die zunehmende Berufstätigkeit der Mütter nennen. Anders gesagt: immer mehr Kinder werden in Sozialeinrichtungen betreut. Weiterhin verlängert sich immer mehr die Zeit in der Schule oder anderen Bildungsstätten, d.h. die meiste Zeit werden Kinder und Jugendliche fremd betreut. Insbesondere in Südkorea stehen durch die umfangreiche Bildungs-expansion die Kinder ständig unter dem Druck ihrer Eltern, in der Schule gute Noten zu erreichen und später einen Platz an einer guten Universität zu be-kommen. Aus diesem Grund entsteht in der Gesellschaft eine Tendenz zu einem anhaltenden Konkurrenzdenken und ein ständiges Konkurrieren um eine gute Ausbildung. Deshalb müssen die Kinder sehr viel Zeit mit Lernen verbringen. Hinzu kommt der Konflikt zwischen den Eltern und ihren Kindern, bei welchem elterliche Vorstellungen und Wünsche zur Alltagsgestaltung konträr zu denen des Kindes und Jugendlichen stehen.[126] Die Pisa-Studie 2012 zeigte im Vergleich der OECD-Staaten, dass die Schulleistungen 15-jähriger Schüler in den Bereichen Lesen, Mathematik und Naturwissenschaften in Deutschland im Gegensatz zu Südkorea tendenziell schwach waren. Deutschland kam nur auf einem mittleren Platz während Südkorea auf einem oberen Platz liegt (z.B. Mathematik auf dem ersten Platz).

Jedoch liegt in der gleichen Studie Südkorea „die Motivation und Zufrieden-heit mit Mathematik" an letzter Stelle. Auch das National Youth Policy Institute ist 2009 zu dem Ergebnis gekommen, dass 40% der Kinder und Jugendlichen in Südkorea wegen Stress im Studium an Selbstmord gedacht haben.[127]

In Deutschland veränderte sich das erzieherische Verhalten der Eltern und ErzieherInnen durch viele Jahrhunderte, daher wurden Prügelstrafen in der modernen Pädagogik nicht mehr als geeignetes Mittel angesehen, um Kinder zum Lernen zu motivieren oder in ihrer moralischen Entwicklung zu fördern.[128] Ebenfalls haben Eltern und LehrerInnen in der Schule bzw. zu Hause ihr Züchti-gungsrecht gemäß verabschiedeter Gesetze verloren. Dagegen ist in Südkorea jeder Mensch und seine Verhaltensweisen sowie die gesamte gesellschaftliche Moral durch den Konfuzianismus beeinflusst. Dieses Wertesystem bildete eine gehorsame Gesellschaft auf Grundlage der Grundbeziehung zwischen Eltern und Kindern als senkrechter Subordination und führte zur körperlichen Züchtigung bzw. Gewalt gegen Kinder und Jugendlichen als legitime Disziplin in der Gesellschaft.

---

[126] Vgl. Shin, S., 2004. Die Familie in der koreanischen Gesellschaft. In: Chei, W. (Hrsg.), Aspekte der koreanischen Kultur und Gesellschaft. Seoul, S. 105
[127] Vgl. National Youth Policy Institute, 2011. The study on the current status of Korean children's and youth's rights I. Seoul
[128] Vgl. Helfer, R., Kempe, C., 1978. Das geschlagene Kind. Frankfurt am Main, S. 17-18

Zudem gibt es in beiden Gesellschaften stark ausgeprägte Ungleichheiten zwischen den sozialen Schichten, wobei sich insbesondere Armut auf das Aufwachsen der Kinder und Jugendlichen ausprägt. Viele Armutsforschungen beweisen deutlich, dass die Anteile von Kindern und Jugendlichen, die in Armut aufwachsen, angestiegen sind.[129]

Zusammenfassend lässt sich sagen, dass sich die Lage von Kindern und Jugendlichen in den letzten Jahrzehnten tiefgreifend gewandelt hat und sie auch in der modernen Zeit in beiden Ländern nicht einheitlich sind. Jedoch stellen Veränderungsprozess der Modernisierung die Eltern aus unterschiedlichen Gründen vor eine große Belastung, bei der zumindest Erziehungsschwierigkeiten und Überforderungssituationen in der Gesellschaft dazu führen, dass die Erziehung und Betreuen von Kindern und Jugendlichen erschwert werden und darüber hinaus die Kinder und Jugendlichen von ihren Eltern negativ beeinflusst werden können. Dauern diese Belastungen länger, führen sie zu einer Belastung in der Erziehung und somit zu einer Erhöhung des Risikos für Kinder, Gewalt zu erleben. Dabei spielt es eine große Rolle, wie die Einstellung der Gesellschaft gegenüber Eltern und Familie ist, wie die Eltern ihre Probleme bewältigen oder ob sie ihrer Verantwortung gerecht werden können.

Im nachfolgenden Kapitel geht es darum, die theoretischen Überlegungen der Gewalt gegen Kinder sowie unterschiedliche Begriffe und Formen, den Umfang der statistischen Daten, die Risikofaktoren und Folgen in Deutschland und Südkorea zu überprüfen.

---

[129] Vgl. BMFSFJ, 2013. 14. Kinder- und Jugendgericht. Berlin, S. 96; Vgl. Kim, M., Yang, S., 2007. Korean Children in Crisis and Policy Measures. Health and Welfare Policy Forum (128): The Korea Instituc for Health and Social Affairs. Seoul, S. 10-11

Teil Zwei: Theoretische Überlegungen – Gewalt gegen Kinder

5 Der Begriff „Gewalt gegen Kinder"

In diesem Kapitel wird zunächst geklärt, was unter Gewalt gegen Kinder zu verstehen ist. Dem zuvor geht eine Altersabgrenzung zwischen Kindern und Jugendlichen voraus, sowie die Bestimmung des Alters, bei dem wir von Kinderschutz sprechen. Dies ist notwendig, da die Altersgrenzen in Südkorea und Deutschland unterschiedlich sind. Anschließend wird die genaue Definition von Gewalt gegen Kinder und die expliziten Formen dieser Gewalt erörtert. Die Notwendigkeit einer angemessenen Definition und Form ist erforderlich, weil sie für Forschung, Diagnostik, Behandlung und den öffentlichen Diskurs eine große Rolle spielt.

5.1 Altersgrenzenregelungen nach deutschem und südkoreanischem Gesetz

Um die gesunde Entwicklung und Sicherheit von Kindern gewährleisten zu können, ist es notwendig, eine entsprechende Altersgrenze zu ziehen, und diese Grenze im Gesetz festzuhalten, sowohl in Deutschland, als auch in Südkorea. Denn daraus erschließt sich die geeignete, altersentsprechende Intervention und Förderung der Kinder- und Jugendhilfe.

Im koreanischen Gesetz wird von verschiedenen Altersstufen ausgegangen. Grundsätzlich definiert das koreanische Kinderwohlfahrtsgesetz das „Kind" als eine Person unter 18 Jahren (§ 2 Abs. 1 KWG). Allerdings definiert das Schutz-Förderungsgesetz für vermisste Kinder ein „vermisstes Kind" als eine Person unter 14 Jahren (§ 2 Abs. 1). Daraus ergeben sich verschiedene Probleme, wie z.B.: Wäre ein Kind 16 Jahre alt, misshandelt und vermisst, dann würde es nur vom ersten Gesetz (Kinderwohlfahrtsgesetz) abgesichert werden, allerdings nicht vom Schutz-Förderungsgesetz für vermisste Kinder. D.h. dieses Kind kann nur für die Gewalt gegen Kinder von der zuständigen Instanz Hilfe in Anspruch nehmen. Hinzu kommt, dass im Jugendgrundgesetz der Name „Jugendliche" als Person von 14 Jahren bis 24 Jahren definiert wird (§ 3 Abs. 1). Im Jugendschutzgesetz und im Gesetz zum Schutz von Kindern und Jugendlichen vor sexuellem Missbrauch wird von einer Altersspanne von null bis 19 Jahren geredet.

Weiterhin beschreibt das Zivilrecht den Namen „Minderjährige", Kinder und Jugendliche bis 20 Jahre. Zusätzlich geht es um die Kennzeichnung des genauen Alters des Kindes, d.h. bis wann wird das Kind oder der Jugendliche als solches/solcher definiert. Im Kinderwohlfahrtsgesetz ist entweder vom Tag der Geburt bis hin zum 18 Geburtstag, die Rede oder bis zum Jahresende des 18 Geburtsjahres. Eine genaue Definition ergibt sich jedoch erst aus dem Zivilrecht. Dort steht geschrieben, dass das Alter des Kindes anhand des Geburtsdatums ausgerechnet wird (§ 158 Zivilrecht). Aus diesem Grund kann gemäß des Kinderwohlfahrtsgesetzes der Schutz bis zum Tag 18. Geburtstags der betreffenden Person gewährt werden. Trotzdem ist die Rechnungsregel im Gesetz zum Schutz von Kindern und Jugendlichen vor sexuellem Missbrauch davon abweichend festgehalten. Die zu schützenden Kinder und Jugendlichen geben ab dem 1. Januar ihres 19ten Lebensjahres ihr Recht auf Schutz vor sexuellem Missbrauch ab, welches jedoch in Bezug auf den Kinderschutz und das darin involvierte Gesetz, unterschiedlich angewandt wird. Die nachstehende Tabelle zeigt die aktuellen Altersgrenzen der Kinder und Jugendlichen in Südkorea. (Tab. 7)

Wenn auf einer anderen Rechtsgrundlage zum Schutz der Kinder diese unterschiedlichen Gesetze, mit ihren unterschiedlichen Altersgrenzen kooperieren und ineinandergreifen sollen, können diese rechtlichen- und praxisbezogenen Unterschiede zu Verwirrungen führen. Das liegt daran, dass die zuständigen Ministerien[130]und Instanzen unterschiedlich arbeiten, oder die Maßnahmen der juristischen Operationen sich überschneiden. Darüber hinaus kann es vorkommen, dass die spezifische Stelle nicht besetzt ist und somit in keine Zuständigkeit fällt. Es ist daher notwendig, dass eine einheitliche Altersgrenze von Kindern und Jugendlichen in Südkorea eingeführt wird.

---

[130] Die Regierungsstrukturorganisationen unterscheiden zwischen den zuständigen Ministerien für Kinder und Jugendliche. Die Arbeit der Kinder wurde dem Ministerium für Gesundheit und Wohlfahrt zugeordnet und die Arbeit für Jugendlichen dem Ministerium für Frauen und Familie. (§ 38, 41 Regierungsorganisationsgesetz, Korea Ministry of Government Legislation, http://www.law.go.kr: 08.04.2013)

Gesetze \ Alter	0	6	9	14	18	19	20	24
Säugling und Kleinkinderpflegegesetz (*Infant care Act**)	Säugling und Kleinkinder § 2 Abs.1							
Kinderwohlfahrtsgesetz (*Child welfare Act*)	Kind § 2 Abs.1							
Das Schutz-Förderungsgesetz von vermissten Kinder (*Act on the Protection and Support of Missing Children, etc.*)	Vermisstes Kind § 2 Abs.1							
Jugendgrundgesetz (*Framework Act on Juveniles*)				Jugendliche § 3 Abs.1				
Jugendschutzgesetz (*Juvenile Protection Act*)	Jugendliche § 2 Abs.1							
Gesetz zum Schutz von Kindern und Jugendlichen vor sexuellem Missbrauch (*Act on Protection of Children and Juveniles from sexual Abuse*)								
Jugendstrafgesetz (*Juvenile Act*)				Jugendliche § 2 (ab 10 Jahre alt)				
Zivilrecht (*Civil Act*)	Minderjährige § 3							

Quelle: Moon. 2010[131], ergänzt durch Autor
* Englischer Name des Gesetzes: Korea Legislation Research Institute
(http://elaw.klri.re.kr/:20.11.2013)

Tabelle 7: Die Altersgrenze der Kinder und Jugendlichen in koreanischen Gesetzen

Im Vergleich zu den koreanischen Altersgrenzen ist in Deutschland eine eindeutig einheitlichere Altersgrenze der Kinder und Jugendlichen im Rahmen der Gesetze festgehalten. Im Sozialgesetzbuch (SGB) wird das „Kind" eine Person unter dem 14. Lebensjahr (§ 7 Abs.1 Satz 1 SGB VIII) beschrieben, es wird allerdings gleichzeitig als eine Person unter dem 18. Lebensjahr im Sinne des Rechts der Eltern zur Pflege und Erziehung der Kinder (§ 7 Abs. 2 SGB VIII) definiert. Zudem wird der Name „Jugendlicher" für Heranwachsende ab dem 14., die aber noch nicht das 18. Lebensjahr erreicht hat, beschrieben (§ 7 Abs.1 Satz 2 SGB VIII). Ein „junger Volljähriger" wird als Person ab dem 14., der aber noch nicht das 27. Lebensjahr erreicht hat, definiert (§ 7 Abs. 1 Satz 4 SGB VIII). Die Bestimmungen dieses Gesetzes bezieht sich also auf die Definition des Begriffs „Kind" und gilt somit nur für Personen, die das 18. Lebensjahr noch nicht vollendet haben (§ 7 Abs. 4 SGB VIII). Ebenfalls werden im Strafrecht Jugendliche in einer Altersspanne von 14 bis 18 Jahren bestimmt (§ 1. Abs. 2

---

[131] Moon, Y., 2010. Concerning Current Child welfare Law with particular Emphasis on Child Abuse. Hanyang Law Review Vol. 21-3 (31), S. 411

JGG). Diese Grenzen werden allerdings nicht gleichermaßen im Zivilrecht aufgeführt. Der Grund dafür ist, dass das Kind immer in Beziehung zu seinen Eltern steht und allein aus dieser Beziehung heraus betrachtet wird. Ein Kind und seine Eltern werden ein Leben lang als Kleingesellschaft „Familie" betrachtet, so dass im Zivilrecht eine zeitliche Obergrenze, wann das „Kindsein" endet, nicht benötigt wird[132]. Die Tabelle 8 zeigt die aktuelle Altersgrenzen für Kinder und Jugendliche in Deutschland.

Gesetze \ Alter	0	6	9	14	18	27
Sozialgesetzbuch	Kind § 7 Abs.1 Satz 1 SGB VIII					
	Kind (im Anwendungsbereich des Rechts der Eltern zur Pflege und Erziehung der Kinder) §7 Abs. 2 SGB VIII, § 1 Abs.2 SGB VIII					
				Jugendlicher § 7 Abs.1 Satz 2 SGB VIII		
					Junger Volljähriger § 7 Abs.1 Satz 3 SGB VIII	
Strafrecht				Jugendlicher § 1. Abs.2 JGG		
Zivilrecht	nirgends definiert					

Tabelle 8: Die Altersgrenzen der Kinder und Jugendlichen in deutschen Gesetzen

Zusammenfassend lässt sich sagen, dass die Altersgrenzen der Kinder und Jugendlichen in Deutschland und Südkorea unterschiedlich sind. Während in Deutschland eine relativ einheitliche Altersgrenze bis 18 Jahre besteht, zeichnet sich in Südkorea die Altergrenze in vielfältigeren Schichten ab. Daher wäre es notwendig, dass in Südkorea eine einheitliche Altersgrenze für Kinder und Jugendlichen verankert wird. In Südkorea sind jedoch in der Regel die Maßnahmen zur Vermeidung von Gewalt gegen Kinder, z.B. die Intervention und Prävention von Gewalt gegen Kinder durch das zuständige Kinderschutzzentrum, im Kinderwohlfahrtsgesetz definiert und somit scheint, die tatsächliche Altersgrenze der Kinder und Jungendlichen unter dem 18 Lebensjahr in einem Kontext mit Deutschland zu stehen. Aus diesem Grund bietet es sich an, in dieser Studie davon auszugehen, dass der Schutzbedarf von Kindern und Jugendlichen bei einer Altersgrenze unter dem 18 Lebensjahr besteht.

---

[132] Vgl. Albert, I., 2008. Innerfamiliäre Gewalt gegen Kinder. Diss. Frankfurt am Main, S. 27

5.2 Der Begriff „Gewalt gegen Kinder"

Gewalt gegen Kinder ist in der Geschichte der Menschheit ein immer wiederkehrendes Phänomen und eine Form[133] von Gewaltausübung. Im Jahre 1962 wurde vom amerikanischen Kinderarzt Henry Kempe der Begriff des „Kindesmisshandlungssyndrom" (engl. Battered Baby, oder Child Syndrome) erfasst und zum ersten Mal verwendet[134]. Dieser Begriff prägte die Literatur der meisten Länder und wurde in der europäischen[135] und koreanischen Fachliteratur ebenfalls erwähnt. Damals wurde in Südkorea sowohl die körperliche Gewalt, als auch die sexuelle Gewalt, als Kindesmisshandlungssyndrom bezeichnet und anerkannt. Der Grund für diese Anerkennung des Begriffs war, dass Kinderärzte durch eine einfache Diagnose die Annahme von Kindesmisshandlung bestätigen konnten. Von dieser Zeit an wurde die Anzahl an Definitionen erweitert und andere Formen von Gewalt gegen Kinder gewannen an Bedeutung, so z.B. psychische Gewalt und Vernachlässigung. Dadurch variierte das Kriterium für die Bewertung der Gewalt gegen Kinder und es folgten Diskussionen über die Leistungen und Anwendungen. In Deutschland wurden Diskussionen über Gewalt an Kindern erst in den 1970er Jahren durch Veröffentlichungen aus den USA, England und auch den Niederlanden angeregt, sodass sich die multiprofessionelle Misshandlungsarbeit zunächst auf körperliche Kindesmisshandlung und Vernachlässigungen konzentriert. Jedoch wurde Ende der 1980er Jahre und zu Beginn der 1990er Jahre, sexualisierte Gewalt gegen Kinder in das öffentliche Interesse gerückt und gegen Ende der 1990er Jahre die körperliche Gewalt und Vernachlässigung von Kindern in einem breiteren Raum propagiert. Danach wurde der Umfang der Definition des Gewaltbegriffes erweitert und mit der emotionalen- und seelischen Misshandlung und Vernachlässigung sowie dem Münchhausen-by-proxy-Syndrom ergänzt.[136]

Es ist jedoch heftig umstritten, was die genaue Definition von Gewalt gegen Kinder ist. Je nach Begriffserläuterung beeinflusst diese die staatliche Politik und

---

[133] Das Wort „Gewalt" wird auf nationaler und internationaler Ebene verwendet, z.B. als unpolitische Gewalt im sozialen Nahbereich (z.B in der Familie, in der Schule, auf Plätzen und Straßen, gegen Kinder und Frauen), als Gewaltkriminalität (in all ihren unterschiedlichen Schattierungen, angefangen mit Mord und Totschlag, bis hin zur organisierten Kriminalität) und reicht bis hin zur politisch motivierten Gewalt (Terrorismus und Attentate, Verfolgung und Folter) Imbusch, P., 2002. Der Gewaltbegriff, In: Heitmeyer, W., Hagan, J. (Hrsg.), Internationales Handbuch der Gewaltforschung. Wiesbaden, S. 27

[134] Vgl. Stopfel, U., Bohne, P., Herborth, R. (Helfer, M., Kempe, R., Krugman, R.) 1997. Das misshandelte Kind (The Battered Child). 5. Auflage. The University of Chicago, S. 40-44

[135] Vgl. Mertens, B., Pankofer, S., 2011. Kindesmisshandlung. Körperliche Gewalt in der Familie. Paderborn, S. 26

[136] Vgl. Bange, D., 2005. Gewalt gegen Kinder in der Geschichte. In: Deegener, G., Körner, W. (Hrsg.), Kindermisshandlung und Vernachlässigung. Göttingen, S. 16-23

die daraus folgenden operierenden Handlungen. Damit spielt es eine große Rolle, das Wesen und die Definition der Gewalt gegen Kinder in der Familie als sozial wichtiger Bestandteil aus multidimensionalen Aspekten zu berücksichtigen. Allerdings ist die bisherige Beurteilung des Geschehens nach den Gesichtspunkten legitime Erziehungsmaßnahme oder Misshandlung problematisch. Was als Misshandlung anerkannt wird, wird stark von den gesellschaftlichen Wertvorstellungen und Normen, den anerkannten Erziehungspraktiken und den wissenschaftlichen Erkenntnissen beeinflusst[137]. Daraus entsteht die grundsätzliche Frage, wie mit dem Kindeswohl in der heutigen Gesellschaft umgegangen und welche normativen Bewertungsmaßstäbe in Bezug auf die Gewalt gegen Kinder gelten sollen. Die genaue Definition und das Wesen von Gewalt gegen Kinder ist deswegen schwierig in ein Wort zu fassen.

Kindler[138] erstellte eine Definition, die in unterschiedlichen Forschungs- und Anwendungszusammenhängen entstanden ist und noch Unterschiede hinsichtlich folgender Punkte enthält:

- inwieweit absichtliche oder auch fahrlässige Schädigungen eines Kindes erfasst werden;
- inwieweit bei tatsächlich eingetretenen oder auch bei drohenden Schädigungen von Misshandlung gesprochen wird;
- inwieweit körperliche Verletzungen oder auch psychische Beeinträchtigungen der Entwicklung eines Kindes Berücksichtigung finden;
- inwieweit die Ausnahmeregelungen bei weniger schwerwiegenden Verletzungen, infolge von religiösen oder kulturellen Praktiken (z.B. männlicher Beschneidung), berücksichtigt werden.

In dieser Arbeit wird zwischen einer engeren und einer weiteren Definition unterschieden. Wetzels beschrieb in seiner Literatur diese beiden Definitionen: „die weiteren Definitionen der Gewalt gegen Kinder versuchen sämtliche, als potenziell schädlich angesehene Handlung zu erfassen – auch solche, die sich möglicherweise nur unter bestimmten Zusatzbedingungen letztendlich als schädigend erweisen. Enge Definitionen sind demgegenüber bestrebt, nur bereits als schädlich identifizierte bzw. nach einem allgemeinen sozialen Konsens normativ als solche bewertete Handlungen einzubeziehen, hingegen zweifelhafte Fälle auszuklammern. Enge Definitionen sind Ausdruck des Bestrebens, möglichst wenig sogenannte falsch positive Fälle einzubeziehen. Weite Definitionen

---

[137] Vgl. Mertens, B., Pankofer, S., 2011. Kindesmisshandlung. Körperliche Gewalt in der Familie. Paderborn, S. 27
[138] Kindler, H., Lillig, S., Herbert, B., Meysen, T., Werner, A. (Hrsg.), 2006. Handbuch Kindeswohlgefährdung nach § 1666 und Allgemeiner Sozialer Dienst (ASD). München, Kap. 5-1

versuchen demgegenüber, das Spektrum auch weniger eingriffsintensiver, weniger schädlicher Vorfälle einzubeziehen, um so die Anzahl der falschen negativen Fälle so gering wie möglich zu halten" [139]. Der aktuelle Diskurs über die Definition der Gewalt gegen Kinder aus sozialpädagogischem Gesichtspunkt, wird im weiteren Sinne angesichts der Rechte, des Kindeswohls und der Prävention diskutiert. Aus diesem Grund hat der Staat einen starken Einfluss auf die Familie im Hinblick auf die umfassende Intervention und einflussreichen Kinderschutz. Die Verwendung weiterer Misshandlungsbegriffe ist in folgenden Situationen sinnvoll[140]:

- bei präventiven Ansätzen, wenn man misshandlungsgefährdeten Familien Hilfen anbieten will, bevor Kinder verletzt werden
- bei diffusen körperlichen oder psychischen Beeinträchtigungen: gerade bei Säuglingen und kleinen Kindern muss jeder Verdacht der Misshandlung abgeklärt werden, damit kein Fall übersehen wird
- in der sozialwissenschaftlichen Forschung

In Deutschland gibt es vielfältige Darstellungen in der Fachliteratur in Bezug auf Gewalt gegen Kinder und Kindesmisshandlung. Der Begriff „Gewalt gegen Kinder" wird in Deutschland häufig wie folgt definiert.

Gewalt gegen Kinder ist „eine Misshandlung und/oder Vernachlässigung, die den Adressaten gegen seinen Willen negativ beeinflusst und/oder schädigt. Hierbei ist zu unterscheiden zwischen physischer, sexueller, emotionaler/ psychischer Misshandlung sowie der Vernachlässigung und finanziellen Ausnutzung. Vernachlässigung bezieht sich auf die Unterlassung von Handlungen. Misshandlung bezieht sich auf aktives Tun"[141]

Damit wird verdeutlicht, dass Gewalt gegen Kinder, sei es eine Misshandlung oder Vernachlässigung, diese negativ beeinträchtigt oder schädigt. Es bestehen mehrere Formen, z.B physischer, sexueller, emotionaler oder psychischer Gewalt. Im gleichen Sinne wird Kindesmisshandlung vom Kinderschutzzentrum Berlin definiert:[142]

---

[139] Wetzels, P., 1997. Gewalterfahrungen in der Kindheit. Baden-Baden, S. 62
[140] Engfer, A., 2005. Formen der Misshandlung von Kindern. Definitionen, Häufigkeit, Erklärungsansätze, In: Egel, U. T., Hoffmann, S. O., Joraschky, P. (Hrsg.), Sexueller Missbrauch, Misshandlung, Vernachlässigung. 3. Auflage. Stuttgart, S. 4
[141] Hagen, B., 2004. Annäherung an die Begriffe Gewalt, Macht und Vertrauen, In: Bundesministerium für Familie, Senioren, Frauen und Jugend, Gewalt gegen Kinder und Jugendliche in Institutionen, Hannover: AFET-Veröffentlichung Nr. 63. S. 47
[142] Wetzels, P., 1997. Gewalterfahrungen in der Kindheit. Baden-Baden, S. 59

Kindesmisshandlung/ Kindeswohlgefährdung ist ein das Wohl und die Rechte eines Kindes (nach Maßgabe gesellschaftlich geltender Normen und begründeter professioneller Einschätzung) beeinträchtigendes Verhalten oder Handeln bzw. ein Unterlassen einer angemessenen Sorge durch Eltern oder andere Personen in Familien oder Institutionen (wie z. B. Heimen, Kindertagesstätten, Schulen, Kliniken oder in bestimmten Therapien) das zu nicht-zufälligen Verletzungen, zu körperlichen und seelischen Schädigungen und/ oder Entwicklungsbeeinträchtigungen eines Kindes führen kann, was die Hilfe und eventuell das Eingreifen von Jugendhilfe-Einrichtungen und Familiengerichten in die Rechte der Inhaber der elterlichen Sorge im Interesse der Sicherung der Bedürfnisse und des Wohls eines Kindes notwendig machen kann[143].

Es sollte ebenfalls erwähnt werden, dass das Verständnis von Kindesmisshandlung und Kindeswohlgefährdung umfangreich ist und ein extrem weites Feld umfasst, das auch die soziale Umgebung in Bezug auf das Wohl und Recht des Kindes einbezieht. In diesen beiden Definitionen wird der Begriff der Kindesmisshandlung synonym mit dem weiten Begriff der Gewalt gegen Kinder und Kindeswohlgefährdung aus der Fachliteratur verwendet.

In Südkorea wird ebenfalls nur der weite Begriff „Kindesmisshandlung" in der Literatur verwendet. (§ 3 Abs.7 KWG)

Der Begriff „Kindesmisshandlung" bedeutet der Gesundheit und dem Wohlbefinden des Kindes zu schaden oder stellen körperliche, seelische und sexuelle Gewalt, sowie Grausamkeiten von Erwachsenen, einschließlich Erziehungsberechtigten, an Kinder dar, sowie die Vernachlässigung und das unterlassene Eingreifen durch Erziehungsberechtigte, die das normale Wachstum eines Kindes beeinträchtigen können. [144]

---

[143] KinderschutzZentrum Berlin e. V. (Hrsg.), 2000. Kindesmisshandlung. Erkennen und Helfen. Berlin, S. 26; KinderschutzZentrum Berlin e. V. (Hrsg.), 2009. Kindeswohlgefährdung. Erkennen und Helfen. Berlin, S. 32; Engfer und Deegener stellten eine Definition von Kindesmisshandlung auf, die erläutert, dass Kindesmisshandlung eine Beeinträchtigung sei, die durch elterliche Handlungen oder Unterlassungen zustande kommen könnte: „Kindesmisshandlungen sind gewaltsame psychische oder physische Beeinträchtigungen von Kindern durch Eltern oder Erziehungsberechtigte. Diese Beeinträchtigungen können durch elterliche Handlungen (wie bei körperlicher Misshandlung, sexuellem Missbrauch) oder Unterlassungen (wie bei emotionaler und physischer Vernachlässigung) zustande kommen" (Engfer, A., 2005. Formen der Misshandlung von Kindern. Definitionen, Häufigkeit, Erklärungsansätze, In: Egel, U.T., Hoffmann, S.O., Joraschky, P. (Hrsg.), Sexueller Missbrauch, Misshandlung, Vernachlässigung. 3. Auflage. Stuttgart, S. 3); „als eine nicht zufällige, gewaltsame psychische und/oder physische Beeinträchtigung oder Vernachlässigung des Kindes durch Eltern/Erziehungsberechtigte oder Dritte, die das Kind schädigt, verletzt, in seiner Entwicklung hemmt oder zu Tode bringt und die Formen der Kindesmisshandlung unterscheiden sich nach körperlicher Misshandlung, Vernachlässigung, seelischer Gewalt sowie sexuellem Missbrauch". (Deegener, G., 2005. Formen und Häufigkeiten der Kindesmisshandlung. In: Deegener, G., Körner, W. (Hrsg.), Kindesmisshandlung und Vernachlässigung. Göttingen, S. 37)

[144] (Eng.) The term "child abuse" means to do harm on a child's health or welfare or physical, mental and sexual violence or cruel acts that are likely to impede normal growth of a child by adults including the protector, and abandonment and nonintervention committed by a protector. Korea Legislation Research Institute. http://www.klri.re.kr: 11.04.2013

Kindesmisshandlung in Südkorea bedeutet, die körperliche und seelische Schädigung in verschiedenen Formen, sowie sexueller Missbrauch oder Vernachlässigung, und wird als Störung des normalen Aufwachsens eines Kindes durch Erwachsene oder Erziehungsberechtigte im weiteren Sinne betrachtet. Der Begriff „Kindesmisshandlung" schließt in Südkorea alle Formen der Gewalt gegen Kinder, z.b. körperliche, sexuelle, emotionale Gewalt, ein.

Typischerweise verwendet man den Begriff Kindesmisshandlung im engeren Sinne in der Regel bei strafrechtlich- und polizeilichen Ermittlungen sowie bei körperlicher- und sexualisierter Gewalt. Das Fachlexikon der Sozialen Arbeit in Deutschland definiert im engeren Sinne nur körperliche Gewalthandlungen, was zur Folge hat, dass nur sichtbare Verletzungen als Kindesmisshandlung gewertet werden. Zudem wird im Strafgesetzbuch die Körperverletzung sowohl in Deutschland als auch in Südkorea beschrieben (§ 223 StGB).

> Unter Kindesmisshandlung werden in engeren Sinne körperliche Gewalthandlungen verstanden, die von Erwachsenen gegen Kinder ausgeführt werden und die zu (sichtbaren) Verletzungen führen (schlagen, rütteln, verbrennen, würgen etc.).[145]
> Wer eine andere Person körperlich misshandelt oder an der Gesundheit schädigt, ...(§ 223 Abs. 1 DStGB); Wer einer anderen Person Verletzungen zufügt bzw. tötet, ...(§ 275 Abs. 1 KoStGB)

Zusammenfassend lässt sich sagen, dass Gewalt gegen Kinder in den Fachliteraturen bzw. Gesetzen in Deutschland und Südkorea nicht nur im erweiterten Sinne, sondern auch im engeren Sinne definiert wird. Allerdings gibt es auf die gestellte Frage nach der genauen Definition und dem Wesen der Gewalt gegen Kinder in der Forschung bisher keine einheitliche Antwort. Es fällt auf, dass während in Deutschland vielfältige Definitionsversuche von Wissenschaftlern den Begriff dynamisch machten, in Südkorea nur ein einziger Definitionsversuch unternommen wurde, der sehr statisch ist. Trotzdem wird in beiden Ländern deutlich beschrieben, was unter Gewalt gegen Kinder bzw. als Kindesmiss-handlung in der sozialpädagogischen Perspektive zu verstehen ist, dass der körperliche und seelische Schaden, sexueller Missbrauch und Vernachlässigung durch Eltern einschließlich der Institutionen, kein Zufall ist, sondern entweder aktiv durch den Vollzug oder passiv durch das Unterlassen bestimmter Handlungen herbeigeführt wirde. Im nächsten Kapitel wird auf die genauen Formen der Gewalt gegen Kinder eingegangen.

---

[145] Faltermeier, J., 2011. Kindesmisshandlung. In: Fachlexikon der sozialen Arbeit. (Hrsg.), 7 Auflage. Baden-Baden, S. 512

5.3 Formen der Gewalt gegen Kinder

So relevant in den heutigen Tagen eine eindeutige Abgrenzung von verschiedenen Misshandlungsformen ist, so schwer fällt sie gleichzeitig. Ein Grund dafür ist, dass die häufige Vermischung[146] der Misshandlungsformen in der Praxis eine genaue Diagnose erschwert[147]. In der Regel fasst man vier zentrale Formen der Gewalt gegen Kinder in Deutschland und Südkorea zusammen: körperliche Gewalt, sexualisierte Gewalt, psychische Gewalt und Vernachlässigung.

5.3.1 Körperliche/ physische Gewalt

Unter körperlicher Gewalt können alle gewaltsamen Handlungen von Eltern/ Erziehungsberechtigten oder anderen Bezugspersonen verstanden werden, die durch Anwendung von körperlichem Zwang bzw. Gewalt oder Züchtigung für einen einsehbaren Dritten, offensichtlich und sichtbar zu erheblichen physischen Beeinträchtigungen des Kindes und seiner Entwicklung führen oder vorhersehbar ein hohes Risiko solcher Folgen bergen[148]. Ob ein Kind dabei zu Schaden kommt, hängt nicht nur von der Härte und Intensität der Gewalthandlung ab. Darüber hinaus spielt die Empfindlichkeit des kindlichen Organismus (bei Säuglingen kann heftiges Schütteln schon zu lebens gefährlichen Hirnblutungen führen) und die situativen Umstände (wenn ein Kind mit den Kopf auf eine harte Kante, statt auf den weichen Teppichboden fällt) eine Rolle.[149] Werden diese Handlungen absichtlich vollzogen, gehen wir ebenfalls von einer Form körperlicher Gewalt aus. Die konkreten Formen der körperlichen Misshandlung sind also folgende[150]: Ohrfeigen; Schläge mit Händen, Stöcken, Peitschen;

---

[146] So wird beispielsweise sexuelle Gewalt häufig mit körperlicher Gewalt durchgesetzt, oder zur Aufdeckung sexueller Gewalt mit körperlicher Gewalt gedroht und Mittel der psychischen Misshandlung eingesetzt. Oft werden körperlich misshandelte Kinder zudem vernachlässigt. Nur die psychische Misshandlung tritt vergleichsweise häufig für sich alleine auf. Krieger, W., Lang, A., Meßmer, S., Osthoff, R., 2007. Kindesmisshandlung, Vernachlässigung und sexueller Missbrauch. Stuttgart, S. 14

[147] Mertens, B., Pankofer, S., 2011. Kindesmisshandlung. Körperliche Gewalt in der Familie. Paderborn, S. 26; Höynck. T., Haug. M., 2012. Kindeswohlgefährdung. Rechtliche Konturen eines schillernden Begriffs. In: Marthaler, T., Bastian, P., Bode, I., Schrödter, M., Rationalitäten des Kinderschutzes. Wiesbaden, S. 20

[148] Vgl. Kindler, H., Lillig, S., Herbert, B., Meysen, T., Werner, A. (Hrsg.), 2006. Handbuch Kindeswohlgefährdung nach § 1666 und Allgemeiner Sozialer Dienst (ASD). München, Kap. 5-2

[149] Engfer, A., 2005. Formen der Misshandlung von Kindern Definitionen, Häufigkeit, Erklärungsansätze, In: Egel, U.T., Hoffmann, S.O., Joraschky, P. (Hrsg.), Sexueller Missbrauch, Misshandlung, Vernachlässigung. 3. Auflage. Stuttgart, S. 7

[150] Deegener, G., 2005. Formen und Häufigkeiten der Kindesmisshandlung. In: Deegener, G., Körner, W. (Hrsg.), Kindesmisshandlung und Vernachlässigung. Göttingen, S. 37

Stoßen von der Treppe; Schleudern gegen die Wand; Schütteln eines Kleinkindes; Verbrennen mit heißem Wasser oder Zigaretten; auf den Ofen setzen; Einklemmen in Türen oder Autofensterscheiben; pieksen mit Nadeln; ins kalte Badewasser setzen und untertauchen; eigenen Kot essen und Urin trinken lassen; Würgen und Vergiften.

5.3.2 Sexualisierte Gewalt[151]

Unter sexualisierter Gewalt gegen Kinder wird jede Handlung verstanden, die an oder vor einem Kind, entweder gegen den Willen des Kindes vorgenommen wird, oder das Kind auf Grund seiner körperlichen, emotionalen, geistigen oder sprachlichen Unterlegenheit nicht wissentlich zustimmen kann bzw. bei der es deswegen auch nicht in der Lage ist, sich hinreichend wehren und verweigern zu können.[152] Die Straftat wird unter Ausnutzung der Macht- und Autoritätsposition, durch überschreitende sexuelle Aktivität eines Erwachsenen an Minderjährigen in Form der Belästigung, der Masturbation, des oralen, analen oder genitalen Verkehrs oder der sexuellen Nötigung bzw. der Vergewaltigung sowie der sexuellen Ausbeutung durch Nötigen von Minderjährigen zu pornographischen Aktivitäten und Prostitution ausgeübt[153]. Daraus werden die Gefährdungen und Beeinträchtigungen von physischer- und psychischer Entwicklung, der Unversehrtheit und Autonomie, der sexuellen Selbstbestimmung der Minderjährigen durch sexuellen Missbrauch verstanden[154]. Bei sexueller Gewalt gegen Kinder in Familien wird häufig der zärtliche Körperkontakt mit einem Kind zunehmend sexualisiert, verbunden mit der Verpflichtung zur Verschwiegenheit, bei gleichzeitiger Erziehungsinkompetenz und Nichtbeachtung normativer Orientierungen seitens der Bezugspersonen[155].

---

[151] Mit „sexueller Gewalt" bzw. „sexualisierter Gewalt" wird meist jeder Zusammenhang von Sexualität, Macht und Gewalt bezeichnet, der die Integrität von Menschen verletzt oder beeinträchtigt. Mit dem im Folgenden zumeist verwendeten Begriff „sexualisierte Gewalt" wird betont, dass nicht die Sexualität an sich das Problem ist, sondern gewaltvolle Machtausübung, die sich des Mediums der Sexualität in unterschiedlichen Formen bedient. Thole, W. (Hrsg.), 2013. Sexualisierte Gewalt. Macht und Pädagogik. Berlin, S. 15

[152] Deegener, G., 2005. Formen und Häufigkeiten der Kindesmisshandlung. In: Deegener, G., Körner, W. (Hrsg.), Kindesmisshandlung und Vernachlässigung. Göttingen, S. 38

[153] Vgl. Kinderschutzzentrum Berlin e. V. (Hrsg.), 2000. Kindesmisshandlung. Erkennen und Helfen. Berlin, S. 29

[154] Vgl. Mertens, B., Pankofer, S., 2011. Kindesmisshandlung. Körperliche Gewalt in der Familie. Paderborn, S. 34

[155] Kinderschutzzentrum Berlin e. V. (Hrsg.), 2009. Kindeswohlgefährdung. Erkennen und Helfen. Berlin, S. 41

5.3.3 Psychische/ emotionale Gewalt

Unter psychischer Gewalt versteht man alle Handlungen von Eltern oder Erziehungsberechtigten, die Kindern sprachliche - und emotionale Bedrohung vermitteln, sie festhalten und isolieren oder ängstigen und überfordern. Je jünger ein
Kind ist und je häufiger bzw. regelmäßiger es diesem Umgang ausgesetzt ist,
desto schädlicher sind die Auswirkungen auf das Kind. Jede andere Form der
Beeinträchtigung des Kindeswohls geht immer mit mehr oder weniger starken
psychischen Beeinträchtigungen des Kindes einher.[156] Nach Kindler gibt es fünf
verschiedene Formen, die einzeln oder in Kombination auftreten können und als
psychische Gewalt angesehen werden müssen.[157]

- feindselige Ablehnung (z.b. ständiges Herabsetzen, Beschämen,
  Kritisieren oder Demütigen eines Kindes)
- Ausnutzen und korrumpieren (z.b. Kind wird zu einem selbstzer-
  störerischen oder strafbaren Verhalten angehalten oder gezwungen bzw.
  ein solches Verhalten des Kindes wird widerstandslos zugelassen)
- Terrorisieren (z.b. Kind wird durch ständige Drohungen in einem
  Zustand der Angst gehalten)
- Isolieren (z.b. Kind wird in ausgeprägter Form von altersentsprechen-
  den sozialen Kontakten fern gehalten)
- Verweigerung emotionaler Responsivität (z.b. Signale des Kindes und
  seine Bedürfnisse nach emotionaler Zuwendung werden anhaltend und
  in ausgeprägter Form übersehen und nicht beantwortet)

Die psychische Misshandlung ist in der Handlungsebene jedoch schwer zu
beweisen. Der Grund dafür ist, dass diese Faktoren schwer zu beobachten und
deren Folgen nicht sofort erkennbar sind. Außerdem ist die Grenze zwischen
üblichen und weitgehend tolerierten, auf psychischem Druck basierenden
Erziehungspraktiken (z.b. Hausarrest, Liebesentzug, Schimpfen) und psychisch
schädigendem Elternverhalten fließend. Daher steht eine einheitliche Definition
psychischer Gewalt bislang aus und die Forschungslage ist dürftig. Zudem
besteht in der Definition von psychischer Gewalt ebenfalls das Problem, dass es
kaum ersichtlich ist, wann genau der Punkt erreicht ist.[158] Deshalb können
Jugendämter und Familiengerichte nur bedingt eingreifen, da diese nur einzelne

---

[156] Ebd., S. 45-46
[157] Kindler, H., Lillig, S., Herbert, B., Meysen, T., Werner, A. (Hrsg.), 2006. Handbuch Kindeswohlgefährdung nach § 1666 und Allgemeiner Sozialer Dienst (ASD). München, Kap. 4-1
[158] Vgl. Kinderschutzzentrum Berlin e. V. (Hrsg.), 2009. Kindeswohlgefährdung. Erkennen und Helfen. Berlin, S. 45

Formen von Kindesmisshandlung bearbeiten. In der Regel tritt die psychische Gewalt mit anderen Misshandlungsformen auf. Ein weiteres Problem der Gewalt an Kindern ist auch das fehlende Wahrnehmungsvermögen des Kindes, sodass es oftmals bei psychischer Gewalt diese nicht als solche wahrnimmt. Jedoch muss der Maßstab von psychischer Gewalt nach normaler durchschnittlicher Erkenntnis und Emotionalität beurteilt werden.[159]

5.3.4 Vernachlässigung von Kindern

Im Vergleich zu körperlicher- und sexualisierter Gewalt erhält die Vernachlässigung bisher, außer in spektakulären Fällen z.b. beim Aussetzen von Neugeborenen oder Verhungern lassen mit Todesfolge, weniger Aufmerksamkeit[160]. Die Vernachlässigung hat jedoch gravierende Konsequenzen für die geistige und sozial-emotionale Entwicklung von Kindern durch Deprivationserfahrungen und unzureichende Ernährung in den ersten Lebensjahren[161]. Trotzdem ist es schwierig eine einheitliche Definition von Vernachlässigung und einen Maßstab des Schweregrads und der Dauer zu finden.

Deegener und Körner definieren „Vernachlässigung als eine ausgeprägte, andauernde oder wiederholte Beeinträchtigung oder Schädigung der Entwicklung von Kindern durch die Sorgeberechtigten und -verpflichteten Personen. Dies geschieht durch unzureichende Pflege und Kleidung, mangelnde Ernährung und gesundheitliche Fürsorge, zu geringe Beaufsichtigung und Zuwendung, nachlässigen Schutz vor Gefahren sowie nicht hinreichende Anregung und Förderung motorischer, geistiger, emotionaler und sozialer Fähigkeiten"[162]. Unter Vernachlässigung versteht man absichtliche und andauernde oder wiederholte Handlungen, die die gesunde Entwicklung und Fürsorge behindert oder behindern wird. Sie ist jedoch schwer erkennbar, da man dem Kind weder sichtbaren Merkmale der Vernachlässigung ansieht, noch eine Gefährdung nach außen erkennbar ist, z.B. wenn das Kind längere Zeit alleine bleibt oder die Eltern mit ihren Kindern regelmäßige Besuche beim Kinderarzt nicht wahrnehmen.

---

[159] Vgl. Krieger, W., Lang, A., Meßmer, S., Osthoff, R., 2007. Kindesmisshandlung. Vernachlässigung und sexueller Missbrauch. Stuttgart, S. 13

[160] Vgl. Herrmann, B., Dettmeyer, R., Banaschak, S., Thyen, U., 2010. Kindesmisshandlung. 2 Auflage. Heidelberg, S. 181

[161] Vgl. Ebd., S. 181

[162] Deegener, G., Körner, W. (Hrsg.), 2005. Kindesmisshandlung und Vernachlässigung. Göttingen, S. 37

Kindler stellt fest, dass die Formen der Vernachlässigung in verschiedene Bereiche unterteilt werden können.[163]

- Körperliche Vernachlässigung: z.b. unzureichende Versorgung mit Nahrung, Flüssigkeit, sauberer Kleidung, Hygiene, Wohnraum und medizinischer Versorgung
- Erzieherische Vernachlässigung: z.b. Mangel an Konversation, Spiel und anregenden Erfahrungen, fehlende erzieherische Einflussnahme auf einen unregelmäßigen Schulbesuch, Delinquenz oder Suchtmittelgebrauch des Kindes, fehlende Beachtung eines besonderen und erheblichen Erziehungs- oder Förderbedarfs
- Emotionale Vernachlässigung: z.b. Mangel an Wärme in der Beziehung zum Kind, fehlende Reaktionen auf emotionale Signale des Kindes
- unzureichende Beaufsichtigung: z.b. Kind bleibt längere Zeit alleine und auf sich gestellt, keine Reaktion auf eine längere unangekündigte Abwesenheit des Kindes

In der Regel überschneiden sich die verschiedenen Formen der Vernachlässigung, z.b. körperliche, erzieherische und emotionale Vernachlässigung gehen oft miteinander einher[164]. Mehrere Studien deuten zudem darauf hin, dass vernachlässigte Kinder in der Mehrzahl zeitgleich oder später auch noch andere Formen der Gewalt erleben[165]. Die Auswirkungen auf die Kinder sind auch hier umso stärker, je jünger die Kinder sind. Im Extremfall kommen Kinder durch Unterernährung oder mangelnde Zuwendung zu Tode.[166]

---

[163] Kindler, H., Lillig, S., Herbert, B., Meysen, T., Werner, A. (Hrsg.), 2006. Handbuch Kindeswohlgefährdung nach § 1666 und Allgemeiner Sozialer Dienst (ASD). München, Kap. 3-2

[164] Vgl. Herrmann, B., Dettmeyer, R., Banaschak, S., Thyen, U., 2010. Kindesmisshandlung. 2 Auflage. Heidelberg, S. 181

[165] Kindler, H., Lillig, S., Herbert, B., Meysen, T., Werner, A. (Hrsg.), 2006. Handbuch Kindeswohlgefährdung nach § 1666 und Allgemeiner Sozialer Dienst (ASD). München, Kap. 3-3

[166] Kinderschutztentrum Berlin e. V. (Hrsg.), 2009. Kindeswohlgefährdung. Erkennen und Helfen. Berlin, S. 44

6 Verbreitung und Häufigkeit von Gewalt gegen Kinder

In den folgenden Abschnitten wird die Verbreitung und Häufigkeit von Fällen im Hinblick auf Gewalt gegen Kinder dargestellt. Hierbei bezieht sich die Erläuterung auf die Hell- und Dunkelzahlen zur Auftretenshäufigkeit.

6.1 Statistische Daten von Gewalt gegen Kinder in Südkorea

In Südkorea ist es sehr schwierig, die genaue Zahl für die Verbreitung und Häufigkeit von Gewalt gegen Kinder zu berechnen. Grund dafür ist, dass die in Südkorea zuständigen Ämter, z.B Polizei oder Ministerien, bzw. freie Träger sowie Kinderschutzzentren, One-Stop Förderungszentrum usw. gesonderte Statistiken erstellen, die geschätzt sind oder oft nicht korrekt berechnet wurden, weshalb es in Südkorea keine einheitliche, offizielle Statistik in Bezug auf Gewalt gegen Kinder gibt. Trotzdem bestehen elementare Forschungen über das Hellfeld aus den Berichten der Kinderschutzzentren und über das Dunkelfeld aus den Forschungen der Ministerien.

6.1.1 Hellfeld

In Südkorea wird der staatliche Bericht für die Fälle von Kindesmisshandlung seit 2001 jedes Jahr veröffentlicht. Dieser beruht auf den registrierten Fällen im Kinderschutzsystem durch Fachkräfte aus 45 Kinderschutzzentren.

6.1.1.1 Die Fallzahl der Meldungen

Die Abbildung 11 zeigt, wie sich die Zahl der Meldungen unter der Notrufnummer 1577-1391 des KSZ, dem Callcenter 129 des Ministeriums für Gesundheit und Wohlfahrt, der Kontaktaufnahme über das Internet und dem Besuch des KSZ, usw. im Zeitraum von 2001 bis 2011 entwickelte. Die Anzahl der Mel-

dungen vermehrte sich im Jahr 2001 von 4133 im Jahr 2011 auf 10146 kontinuierlich. Davon stiegen die Zahlen der verdächtigen Fälle an.

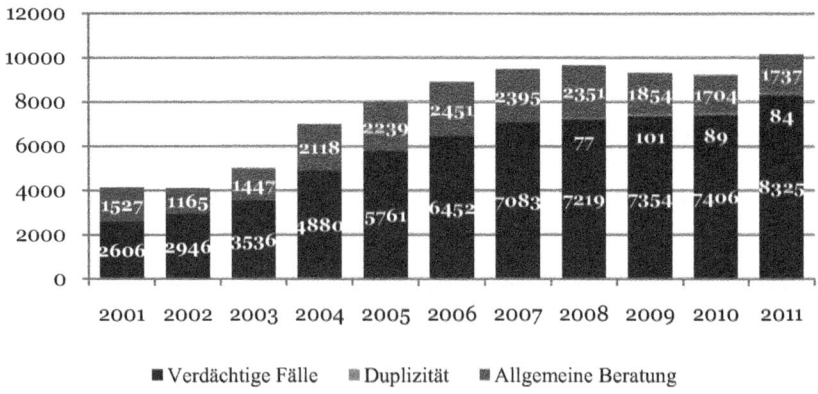

■ Verdächtige Fälle   ■ Duplizität   ■ Allgemeine Beratung

Quelle: National Child Abuse report von Südkorea[167]
*   Verdächtige Fälle: Verdacht auf Gewalt gegen Kinder.
**   Duplizität: Der gemeldete Fall wird von einer weiteren Person gemeldet.
*** Allgemeine Beratung: Kein Verdacht auf Gewalt gegen Kinder.

*Abbildung 11: Die Anzahl der Meldungen von Gewalt an Kindern in Südkorea
2001- 2011*

Gemäß § 27 Abs. 1. KWG sollen die SozialarbeiterInnen des KSZ auf die
Meldungen der verdächtigen Fälle unverzüglich vor Ort reagieren. Die allge-
meine Beratung bezüglich der Kindererziehung oder Erziehungsproblemen stieg
erst im Jahr 2001 bis 2006 an und ist dann ab 2007 wieder zurückgegangen. Als
Grund gibt das zentrale Kinderschutzzentrum an, dass die mediale öffentliche
Auskunft aufmerksam machen und Bürger dadurch auf auffallende Fälle von
Gewalt gegen Kinder sensibilisiert werden[168].

6.1.1.2 Die Rückfälle von Gewalt gegen Kinder

Bei den Rückfällen von Gewalt gegen Kinder geht um Fälle die bereits behandelt
und abgeschlossen wurden und dann erneut als verdächtig gemeldet werden. Die

---

[167] Ebd., S. 294
[168] National Child Protection Agency, 2011. National Child Abuse Report. Seoul, S. 293

folgende Abbildung 12 beweist die rapide Zunahme von Rückfallquote der Kindesmisshandlungsfälle im Jahr 2001 bis 2011, wobei ein Anstieg von 20 (0.5%) im Jahr 2001 auf 1325 (13.1%) im Jahr 2011 verzeichnet wurde.

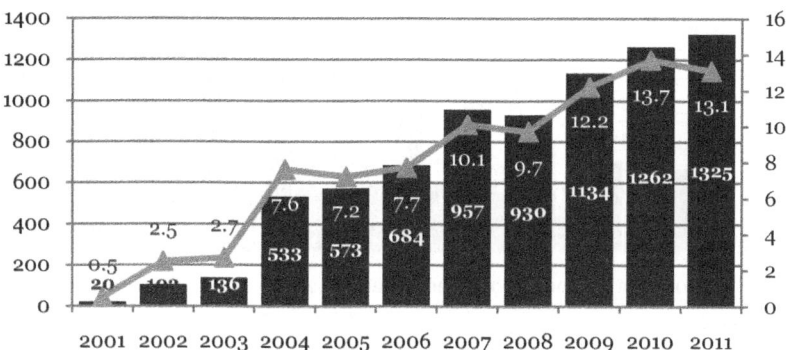

Quelle: National Child Abuse report von Südkorea[169]

Abbildung 12: Rückfälle in Südkorea 2001 -2011

Nach vielen Studien kann die Zunahme der Rückfälle damit begründet werden, dass die Schwierigkeit des effektiven Hilfeprozesses für Kinder bzw. Familien und das fehlende Follow-up, geringe Möglichkeiten für Strafmaßnahmen gegen die Täter und mangelnde Fachkräfte des KSZ beinhalten[170]. Dieses Phänomen löst ebenfalls wieder einige Problem aus, sodass Leistungsbelastungen für die Schutzsysteme und Fachkräfte entstehen und es zu zusätzlichen sozialen Kosten kommt. Vor diesem Hintergrund ist die Tabelle aufschlussreich.

6.1.1.3 Die Arten der Meldepflicht

Meldepflichtig sind alle Fälle, bei denen eine Auffälligkeit bezüglich Gewalt gegen Kinder zu beobachten ist. Hier besteht gemäß § 25 KWG die Verpflichtung der Meldung zur Abwehr von Gewalt gegen Kinder. Bei der nachfolgenden Abbildung 13 geht es um die Zahl der Meldungen in Südkorea

---

[169] Ebd., S. 295
[170] National Child Protection Agency, 2011. National Child Abuse Report. S. 295; Moon, Y., 2011. A Study on the prevention of Child Abuse and the Protection Measures of the Abused Child. Diss. Dongguk Uni, S. 46

zwischen von 2001 bis 2011. Dabei ist die Zunahme der Zahl von Meldungen kontinuierlich von 686 (26.3%) im Jahr 2001 auf 2704 (32.4%) angestiegen.

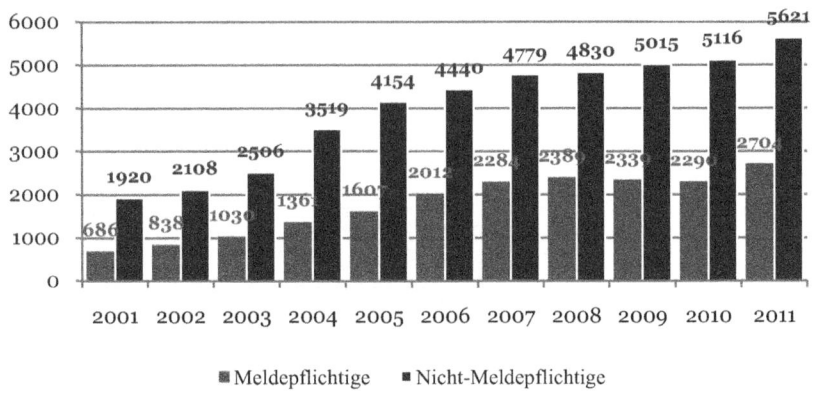

■ Meldepflichtige   ■ Nicht-Meldepflichtige

Quelle: National Child Abuse report von Südkorea [171]

Abbildung 13: Die Zahl der Meldepflichtigen in Südkorea 2001- 2011

Nach der Überarbeitung des KWG 2012 in Südkorea erhöhte sich die Zahl der Meldungen auf bis zu 22 verschiedene Berufsgruppen [172], wobei sich diese Personen in Berufsgruppen befinden, die verpflichtet sind, an Fortbildungen teilzunehmen und eine Geldstrafen auferlegt bekommen, wenn sie ihrer Meldepflicht nicht nachkommen.

6.1.1.4 Die Zahl der Gewalt gegen Kinder

Die Abbildung 14 zeigt die rapide Zunahme von Gewalt gegen Kinder in den letzten Jahren zahlenmäßig. Besonders hat sie sich (im Jahr 2001) von 2105 auf 6058 (im Jahr 2011) um 2,9 Mal erhöht. Gleichzeitig stieg im gleichen Zeitraum

---

[171] Ebd., S. 298

[172] Meldeverpflichtete Personen gemäß § 25 KWG: 1. die Mitarbeiter von Kinderpflegezentren 2. Kinderheime 3. Beamte 4. die Beratungsstelle für häusliche Gewalt 5. Gesundheitsförderungszentren 6. Integrationsförderungszentren 7. SozialarbeiterInnen 8. Beratungstelle bei sexuellem Handeln 9. Beratungsstelle bei sexuellem Missbrauch 10. Feuerwehr 11. Rettungsdienst 12. Kindergarten 13. ErzieherInnen 14. MedizintechnikerInnen 15. ÄrztInnen 16. die Mitarbeiter von Behindertenteneinrichtungen 17. psychische Gesundheitszentren 18. Einrichtungen für Jugendliche 19. Jugendschutzzentren 20. LehrerInnen 21. Beratungsstelle für Alleinerziehende 22. private Schulen (Überarbeitung des KWG 22.10.2012, Ministry of Government Legislation)

die Zahl der KSZ von 17 auf 45 an. Diese ansteigende Tendenz lässt vermuten, dass je mehr KSZ vorhanden sind, desto höher die Zahl der Aufklärung von Gewalt gegen Kinder ist. Die zunehmende Anzahl örtlicher KSZ wirkt sich alos positiv auf die Meldebereitschaft in der Bevölkerung aus und führt so zu einer günstigeren Lage in Bezug auf die Fallfindung und -bearbeitung führt.

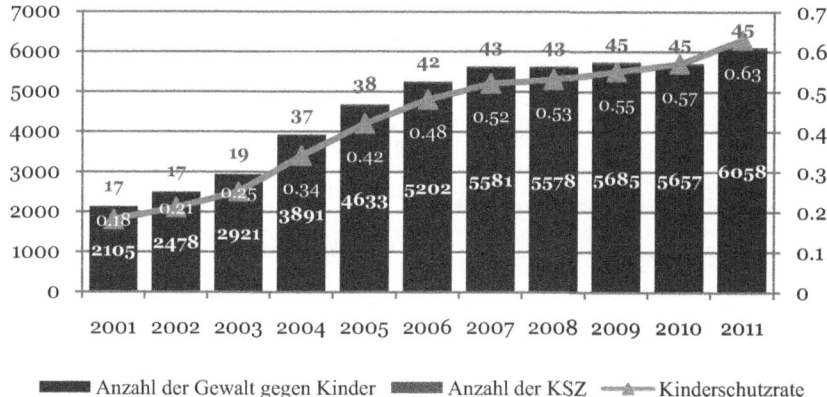

Quelle: National Child Abuse report von Südkorea[173]

Abbildung 14: Die Zahl der Gewalt gegen Kinder und der Kinderschutzzentren in Südkorea 2001 -2011

Die Abbildungen 15, 16 und 17 stellen die Gewalt gegen Kinder im Jahr 2011 nach Geschlecht, Kindesalter und Häufigkeit dar. Dabei ergab sich kein großer Unterschied zwischen Männern und Frauen. Es wird besonders deutlich, dass die Frauen häufiger sexuellen Missbrauch erlebten haben als Männer. Zudem ist im Kindesalter zwischen 10-12 Jahren die Gewalterfahrung sehr hoch. Die Aussetzungsrate liegt bei 54,1%, von Kindern unter einem Jahr. Zusätzlich wurde bei 60% der Kinder jeden Tag Gewalt bzw. alle zwei bis drei Tage Gewalt angewendet.

---

[173] Ebd., S. 301

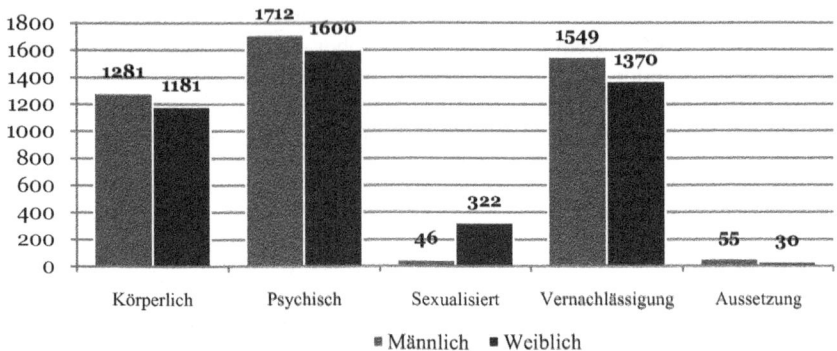

Quelle: National Child Abuse report von Südkorea[174]

Abbildung 15: Gewalt gegen Kinder nach Geschlecht 2011

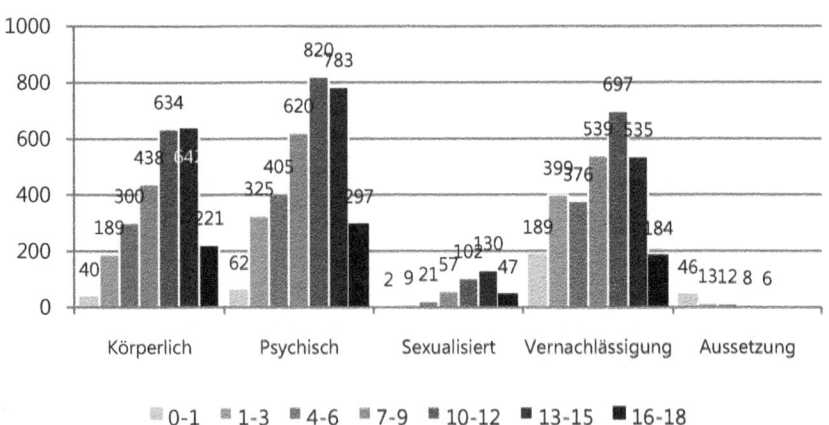

Quelle: National Child Abuse report von Südkorea[175]

Abbildung 16: Gewalt gegen Kinder nach Kindesalter 2011

---

[174] Ebd., S. 121
[175] Ebd., S. 121

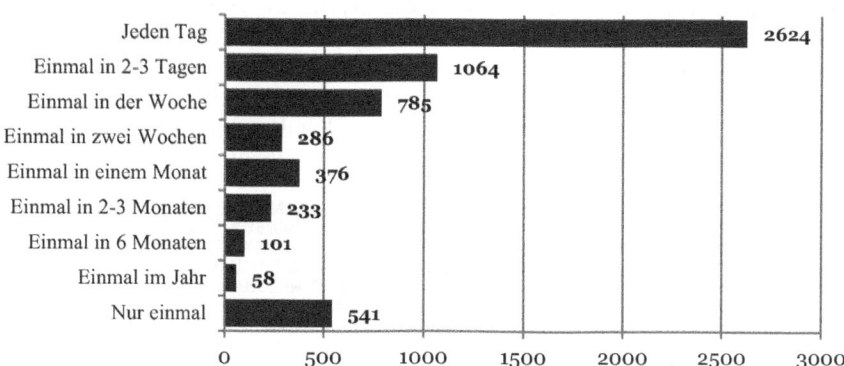

Quelle: National Child Abuse report von Südkorea[176]

Abbildung 17: Gewalt gegen Kinder nach Häufigkeit 2011

6.1.1.5 Die Formen der Gewalt gegen Kinder

Die nachfolgenden Abbildungen 18 und 19 zeigen, wie sich die Zahl der Formen der Gewalt gegen Kinder mit Duplizität bzw. ohne Duplizität im Zeitraum von 2001 bis 2011 veränderten. Bei Betrachtung der Gewalt gegen Kinder mit Duplizität (Abb. 18) zeigt sich, dass Vernachlässigungen (1783 stk.= 29,4%, im Jahr 2011) nur vereinzelt vorkommen, während sich die anderen beiden Formen doppelt überschneiden, wie die Duplizität (2621 stk.= 43,3%, im Jahr 2011).

Zudem ist die starke Zunahme der Duplizität von 2001 bis 2011 auffällig. Es wird deutlich darauf hingewiesen, dass zwei Formen der Gewalt gegen Kinder im Laufe der Zeit immer mehr zusammen auftreten. Prof. An zeigte in seiner Forschung, dass die Überschneidung bei körperlicher Gewalt mit anderen Arten bei mehr als 60%, liegt die psychische Gewalt mit anderen Arten bei mehr als 50% korreliert und die Vernachlässigung zu 20% gemeinsam mit anderen Arten auftrifft[177]. Die Vernachlässigung als Form der Gewalt gegen Kinder ohne Duplizität lieferte jedes Jahr die höchsten Zahlen (Abb. 19). Auffallend ist, dass sich die Zahl psychischer Gewalt von 2001 bis 2011 kontinuierlich erhöhte und sich die Aussetzung der Kinder von 2001 an allmählich verringerte, und im Jahr 2011 wieder anstieg. Die National Human Rights Commission of Korea kommt zu dem Ergebnis, dass bei südkoreanischen Kindern in der Regel die körperliche

---

[176] Ebd., S. 116
[177] Das Ministerium für Gesundheit und Wohlfahrt, 2011. Survey of Child Abuse. S. 75-76

Vernachlässigungen vorkommen, die dabei häufig in Verbindung mit Kinderarmut stehen. Zugleich haben die Eltern als Täter und Sorgeberechtigte des Kindes, meist selbst soziale Isolation erlebt, verfügen dadurch über ungenügende Erziehungsfähigkeiten und leiden meist selbst an psychischen Erkrankungen[178]. Es ist deshalb notwendig, dass das koreanische Kinderschutzsystem nachhaltige Hilfeprozesse und multidimensionale Maßnahmen aufbaut.

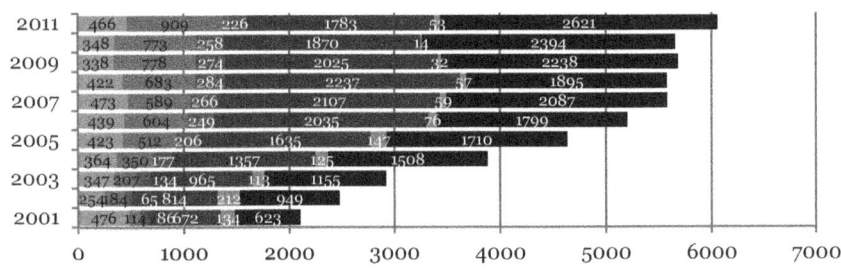

Körperlich ■ Psychisch ■ Sexualisiert ■ Vernachlässigung ■ Aussetzung ■ Duplizität

Quelle: National Child Abuse report von Südkorea[179]

Abbildung 18: Die Formen der Gewalt gegen Kinder mit Duplizität 2001-2011

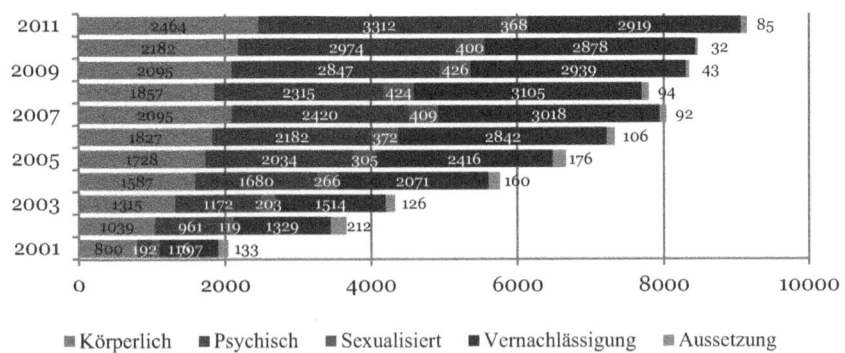

Körperlich ■ Psychisch ■ Sexualisiert ■ Vernachlässigung ■ Aussetzung

Quelle: National Child Abuse report von Südkorea[180]

Abbildung 19: Die Formen der Gewalt gegen Kinder ohne Duplizität 2001-2011

---

[178] Vgl. National Human Rights Commission of Korea, 2006. Survey of Child Abuse „Neglect"
[179] National Child Protection Agency, 2011. National Child Abuse Report. S. 316
[180] Ebd., S. 318

6.1.1.6 Die Beziehung zwischen Täter und Opfer

Die Abbildung 20 zeigt, in welchen Beziehungen Tätern und Opfern im Zeitraum von 2001 bis 2011 zu einander standen. Es ist auffällig, dass Gewalt an Kindern hauptsächlich, bei mehr als 80% jährlich, durch die Eltern ausgeübt wird. Davon gehen 2855 (47,1%) vom leiblichen Vater und 1963 (32,4%) von der leiblichen Mutter aus. Dies lässt den Schluss zu, dass die meiste Gewalt gegen Kinder zu Hause ausgeübt wird (5246 (86,6%), im Jahr 2011).

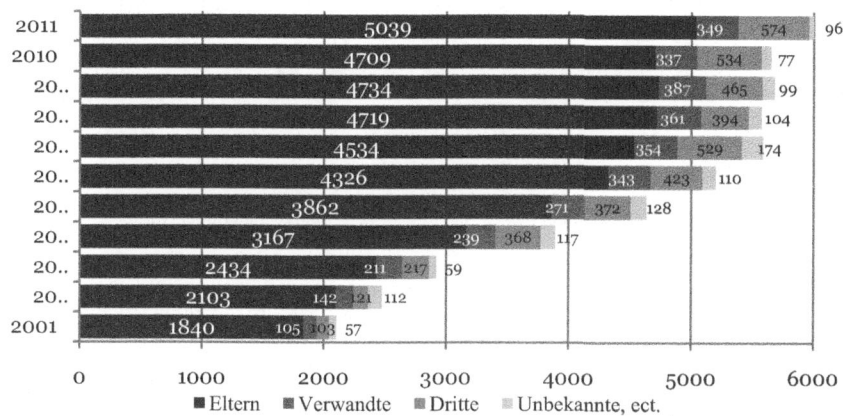

Quelle: National Child Abuse report von Südkorea[181]

Abbildung 20: Die Beziehungen zwischen Tätern und Opfern 2001-2011

6.1.1.7 Der Einfluss der Familienstruktur bei Gewalt gegen Kinder

In diesem Abschnitt wird die Familienstruktur bei Gewalt gegen Kinder im Zeitraum von 2001 bis 2011 betrachtet. Die Zahl der alleinerziehenden Väter nimmt von 662 im Jahr 2001 auf 927 im Jahr 2011 durchschnittlich um 31% zu, die jährlichen Zahlen der alleinerziehenden Mütter steigen ebenfalls kontinuerlich. Es wird deutlich nachgewiesen, dass bei alleinerziehenden Eltern die Gewalt gegen Kinder höher ist, als bei anderen Familienstrukturen. Aus diesem Grund ist es notwendig, dass geeignete Angebote für alleinerziehende Eltern geschaffen werden. Außerdem ist die Tendenz, dass Pflegefamilien, Adoptionsamilien und Fürsorgestellen sowie Kinderheime von Jahr zu Jahr mehr Kinder aufnehmen zu beobachten.

---

[181] Ebd., S. 320

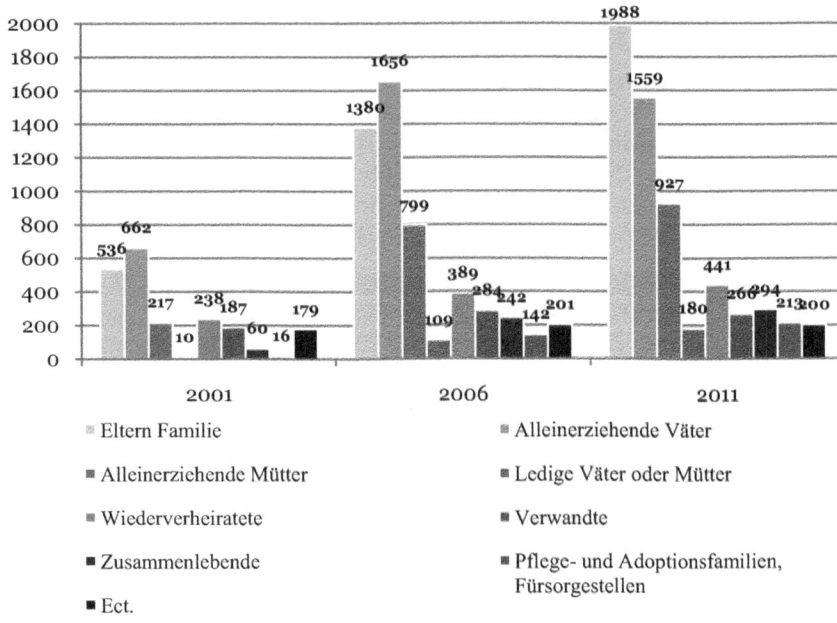

2001   2006   2011

⬛ Eltern Familie   ⬛ Alleinerziehende Väter

⬛ Alleinerziehende Mütter   ⬛ Ledige Väter oder Mütter

⬛ Wiederverheiratete   ⬛ Verwandte

⬛ Zusammenlebende   ⬛ Pflege- und Adoptionsfamilien,
                                        Fürsorgestellen
⬛ Ect.

Quelle: National Child Abuse report von Südkorea[182]

*Abbildung 21: Die Familienstruktur und Gewalt gegen Kinder in Südkorea
2001-2011*

6.1.1.8 Die Kindstötung

Die extremste Form von Gewalt gegen Kinder ist die Kindstötung. Die Studie
des nationalen Berichtes von Südkorea konnte wies nach, dass von 2001 bis
2011 insgesamt 87 Kinder durch Kindstötung ums Leben kamen. Die meisten
der Säuglinge unter zwei Jahren wurden zu Hause getötet, (z.b. im Jahr 2011,
wurden 10 Säuglinge und neun Kinder zu Hause getötet) Jedoch rechnete dieser
Bericht lediglich mit den Daten des KSZ. Tatsächlich ist die Dunkelziffer bei
Kindstötung höher (Nimmt man z.b. Zahlen von Ermittlungsbehörden oder
medizinischen Einrichtungen hinzu, die die Statistik von Kindstötung nicht
veröffentlichen).

---

[182] Ebd., S. 322

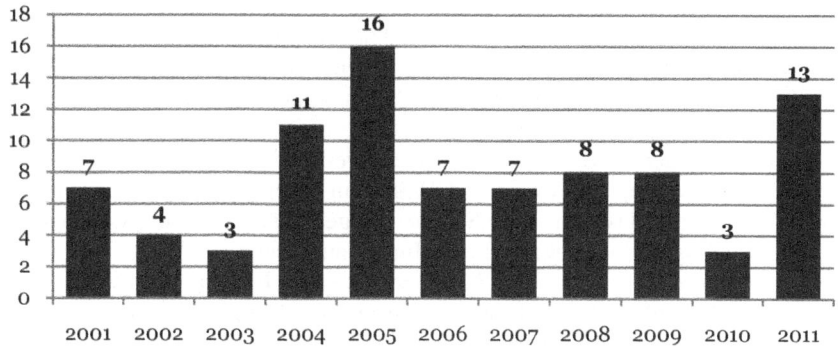

Quelle: National Child Abuse report von Südkorea[183]

Abbildung 22: Kindstötung in Südkorea 2001-2011

6.1.2 Dunkelfeld

In Südkorea gibt es seit 2000 nur wenige repräsentative Dunkelfeldforschungen, in denen die Forscher das Ausmaß nach eigener Schätzung zu beweisen versuchten. Dieses kommen jedoch zu unterschiedlichen Ergebnissen. Die aktuelle repräsentative Studie des Dunkelfelds bringt folgendes hervor.

- Das Ministerium für Gesundheit und Wohlfahrt führte 2011 eine repräsentative Stichprobe mit insgesamt 5051 Familien durch, in denen die Kinder unter 18 Jahre alt waren. Die Studie beweist, dass 7,1% der Befragten über körperliche Gewalt, 10,9% über emotionale Gewalt und 15,4% Vernachlässigung erlebt haben. Daraus berechneten die Forscher, dass in Südkorea insgesamt 25,3% der jährlichen Auftretensquote von Gewalt, gegen Kinder gerichtet war. [184]
- Im Jahr 2011 führte das National Youth Policy Institute eine Repräentativumfrage durch, die insgesamt 9297 Schüler zwischen 10 und 19 Jahren über die Züchtigungserlebnisse in der Familie und Schule befragte. Hierbei gaben 39,4% der Befragten an, während des letzten Jahres von ihren Eltern und 38,4% der Befragten von ihren LehrerInnen gezüchtigt worden zu sein. Davon wurden 38,7% Jungen und 40,2% Mädchen (darunter 40,7% Kinder und 77,3% Jugendliche) von ihren

---

[183] Ebd., S. 324
[184] Ministerium für Gesundheit und Wohlfahrt, 2011. Survey of Child Abuse. Seoul

Eltern gezüchtigt, 27,6% ein- oder zweimal in einem Jahr, 8,2% ein-
oder zweimal in einem Monat, 2,5% ein- oder zweimal in einer Woche
und 1,0% über drei mal in einer Woche. Zudem wurden 46,1% Jungen
und 29,4% Mädchen (darunter 21.5% Kinder und 16.9% Jugendliche)
von ihren ErzieherInnen in der Schule gezüchtigt, dabei 3,4% über drei
mal in der Woche, 5,4% ein- oder zweimal in jeder Woche, 11,6% ein-
oder zweimal im Monat und 18,0% ein- oder zweimal im Jahr. Es wird
deutlich, dass in der Schule Jungen häufiger als Mädchen der
Züchtigung von ihren LehrerInnen ausgesetzt sind, während in der
Familie die Mädchen häufiger als die Jungen von ihren Eltern
gezüchtigt werden. Insbesondere in der Mittelschule wurden 13-15
jährige von ihren LehrerInnen gezüchtigt - 10% geben wöchentliche
Züchtigungserlebnisse an.[185]

- Außerdem wurde in der gleichen Untersuchung befragt, wie häufig
psychische Gewalt in der Familie und Schule erlebt wurde. 38,4% der
Befragten gaben Züchtigung (darunter 19,7% ein- oder zweimal in
einem Jahr, 9,2% ein- oder zweimal in einem Monat, 5,4% ein- oder
zweimal in einer Woche und 4,1% über dreimal in einer Woche) durch
ihre Eltern und 29,9% der Befragten (darunter 14,4% ein- oder zweimal
in einem Jahr, 7,6% ein- oder zweimal in einem Monat, 4,5% ein- oder
zweimal in einer Woche und 3,5% über dreimal in einer Woche) durch
ihren LehrerInnen an. Es ist auffallend, dass Züchtigungserlebnisse und
die emotionale Gewalt mit den finanziellen Ressourcen einer Familie in
Zusammenhang standen. Je niedriger der Einkommenstand in der
Familie lag, desto höher waren die Züchtigungserlebnisse und die
psychische Gewalt durch Eltern und LehrerInnen. Speziell SchülerInnen
aus sozioökonomisch benachteiligten Milieus werden zu 10% mehr als
einmal in der Woche in der Schule gezüchtigt und beleidigt.[186]

- Das Ministerium für Gesundheit und Wohlfahrt führte 2009 eine
repräsentative Stichprobe mit insgesamt 6923 Familien durch, in denen
Kinder unter 18 Jahren waren. Die Studie bewertete das Ausmaß der
Gewalt gegen Kinder nach einem Vier-Punkte-Maßstab, wobei sich
durchschnittlich 0.84 Punkte in der Kategorie „selten" in Bezug auf die
Vernachlässigung und 1.04 Punkte bezüglich der emotionalen Gewalt

---

[185] National Youth Policy Institute, 2011. The study on the current status of Korean children's and
youth's rights I. Seoul, S. 74-84
[186] Ebd., S. 74-84

sowie 1.22 Punkte im Bereich der körperlichen Gewalt „manchmal" ergaben [187]

- Das Ministerium für Frauen und Familien führt seit 2004 alle drei Jahre eine Dunkelfeldforschung häuslicher Gewalt durch. Bei der aktuellen Forschung von 2010 wurden insgesamt 1015 Schüler zwischen 10 und 18 Jahren aus 30 repräsentativ ausgewählten Schulen und insgesamt 1523 Eltern aus unterschiedlichen Landkreisen bzw. kreisfreien Städten befragt. Das Ergebnis zeigte, dass die Eltern Gewalt gegen ihre Kinder im Durchschnitt mit 59,1% angegeben haben, davon betrugen die körperliche Gewalt 29,2%, emotionale Gewalt 26,2% und Vernachlässigung 17%. Demgegenüber ergab die Schülerbefragung, dass 39,1% körperliche Gewalt, 59,9% emotionale Gewalt und 14% Vernachlässigung durch ihre Eltern im letztem Jahr erlebt haben. Im Vergleich zu der Dunkelfelduntersuchung von 2007 hat sich die Quote der Gewalt gegen Kinder deutlich verringert, nur die Vernachlässigung erhöhte sich zwischen 2007 und 2010 von 11,3% auf 14,0%. [188]

- Das Institut National Human Rights Commission of Korea betreute 2006 insgesamt 24 soziale Einrichtungen, die Kinder und Jugendliche nach der Schule in Tagesprogrammen oder anderen Betreuungsformen betreuen. Aus repräsentativen Landkreisen bzw. kreisfreien Städten wurde eine Befragung bzw. eine Stichprobe mit Fragebögen zur Häuigkeit der Vernachlässigung durch Eltern durchgeführt. Dabei ergaben sich 58,9% erzieherische Vernachlässigung (z.B. fehlende erzieherische Einflussnahme auf einen unregelmäßigen Schulbesuch des Kindes), 44,1% emotionale Vernachlässigung (z.B. Mangel an Wärme in der Beziehung zum Kind), 30% unzureichende Beaufsichtigung (z.B. Kind bleibt längere Zeit allein) und 25,1% körperliche Vernach-lässigung (z.B. unzureichende Versorgung mit Nahrung). [189]

- Das Ministerium für Gesundheit und Wohlfahrt stellte 2000 eine repräsentative Befragung mit standardisierten Interviews auf, bei der 1094 Eltern und deren Kinder befragt wurden. Die Befragung kam zu dem Ergebnis, dass insgesamt 43,7% der befragten Eltern Kindesisshandlung an ihren Kindern ausgeübt haben. Davon traten körperlich 23,5%, emotional 19%, Vernachlässigung 20,2% und sexuelle Gewalt 1,1% auf. Es wird darauf hingewiesen, dass 10% der südkoreanischen

---

[187] Ministerium für Gesundheit und Wohlfahrt, 2011. The study on the children´s and youth´s status of Korean. Seoul, S. 214

[188] Ministerium für Frauen und Familien, 2010. Survey of domestic violence. Seoul, S. 36

[189] National Human Rights Commission of Korea, 2006. Survey of Child Abuse "Neglect"

Kinder und Jugendlichen in ihrer Kindheit Gewalt seitens ihrer Eltern erlebt haben. [190]

6.2 Statistische Daten von Gewalt gegen Kinder in Deutschland

6.2.1 Hellfeld

Genauso schwierig wie die komplexe Definition des Begriffs sind konkrete Angaben über das Ausmaß von Kindesmisshandlungen kaum zu rekonstruieren. Der Grund dafür ist, dass die Gewalt gegen Kinder in hoher sozialer Nähe zwischen Tätern und Opfern auftritt und daraus die Wahrscheinlichkeit auf eine Anzeige verringert wird. Zum anderen existiert in Deutschland keine Gesamtstatistik, die Daten aus polizeilichen Kriminalstatistik, der Jugendhilfestatistik und aus wissenschaftlichen Studien vereint, weil einheitliche Definitionen und Formen im Kontext der Gewalt gegen Kinder unterschiedlich sind[191]. In Deutschland gibt es keine gesetzliche Meldepflicht[192] für Gewalt gegen Kinder. Das statistische Erfassen von Kindesmisshandlungsfällen wird jedoch seit 1953 in der jährlich aktualisierten Datenquelle des Bundeskriminalamts (BKA) in der polizeilichen Kriminalstatistik (PKS) veröffentlicht. In der PKS ist nur das Hellfeld verzeichnet das sich auf die am strafrechtlichen Gewaltbegriff orientierten und erfassten Fälle beschränkt[193]. Weiterhin beinhaltet es keine explizite Daten zu emotionalen Misshandlungen und Vernachlässigungen.

---

[190] Hong, K. (Hrsg.), 2000. The national survey of child abuse. Journal of Korean Council for Children's Rights. Vol. 4(2), S. 91-112

[191] Vgl. Albert, I., 2008. Innerfamiliäre Gewalt gegen Kinder. Eine kriminologischen rechtliche Betrachtung der Erscheinungsformen, Ursachen und Möglichkeiten der Bekämpfung, Frankfurt am Main, S. 49

[192] In Deutschland existiert kein Meldesystem für Kindesmisshandlungen und Vernachlässigungen. Deutschlands zurückliegende Erfahrungen mit zwei totalitären Regimen machen die Ablehnung von Meldesystemen und das Anliegen verständlich, zentrale Registrierungen und Denunzierungen zu vermeiden. Weiterhin sollte der Kinderschutz vorzugsweise präventiv gestaltet werden, d.h. es war ein Anliegen, Familien dahingehend zu motivieren, frühzeitig selbst Hilfe zu suchen. Dieses Ziel schien besser mit einem nichtstrafenden, auf der sozialen Gemeinschaft basierenden familienzentrierten Ansatz erreichbar zu sein. Weiterhin befürchteten Kritiker eine große Zahl unbegründeter Verdachtsfälle, verbunden mit uneffektiven Interventionen und stigmatisierenden Eingriffen in die elterlichen Rechte. Zudem zeigen Erfahrungen aus Ländern mit Meldesystemen, dass es für das Kind auch nachteilig sein kann, wenn ein Verdacht begründet ist, (...). Herrmann, B., Dettmeyer, R., Banaschak, S., Thyen, U., 2010. Kindesmisshandlung. 2. Auflage. Heidelberg, S. 6-9

[193] Bundeskriminalamt, 2011. Polizeiliche Kriminalstatistik. Berlin, S. 3

Da die in der PKS ermittelten Häufigkeiten abhängig vom Anzeigeverhalten der Bevölkerung sind, bleiben nicht berichtete Straftaten im Verborgenen. [194] Dennoch bietet die polizeiliche Kriminalstatistik einen Anknüpfungspunkt, wenn auch das Problem bestehen bleibt, dass alle bisher vorliegenden Studien zu wenige Teilnehmerinnen und Teilnehmer vorweisen (500-2.600) und deshalb kein repräsentatives Bild abgeben können. Daher bleibt die PKS in Deutschland bis heute die einzige Datenquelle zu dieser Thematik.[195]

Aus der Statistik des BKA geht hervor, dass im Jahr 2011 in Deutschland insgesamt 3583 Fällen der Misshandlung [196] an Kindern gemeldet waren, während für das Jahr 1994 insgesamt 1915 gemeldet wurden, im Jahr 2000 insgesamt 2130 und Jahr 2005 insgesamt 2905 Fälle verzeichnet wurden. Es wird deutlich, dass es bis zum Jahr 2010 einen kontinuierlichen Anstieg von Kindesmisshandlung in jedem Jahr gab (Abb. 23). Nachdem der sexuelle Missbrauch[197] von Kindern 2009 nach §§ 176, 176a, 176b StGB den niedrigsten Wert seit 1994 darstellte, haben sich die registrierten Fälle vom Jahr 2009 auf 11319, zum Jahr 2012 auf 12623 wieder erhöht. Langfristig sind hier Schwankungen aus dem Jahre 1994 zu beobachten. Trotzdem ist insgesamt eine rückgängige Entwicklung zu verzeichnen, die knapp über 2500 Fälle betrug. Zusammenfassend lässt sich feststellen, dass die angezeigten Misshandlungen von Kindern von 1994 bis 2011 um 67,5% gestiegen, und Anzeigen sexuellen Missbrauchs von Kindern in diesem Zeitraum um 19% gesunken ist. Die Gründe für den starken Anstieg an Meldungen von Kindesmisshandlungen sind, dass vermutlich durch die Gesetzesänderung der Jugendhilfe § 8a SGB VIII im Jahr 2005 neue Reaktionsmöglichkeiten durch den Einbezug des Familiengerichts geschaffen wurden und den Jugendämtern wegen der verstärkten Aufmerksamkeit in der Gesellschaft, in Bezug auf die Kindeswohlgefährdung, mehr Fälle von Gewalt gegen Kinder

---

[194] Becker, M., Schulz, A., 2013. Epidemiologie von Kindesmisshandlung. In: Spitzer, C., Grabe, H. (Hrsg.), Kindesmisshandlung. Stuttgart, S. 14

[195] Mertens, B., Pankofer, S., 2011. Kindesmisshandlung. Körperliche Gewalt in der Familie. Paderborn, S. 57

[196] Unter dem Begriff der Misshandlung von Kindern werden strafrechtlich sowohl die physische und psychische Misshandlung als auch die physische Vernachlässigung erfasst. Nach § 225 Abs. 1 StGB macht sich strafbar, wer vorsätzlich ein Kind, das seiner Fürsorge oder Obhut untersteht oder seinem Hausstand angehört, quält oder roh misshandelt oder durch böswillige Vernachlässigung seiner Pflicht, für es zu sorgen, an der Gesundheit schädigt. Goldberg, B., Schorn, A. (Hrsg.), 2011. Kindeswohlgefährdung: Wahrnehmen, Bewerten, Intervenieren. Opladen, S. 32-33

[197] Dieser reicht vom vorsätzlichen Vorzeigen pornographischer Abbildungen oder exhibitionistischen Handlungen vor Kindern über die Vornahme sexueller Handlungen an Kindern, bis hin zum Beischlaf mit Kindern sowie dem sexuellen Missbrauch mit Todesfolge. Ebd., S. 37

gemeldet wurden. Dadurch werden immer mehr Fälle der Polizei bekannt und in der Statistik erfasst[198].

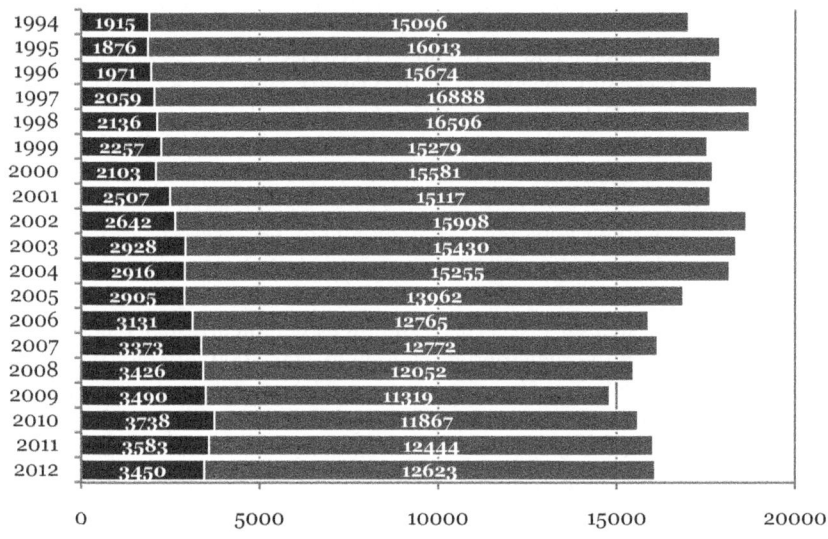

■ Kindesmisshandlung von Kindern   ■ Sexueller Missbrauch von Kindern

Quelle: Bundeskriminalamt 1994-2012 der Bundesrepublik Deutschland

Abbildung 23: Fallentwicklung von Gewalt gegen Kinder in Deutschland 1994 - 2012

Die Abbildung 24 zeigt, wie sich die Fälle von Kindstötungen durch Misshandlungen und Vernachlässigungen nach dem Alter verändert haben. Für das Jahr 2012 weist die Todesursachenstatistik auf, dass in insgesamt 59 Fällen Kinder unter 15 Jahren, 21 Säuglinge und Kleinkinder unter einem Jahr aufgrund eines tatsächlichen Angriffs umkamen. Im Zeitraum von 2000 bis 2012 schwankte die Zahl der Kindstötungen durch Gewalt. Durchschnittlich kamen in diesem Zeitraum ca. 40 Kinder und Jugendliche in Deutschland jährlich ums Leben.

---

[198] Vgl. Ebd., S. 34

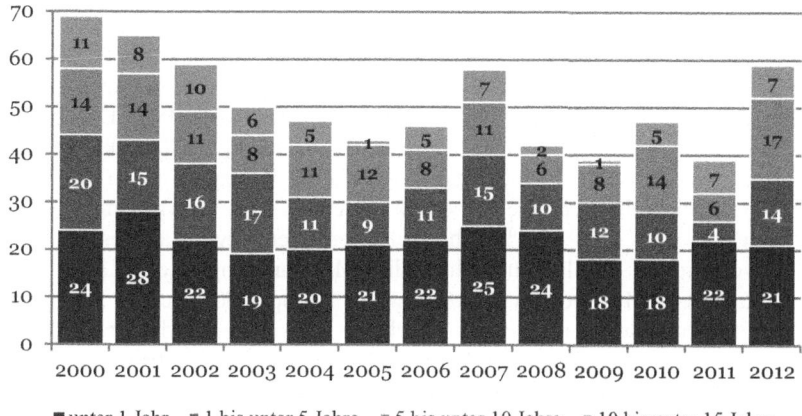

unter 1 Jahr   ■ 1 bis unter 5 Jahre   ■ 5 bis unter 10 Jahre   ■ 10 bis unter 15 Jahre

Quelle: Statistisches Bundesamt, www.gbe-bund.de (Sterbefälle ab 1980, Todesursache „tätlicher Angriff": 12.02.2014) Bundesrepublik Deutschland

Abbildung 24: Todesfälle von Kindern (bis unter 15 Jahren) aufgrund eines tödlichen Angriffs nach Todesursachenstatistik (absolute Zahlen) 2000-2012

6.2.2 Dunkelfeld

Die vielen Dunkelfeldforschungen in Deutschland versuchen das Ausmaß von Gewalt gegen Kinder gemäß eigenen Schätzungen zu erfassen, dabei entstanden bisher jedoch sehr unterschiedliche Bilder. Es gibt also lediglich Schätzungen, die Angaben, wie viele Kinder und Jugendliche in einem gefährlichen, gewaltgeprägten Umfeld leben. Einer aktuellen repräsentativen Studie zur Häufigkeit von Gewalt gegen Kinder in Deutschland legt folgendes vor.

*   Häuser untersuchte u.a. 2011 in einer repräsentativen Stichprobe im Rahmen einer Querschnittsstudie mit standardisierten Fragebögen insgesamt 2504 Befragte im Alter von 14 Jahren. Dabei ergab sich, dass 15,0% der Befragten über emotionale Misshandlung, 12,0% über körperliche Misshandlung, 12,6% über sexuellen Missbrauch und 49,5% über emotionale und 48,4% über körperliche Vernachlässigung in Kindheit und Jugend angegeben hatten. Dabei wurden aber auch schwere emotionale Misshandlungen (1,6%), schwere körperliche Misshandlung (2,8%) und schwerer sexueller Missbrauch (1,9%) aufgeführt. Auch

gaben 6,6% der Befragten über schwere emotionale und 10,8% über schwere körperliche Vernachlässigung Auskunft.[199]

- Das Kriminologische Forschungsinstitut Niedersachen (KFN) führt seit 1998 in verschiedenen Bundesländern Dunkelfelduntersuchungen durch. Die aktuelle Forschung befragte 2009 insgesamt 44610 im Durchschnitt 15-jährige Schüler aus 61 repräsentativ ausgewählten Landkreisen bzw. kreisfreien Städten. Dabei gaben 42,1% der Befragten an, in ihrer Kindheit keine elterliche Gewalt erlebt zu haben. Über ihre gesamte Kindheit waren insgesamt 15,3% schwerer elterlicher Gewalt ausgesetzt, wobei von diesen 9% als Opfer elterlicher Misshandlung in der Kindheit aussagten.[200] Mit anderen Worten macht knapp jeder sechste Jugendliche Erfahrungen mit massiver körperlicher Gewalt durch die Erziehungsberechtigten. Da die Studie den Anspruch hat, repräsentativ zu sein, bietet sich die Möglichkeit, auf das Gesamtausmaß der körperlichen Elterngewalt in Deutschland zu schließen. Nach Angaben des statistischen Bundesamtes leben in Deutschland rund 8,5 Millionen Kinder dieser Altersgruppe. Somit sind knapp 1,3 Millionen Kinder von schweren Züchtigungen oder Misshandlung betroffen.[201]

- In einer vom gleichen Forschungsinstitut 1992 durchgeführten repräsentativen Opferbefragung gaben 3289 Personen im Alter von 16 bis 59 Jahren zu ihren Kindheitserfahrungen Gewalt durch Eltern an. Das Ergebnis der Studie zeigt, dass insgesamt 2432 (74,9%) der Befragten in ihrer Kindheit physische Gewalt seitens ihrer Eltern erlitten haben. Darunter fanden sich 350 (10,6%) der Befragten als Opfer körperlicher Misshandlung, davon erlebten wiederum 4,7% eher selten und 38,4% wurden häufiger als selten körperlich gezüchtigt.[202] Außerdem haben 2,8% der Männer und 8,6% der Frauen vor dem 16. Lebensjahr sexuellen Missbrauch mit Körperkontakt durch erwachsene Täter erlitten. Etwas weniger als die Hälfte waren mehrfach betroffen. Etwa 2/3 der Delikte mit Körperkontakt betrafen sexuelle Berührungen, ohne dass es zu Penetrationen kam.[203]

---

[199] Häuser, W., Schmutzer, G., Brähler, E., Glaesmer, H. 2011. Maltreatment in childhood and adolescence. Results from a survey of a representative sample of the German population, Dtsch Arztebl Int. 108 (17): 287-294. http://www.aerzteblatt.de/archiv/87643.pdf: 26.04.2013

[200] Baier, D., Pfeiffer, C., Simonson, J., Rabold, S., 2009. Jugendliche in Deutschland als Opfer und Täter von Gewalt. Hannover, S. 51-53

[201] Becker, M., Schulz, A., 2013. Epidemiologie von Kindesmisshandlung, In: Spitzer, C., Grabe, H. (Hrsg.), Kindesmisshandlung. Stuttgart, S. 16

[202] Pfeiffer, C., Wetzels, P., 1997. Kinder als Täter und Opfer. Eine Analyse auf der Basis der PKS und einer repräsentativen Opferbefragung. Hannover, S. 26

[203] Wetzels, P., 1997. Gewalterfahrungen in der Kindheit. Honnover, S. 171

- Zudem wurden vom KFN im Jahr 1998 insgesamt 16190 Jugendliche einer 9. bzw. 10. Jahrgangsstufe in einer allgemeinbildenden Schule aus neun verschiedenen Städten zu innerfamiliären Gewalterfahrungen befragt. Ergebnis dieser Studie ist, dass 43,3% der Befragten ohne elterliche Gewalt aufgewachsen sind. 29,7% erlebten leichte elterliche Züchtigung, 17,1% wurden schwer gezüchtigt und 9,8% wurden misshandelt. Es wird darauf hingewiesen, dass mehr als ein Viertel der Jugendlichen durch häufigere oder massive Formen von Gewalt durch die Eltern in der Kindheit betroffen gewesen sind. [204]

- Was die spektakulären Fälle anbelangt, lässt die UNICEF studien aus dem jahr 2003 einen Rückschluss zu. Diese untersuchten die Anzahl der Kindstötungen in den OECD-Ländern. Es konnte nachgewiesen werden, dass durch die Prävalenz von Misshandlung und Vernachlässigung in Deutschland jede Woche mindestens zwei Todesfälle geschehen. Dabei ist das nach Einschätzung von UNICEF nur die Spitze des Eisbergs alltäglicher Gewalt gegen Kinder.[205] Prävalenz abnehmend wurde die Kindestötung nach der UNICEF-Studie seit den 70er Jahren in 14 von 23 Industrieländern beobachtet. Dies ist zum einen auf die gewachsene Sensibilität in der Öffentlichkeit und das vermehrte Angebot des Kinderschutzes zurückzuführen. Zum anderen haben Fortschritte in der Notfallmedizin dazu beigetragen, dass mehr Kinder überleben konnten. Gleichzeitig steigen hingegen die Berichte über nichttödliche Misshandlungen an. [206]

- Im Jahr 2011 führte das Kriminologische Forschungsinstitut Niedersachsen (KFN) eine Repräsentativumfrage durch, die insgesamt 11428 Personen zwischen 16 und 40 Jahren über sexuelle Missbrauchserlebnisse in ihrer Kindheit befragte. Dabei gaben bei einer Schutzaltersgrenze unter 14 Jahren 5,0% der weiblichen und 1,0% der männlichen Befragten an, sexuellen Missbrauch mit Körperkontakt erlebt zu haben. Unter Einbezug der aktuellen Zahlen zum Missbrauch von 14- und 15-Jährigen erhöhen sich die Quoten zum sexuellen Missbrauch mit Körperkontakt bei weiblichen Befragten auf 6,4% und bei männlichen

[204] Pfeiffer, C., Wetzels, P., Enzmann, D., 1999. Innerfamiliäre Gewalt gegen Kinder und Jugendliche und ihre Auswirkungen. Hannover, S. 10-12

[205] UNICEF, 2003. A league table of child maltreatment. Deaths in rich nations. http://www-.unicef-irc.org/publications/pdf/repcard5e.pdf:05.11.2012. S.2; UNICEF, 2008. Gewalt gegen Kinder. http://www.unicef.de/fileadmin/content_media/media-thek/I_0077_Gewalt_gegen_Kinder_2008. pdf: 05.11.2012. S. 1

[206] Mertens, B., Pankofer, S., 2011. Kindesmisshandlung. Körperliche Gewalt in der Familie. Paderborn, S. 55

auf 1,3%. Es wird ersichtlich, dass die sexuellen Missbrauchsfälle bei Frauen auch häufig unter 14 Jahre auftreten.[207]

Zusammenfassend stellte schon Engfer bei der Analyse der Ergebnisse solcher sozialwissenschaftlichen Studien fest, dass ca. die Hälfte bis zwei Drittel der deutschen Eltern ihre Kinder schwerwiegend und relativ häufig körperlich bestrafen[208]. Außerdem stellt Ernst in ihrer umfassenden Forschungsübersicht fest, dass 10-15% der Frauen und 5-10% der Männer bis zum Alter von 14 oder 16 Jahren mindestens einmal einen unerwünschten oder durch die moralische Übermacht einer deutlich älteren Person oder durch Gewalt erzwungenen sexuellen Körperkontakt erlebt haben.[209]

6.3 Fazit

Zusammenfassend lässt sich sagen, dass auf die gestellte Frage nach dem tatsächlichen Ausmaß der Gewalt gegen Kinder und der genaueren Verbreitung und Häufigkeit des Problems in Deutschland und Südkorea die Forschung aus Hellfeld und Dunkelfeld bisher kein eindeutiges Ergebnis aufweist. Die vielfältigen Untersuchungen belegen, dass bisher die Gewalt gegen Kinder umfangreich in Familien bzw. in Institutionen auftritt. Es kann daher mithilfe dieser Studien heute in beiden Ländern das Auftreten und die Häufigkeit der Gewalt gegen Kinder als soziales Problem anerkannt werden. In Südkorea hat sich, nach dem Bericht des nationalen KSZ, die Zahl der Taten von Gewalt gegen Kinder im Jahr 2001 von 2105 auf 6058 im Jahr 2011 erhöht, während im gleichen Zeitraum die Anzahl der KSZ zunahm[210].

---

[207] Bieneck, S., Stadler, L., Pfeiffer, C., 2011. Erster Forschungsbericht zur Repräsentativerhebung Sexueller Missbrauch. Hannover, S. 40

[208] Engfer, A., 2005. Formen der Misshandlung von Kindern. Definitionen, Häufigkeit, Erklärungsansätze. In: Egel, U.T., Hoffmann, S.O., Joraschky, P. (Hrsg.), Sexueller Missbrauch, Misshandlung, Vernachlässigung. 3. Auflage. Stuttgart, S. 8

[209] Ernst, C., 1998. Zu den Problemen der epidemiologischen Erforschung des sexuellen Missbrauchs, In: Amann, G., Wipplinger, R. (Hrsg.), Sexueller Missbrauch. Überblick zu Forschung, Beratung und Therapie. 2. Auflage. Tübingen, S. 69

[210] 2009 trug ein KSZ in Südkorea (mit ca. 6-10 SozialarbeiterIhnen) für durchschnittlich 240000 Kinder und Jugendliche die Verantwortung. Die Kinderschutzrate lag im gleichen Jahr bei ca. 0,55 Kinder pro 1000 Kinder und Jugendliche unter 18 Jahren. Vgl. Kang, d., Moon, Y., 2011. Kindesmisshandlung. Recht und System. Seoul, S. 217

Es wird deutlich, dass nach dem Anstieg der KSZ die Fälle von Gewalt gegen Kinder, vom Dunkelfeld ins Hellfeld gerrückt sind, also vermehrt erfasst und ensprechende Maßnahmen eingeleitet wurden. Jedoch haben ebenfalls gleichzeitig die Rückfälle der Gewalt gegen Kinder stark zugenommen. Das bedeutet, dass das KSS in Bezug auf Gewalt gegen Kinder in Südkorea durch ineffiziente Maßnahmen agiert, die keine andauernde Wirkung zeigen.

Weiterhin traten die Formen der Gewalt gegen Kinder und die Duplizität mit anderen Formen der Gewalt gegen Kinder immer mehr auf und wurden in über 80% der Fälle durch die Eltern und Verwandten ausgeführt. Die meiste Gewalt erfahren Kinder also zu Hause und Eltern wenden vor allem dann Gewalt an, wenn die Risikofaktoren in der Betreuung oder Versorgung anstiegen. Dabei ist die Belastung der Eltern eng verbunden mit der gesellschaftlichen- und kulturellen Lage, z.B. konfuzianistische Wertstellung, Arbeitslosigkeit bzw. alleinerziehende Väter oder Mütter, Armut.

Moon stellte in ihrer Forschung fest, dass über 80% der Eltern in Südkorea ihre Kinder und Jugendlichen aus disziplinarischen Gründen züchtigen[211]. Auch in Deutschland erhöhte sich die Zahl der Kindesmisshandlungen von 1915 auf 3450 im Zeitraum von 1994 bis 2012 kontinuierlich, wogegen die Zahl der sexuellen Missbräuche von Kindern von 15096 auf 12623 gleichzeitig abnahm. Jedoch ist dieser Statistik nicht die gesamte Zahl von Gewalt gegen Kinder zu entnehmen, sondern nur die Zahl im Hellfeld aus polizeilich registrierten Fällen nach dem StGB. Deswegen gibt es vermutlich in Deutschland bisher viele Fälle von Gewalt gegen Kinder im Dunkelfeld, wie die Dunkelfeldforschungen aufzeigen konnten.

Weiterhin auffällig ist, dass SchülerInnen in der Schule in Südkorea häufig psychische Gewalt durch ihre LehrerInnen erlebt haben und gezüchtigt wurden, weil es in Südkorea bisher kein Gesetz für das Verbot der schulischen Züchtigung gibt. Jedoch wurde seit 2011 das Verbot der schulischen Züchtigung nach der Anordnung regionaler Superintendenten für Bildung, z.B. Seoul, Gangwondo, Gyeonggido, Jeollabukdo, eingeführt. Jedoch befinden sich diese Maßnahmen in Abhängigkeit von der Meinung der Superintendenten der Ausbildung in den Provinzen. Deswegen ist das Thema der schulischen Züchtigung heftig umstritten.

Eine Folge der Kindesmisshanlungen ist in beiden Ländern die Kindstötung. In Südkorea wurde nach dem Bericht der nationalen KSZ von 2001 bis 2011 insgesamt 87 Kinder und Jugendliche durch Gewalt getötet, darunter meistens Säuglinge und Kleinkinder. Ebenfalls gab es in Deutschland nach der Todesursachenstatistik von 2000 bis 2012 insgesamt 663 Fälle (Kinder und Jugend-

---

[211] Vgl. Moon, Y., 2004. Child Abuse und Resilience. Seoul, S. 18

liche unter 15 Jahre) von Kindstötungen durch Misshandlungen. Leider gibt es in beiden Ländern keine genaue Datenlagen, welches die Anzahl der gesamten Tötungsdelikte wiedergibt. Allerdings fanden tatsächlich bisher nicht wenige Kinder und Jugendliche durch Gewalt den Tod.

7 Hintergründe zur Entstehung und den Folgen von Gewalt an Kindern

7.1 Hintergründe des Entstehens von Gewalt gegen Kinder

Mehrere Forschungen aus verschiedenen Disziplinen versuchten, eine Erklärung zu finden, wie Gewalt gegen Kinder entsteht und wie sie nachgewiesen werden kann. Die multifaktoriellen Erklärungsmodelle werden auf mehreren Ebenen integriert[212]. Belsky (1980) stellt in seiner Untersuchung fest, dass sich die Ursachen von Gewalt gegen Kinder auf vier Ebenen erstrecken: die individuelle Ebene, familiäre Ebene, soziale Ebene und gesellschaftlich-kulturelle Ebene[213]. Deutschland und Südkorea rücken grundsätzlich ebenfalls vier zentrale Risikofaktoren ins Licht.

a) Kindliche Risikofaktoren
b) Elterliche- und familiäre Risikofaktoren
c) Risikofaktoren im sozialen Umfeld
d) Kulturelle und gesellschaftliche Faktoren

7.1.1 Kindliche Risikofaktoren

Die Kinder trifft grundsätzlich keine Schuld an der Gewalthandlung. Jedoch zeigen einige Studien, dass kindliche Merkmale die Risikofaktoren erhöhen oder verringern können. Zuerst wird die Häufigkeit von Gewalt gegen Kinder nach Alter und Geschlecht des Kindes betrachtet[214]. Säuglinge und Kleinkinder im ersten Lebensjahr erleben mehr Gewalt als Kinder im restlichen Kinder- und

---

[212] Bender, D., Lösel, F., 2005. Misshandlung von Kindern: Risikofaktoren und Schutzfaktoren. In: Deegener, G., Körner, W. (Hrsg.), Kindesmisshandlung und Vernachlässigung. Göttingen, S. 319
[213] Belsky, J. 1980. Child maltreatment: An ecological integration. American Psychologist (35), S. 320-335
[214] Bender, D., Lösel, F., 2005. Misshandlung von Kindern: Risikofaktoren und Schutzfaktoren. In: Deegener, G., Körner, W. (Hrsg.), Kindesmisshandlung und Vernachlässigung. Göttingen, S. 326; Moon, S. (Hrsg.), 2010. Understanding Child Abuse and Neglect. Paju, S. 76

Jugendalter.[215] Grund dafür ist, dass sich die Kleinkinder nicht selbst regulieren können und die Eltern unter Umständen Belastungen sowie Sorgen um das Kind empfinden. Zudem unterliegen Kinder zwischen sechs und zehn Jahren dem größten Gefährdungsrisiko von sexueller Gewalt betroffen zu sein, wobei dies in der Regel mehr Mädchen als Jungen betrifft[216]. Dagegen haben Jungen, mehr als Mädchen, von ihren Eltern körperliche Züchtigung erlitten, was bis zu körperlicher Misshandlung eskalieren kann[217]. Zusätzlich erhöhen physische Merkmale, sowie Verhaltensprobleme der Kinder, ebenfalls das Risiko einer Misshandlung. erleben beispielsweise Kinder mit Entwicklungsstörungen vermehrt, nicht nur körperliche sondern auch sexuelle Gewalt[218], da sie weniger in der Lage sind, sich selbst zu schützen und gut zu behaupten. Die Merkmale dieser Kinder fassen Deegener und Körner in einer Übersicht von Risikofaktoren aus umfassenden Literaturen zusammen (Tab. 9).

Gruppen	Merkmale
Demographische Merkmale	- Tendenzen zu Häufigkeitsgipfeln für Misshandlungen in der frühesten Kindheit und der Pubertät
	- Tendenzen zu häufigerer körperlicher Misshandlung von Jungen
Physische Merkmale	- Frühgeburten, geringes Körpergewicht führt zu erhöhtem Misshandlungsrisiko
	- Gleiches gilt für gesundheitliche Probleme, Entwicklungsverzögerungen, Behinderungen
Verhaltensprobleme	- Schwieriges Temperament bei Kleinkindern (schwer zu beruhigen, Schlafstörungen, Schreikinder, Fütterstörungen) erhöhen das Risiko zu Misshandlungen
	- Bei Kindern mit Verhaltensproblemen (externalisierten wie internalisierten) erhöht sich das Misshandlungsrisiko

Quelle: Deegener und Körner. 2011[219]

Tabelle 9: Die kindlichen Risikofaktoren in Deutschland

---

[215] Hong, K. (Hrsg.), 2000. The national survey of child abuse. Journal of Korean Council for Children's Rights, Seoul. Vol. 4(2), S. 109

[216] Garbarino, J., Bradshaw, C., 2002. Gewalt gegen Kinder. In: Heitmeyer, W., Hagan, J. (Hrsg.), Internationales Handbuch der Gewaltforschung, Wiesbaden. S. 903; Wetzels, P., 1997. Gewalterfahrungen in der Kindheit. Hannover, S. 171

[217] Bender, D., Lösel, F., 2005. Misshandlung von Kindern: Risikofaktoren und Schutzfaktoren. In: Deegener, G., Körner, W. (Hrsg.), Kindesmisshandlung und Vernachlässigung. Göttingen, S. 327; BMFSFJ, BMJ, 2003. Gewaltfreie Erziehung. Eine Bilanz nach Einführung des Rechts auf gewaltfreie Erziehung. Berlin, S. 7-8

[218] Garbarino, J., Bradshaw, C., 2002. Gewalt gegen Kinder. In: Heitmeyer, W., Hagan, J. (Hrsg.), Internationales Handbuch der Gewaltforschung. Wiesbaden, S. 903

[219] Deegener, G., Körner, W., 2011. Risiko- und Schutzfaktoren Grundlagen und Gegenstand psychologischer, medizinischer und sozialpädagogischer Diagnostik im Kinderschutz. In: Körner, W., Deegener, G. (Hrsg.), Erfassung von Kindeswohlgefährdung in Theorie und Praxis. Lengerich, S. 208-209

Eine südkoreanische repräsentative Forschung [220] belegte, dass auch die Schulnoten des Kindes und Jugendlichen Einfluss auf Gewalt haben. Haben die Schüler bei Prüfungen nicht so gut abgeschnitten oder schlechte Zeugnisse erhalten, war die Gewalt gegen Kinder wesentlich höher, als bei Schülern mit guten Schulnoten. In diesem Zusammenhang zeigt die Tabelle 10 die kindlichen Merkmale, die in Südkorea zu vermehrten Gewalthandlungen führen.

Merkmale	Insgesamt
Behindertes Kind	372(1,6%) - Intellektuelle Störung 1,2% ...
Psychische Probleme	8181(36,1%) - Angstprobleme 8,3% - Konzentrationsschwäche 5,5% - Geringes Selbstbewusstsein 4,3% ...
Verhaltensprobleme	8847(39%) - Trotz, Aggressivität 5,8% - Ausreißer 4,7% - Lernprobleme 5,2% ...
Physische Merkmale	2095(9,2%) - Hygieneprobleme 3,3% - Sprachprobleme 2,5% - Entwicklungsverzögerungen 1,3% ...
Insgesamt	22,683(100%)

Quelle: National Child Abuse report in Südkorea [221]

Tabelle 10: Die kindliche Risikofaktoren in Südkorea 2011

7.1.2 Elterliche- und familiäre Risikofaktoren

Gewalt gegen Kinder ist in der Regel mit den elterlichen Eigenschaften sowie psychischen Erkrankungen der Eltern bzw. eigenen Gewalterfahrungen in ihrer Kindheit verknüpft. Zunächst steht die Gewalt in Abhängigkeit zum Alter der Frau bei der Geburt: je jünger die Mütter bei der Entbindung, desto höher das

---

[220] National Human Rights Commission of Korea, 2006. Survey of Child Abuse "Neglect"; Ministerium für Gesundheit und Wohlfahrt, 2011. Survey of Child Abuse. Seoul, S. 84-85
[221] National Child Protection Agency, 2011. National Child Abuse Report. S. 123

Misshandlungsrisiko. Zudem nimmt das Misshandlungsrisiko bei großer Kinderzahl und geringer Bildung der Eltern zu[222].

Gruppen	Merkmale
Demographische Variablen	- Je jünger die Mütter bei der Entbindung, desto höher das Misshandlungsrisiko - Jüngere Mütter höheres Misshandlungsrisiko als ältere Mütter - Große Kinderzahl höheres Misshandlungsrisiko
Psychische Störungen und Persönlichkeits merkmale	- Misshandelnde Eltern überzufällig häufig depressiv - Negative Befindlichkeiten wie erhöhte Ängstlichkeit, emotionale Verstim-mung, Unglücklich sein, können das Misshandlungsrisiko erhöhen - Gleiches gilt für erhöhte Erregbarkeit, geringe Frustrationstoleranz, Reizbarkeit, verbunden mit Impulskontrollstörungen - Stress und das Gefühl der Überbeanspruchung erhöhen das Misshandlungsrisiko - Erhöhtes Misshandlungsrisiko bei Alkohol- und Drogenproblemen - Erziehungsstil mit vielen Drohungen, Missbilligungen, Anschreien erhöht das Risiko zur körperlichen Misshandlung - Dissoziale, soziopathische bzw. psychopathische Eltern (uneinfühlsam, manipulativ, impulsiv, bindungsarm) neigen zu Kindesmisshandlungen - Überhöhte Erwartungen an Kindern, auch in Verbindung mit mangelnden Kenntnissen über die kindlichen Entwicklungsnormen erhöhen das Misshandlungsrisiko - Befürwortung körperlicher Strafen senkt die Schwelle zu körperlicher Kindesmisshandlung
Eigene Gewalterfahrungen	- Eigene Gewalterfahrungen in der Kindheit erhöhen das Risiko, diese auch selbst in der Erziehung auszuüben. Die Rate dieses Gewalttransfers wird auf etwa 30% geschätzt.

Quelle: Deegener und Körner. 2011[223]

Tabelle 11: Die elterlichen Risikofaktoren in Deutschland

Zusätzlich weisen diese Eltern als Täter häufig psychische Erkrankungen und Persönlichkeitsmerkmale, wie z.b. niedriges Selbstbewusstsein, häufige Depressionen, erhöhte Ängstlichkeit oder dissoziales Verhalten auf. Außerdem können Eltern, die in ihrer Kindheit Gewalterfahrungen machten, das Risiko

---

[222] Bender, D., Lösel, F., 2005. Misshandlung von Kindern: Risikofaktoren und Schutzfaktoren. In: Deegener, G., Körner, W. (Hrsg.), Kindesmisshandlung und Vernachlässigung. Göttingen, S. 320; BMFSFJ, BMJ, 2003. Gewaltfreie Erziehung. Eine Bilanz nach Einführung des Rechts auf gewaltfreie Erziehung. Berlin, S. 7-8

[223] Deegener, G., Körner, W., 2011. Risiko- und Schutzfaktoren Grundlagen und Gegenstand psychologischer, medizinischer und sozialpädagogischer Diagnostik im Kinderschutz. In: Körner, W., Deegener, G. (Hrsg.), Erfassung von Kindeswohlgefährdung in Theorie und Praxis. Lengerich, S. 208-209

erhöhen und selbst später an die nächste Generation weitergeben. [224] Die nachfolgende Übersicht fasst verschiedene elterliche Risikofaktoren zusammen (Tab. 11).

Merkmale	Insgesamt	Merkmale	Insgesamt
Erzieherische Probleme	10,585 (32,1%)	Sexuelle Probleme	268 (0,8%)
Sucht	2,766 (8,4%)	Unerwünschtes Kind	392 (1,2%)
Krankheit	1,791 (5,4%)	Konflikt in der Ehe und Familie	3,345 (10,2%)
Charakter bzw. Temperament	3,162 (9,6%)	Religiöse Probleme	109 (0,3%)
Finanzielle Probleme bzw. soziale Isolation	7,280 (22,1%)	Keine Merkmale	176 (0,5%)
Gewalterfahrung in der eigenen Kindheit	680 (2,1%)	Weitere Gründe	370 (1,2%)
Aggressivität	1,488 (4,5%)	Unwissenheit	333 (1,0%)
Vorbestraft	196 (0,6%)	Insgesamt	32,941 (100%)

Quelle: National Child Abuse report in Südkorea[225]

Tabelle 12: Die elterlichen Risikofaktoren in Südkorea 2011

Einige Forschungen[226] bewiesen, dass sich auch in Südkorea die Gewalt gegen Kinder in Abhängigkeit vom Alter der Eltern und dem Ehezustand befindet. Beispielsweise kam Gewalt bei Eltern über 50 Jahren zu 28,9%, bei Eltern über 40 Jahren zu 27%, bei Eltern über 30 Jahren zu 23,6% und bei Eltern über 60 Jahren zu 23,3% vor, wobei Mütter öfter als Väter Gewalt als erzieherische Maßnahmen ausgeübt haben. Zudem machten die Kinder alleinerziehender Eltern viel häufiger Gewalterfahrungen.

Das Kinderschutzzentrum kommt unter den registrierten Fällen des Jahres 2011 zu einem Ergebnis, dass elterliche Merkmale eine entscheidende Rolle bei der Gewalt gegenüber Kinder spielen. Dabei zeigen sich vor allem die erzieherischen Probleme (32,1%), finanziellen Probleme bzw. soziale Isolation

---

[224] Ebd., S. 321; Bender, D., Lösel, F., 2005. Risikofaktoren, Schutzfaktoren und Resilienz bei Misshandlung und Vernachlässigung. In: Egle, U., Hoffmann, S., Joraschky, P. (Hrsg.), Sexueller Missbrauch, Misshandlung, Vernachlässigung. 3. Auflage. Stuttgart, S. 93; Moon, S. (Hrsg.), 2010. Understanding Child Abuse and Neglect. Paju, S. 79; Deegener, G., Körner, W., 2011. Risiko- und Schutzfaktoren. In: Körner, W., Deegener, G. (Hrsg.), Erfassung von Kindeswohlgefährdung in Theorie und Praxis. Lengerich, S. 205; Park. K., 1999. The Effect of Social Support on Maladjustment of Adolescent's Behavior in Violent Family. Ewha Womans Uni. Seoul, S. 68-70
[225] National Child Protection Agency, 2011. National Child Abuse Report. S. 125
[226] Ministerium für Gesundheit und Wohlfahrt, 2011. Survey of Child Abuse. Seoul, S. 82-83; Hong, K. (Hrsg.), 2000. The national survey of child abuse. Journal of Korean Council for Children's Rights. Vol. 4(2). Seoul, S. 91-112

(22,1%), Konflikte in Ehe und Familie (10,2%) und die Gewalterfahrung in der eigenen Kindheit 2,1% als ausschlaggebende Merkmale (Tab. 12).

7.1.3 Risikofaktoren im sozialen Umfeld

Bei Gewalt an Kindern und Jugendlichen spielt ebenfalls das soziale Umfeld eine große Rolle. Die Risikofaktoren im sozialen Umfeld sind z.b. Arbeitslosigkeit oder fehlende soziale Netzwerke. Das kann zu einer Häufung von Belastungen beitragen, wodurch die Fürsorgequalität der Eltern beeinträchtigt wird [227]. Eine südkoreanische Studie [228] konnte die These bekräftigen, dass Züchtigungserlebnisse und emotionale Gewalt abhängig von finanziellen Ressourcen sind. Das bedeutet, je niedriger der Einkommensstand in der Familie der SchülerInnen lag, desto häufiger traten die Züchtigungserlebnisse und emotionale Gewalt durch ihre Eltern und LehrerInnen auf.

Gruppen	Merkmale	
Unterschicht und Arbeitslosigkeit	-	Geringe finanzielle Ressourcen und Abhängigkeit von staatlicher Unterstützung erhöhen das Risiko zur Misshandlung und Vernachlässigung
	-	Arbeitslosigkeit bei Männern erhöht das Risiko für körperliche Misshandlung
Wohngegend und Nachbarschaft	-	Wohngegend und Nachbarschaft mit hoher Gewaltrate und hoher Armutsrate erhöhen das Misshandlungsrisiko
Soziales Netzwerk	-	Soziale Isolierung, wenig Kontakte zu Verwandten erhöhen das Misshandlungsrisiko
	-	Das Gleiche gilt für Familien mit wenig sozialer Unterstützung und vielen Umzügen

Quelle: Deegener und Körner. 2011 [229]

Tabelle 13: Risikofaktoren im sozialen Umfeld

Ein weiterer Risikofaktor ist die Wohngegend und Nachbarschaft. Eine deutsche Studie bewies, dass sich durch die Nachbarschaft (nachbarliche Deprivation,

---

[227] Vgl. Bender, D., Lösel, F., 2005. Misshandlung von Kindern: Risikofaktoren und Schutzfaktoren. In: Deegener, G., Körner, W. (Hrsg.), Kindesmisshandlung und Vernachlässigung. Göttingen, S. 329

[228] National Youth Policy Institute, 2011. The study on the current status of Korean children's and youth's rights I. Seoul, S. 74-84

[229] Deegener, G., Körner, W., 2011. Risiko- und Schutzfaktoren Grundlagen und Gegenstand psychologischer, medizinischer und sozialpädagogischer Diagnostik im Kinderschutz. In: Körner, W., Deegener, G. (Hrsg.), Erfassung von Kindeswohlgefährdung in Theorie und Praxis. Lengerich, S. 208-209

Häufigkeit der Gewaltausübung) das Ausmaß der häuslichen Gewalt gegen Kinder generell erhöht[230]. Zudem wird in einer südkoreanischen Studie darauf hingewiesen, dass ein Zusammenhang der Gewalterfahrung mit der Größe der Stadt und der Art der Wohnsituation besteht. In der Folge bedeutet dies, je größer die Stadt oder je weniger Zimmer zur Verfügung stehen, desto höher ist das Gewaltrisiko gegen Kinder[231]. Die Tabelle 13 zeigt eine Übersicht von Risikofaktoren im sozialen Umfeld.

7.1.4 Kulturelle und gesellschaftliche Faktoren

Die kulturellen und gesellschaftlichen Faktoren hängen vom eigenen Werteverständnis, dem moralischen und ethischen Verhalten sowie der Erziehungseinstellung ab. Weiterhin ist von Bedeutung, was die staatlichen Normverdeutlichungen sowie die Kinder- Jugend- und Familienhilfe im allgemeinen Gewaltkontext bedeuten.[232] Aus diesem Grund unterscheiden sich die kulturellen und gesellschaftlichen Faktoren in den jeweiligen Ländern. Eine südkoreanische Studie[233] wies nach, inwieweit die koreanischen Eltern, die in Südkorea und USA wohnen, für das Thema Vernachlässigung sensibilisiert sind. Es kommt zu dem Ergebnis, dass die Eltern in Südkorea über weniger Kenntnisse verfügen, als die Eltern in den USA. Aus diesem Grund wird festgestellt, dass sich die unterschiedliche Kultur auf die Vernachlässigung auswirken kann. In Deutschland wurde im Jahr 1996 und 2002 ebenfalls eine repräsentative Eltern-Stichprobe über die Einstellung der Erziehung durchgeführt. Dabei ergab sich eine starke Abnahme von schweren körperlichen Bestrafungen. Im Jahr 2002 gaben noch 3% eine „Tracht Prügel" an, während es im Jahr 1992 noch 30% waren[234]. Es wird ersichtlich, dass sich in der vergangenen Zeit die erzieherischen Einstellungen und Werte verändert haben. Die nachstehende Tabelle 14 zeigt eine Übersicht zu kulturellen und gesellschaftlichen Einflussfaktoren.

Kulturelle und gesellschaftliche Faktoren werden nach der UN Konvention für Kinderrechte, durch die Gesetze, sowie die Kinder- und Jugendpolitik als Phäno-

---

[230] Bender, D., Lösel, F., 2005. Misshandlung von Kindern: Risikofaktoren und Schutzfaktoren. In: Deegener, G., Körner, W. (Hrsg.), Kindesmisshandlung und Vernachlässigung. Göttingen, S. 330

[231] Ministerium für Gesundheit und Wohlfahrt, 2011. Survey of Child Abuse. Seoul, S. 84-85

[232] Vgl. Bender, D., Lösel, F., 2005. Misshandlung von Kindern: Risikofaktoren und Schutzfaktoren. In: Deegener, G., Körner, W. (Hrsg.), Kindesmisshandlung und Vernachlässigung. Göttingen, S. 332-336

[233] Choe. J., 2008. Die Wahrnehmung der Vernachlässigung für die koreanische Eltern. Dongkwang 104, S. 1-38

[234] BMFSFJ, BMJ, 2003. Gewaltfreie Erziehung. Eine Bilanz nach Einführung des Rechts auf gewaltfreie Erziehung. Berlin, S. 9

men der Gewalt gegen Kinder, beeinflusst. Dabei spielte es eine wichtige Rolle, dass die Sozialpädagogik und Erziehungswissenschaft zu kritischen Diskursen bezüglich der Kindeswohlgefährdung und des Schutzes zunächst in Deutschland führten und dieser dann Disziplinen, z.B. Politikdiskurse oder Rechtsdiskurse, beeinflusste. In Südkorea prägt der Pädagogikdiskurs nicht die Kinder- und Jugendhilfe selbst, sondern die direkte schuliche Bildung. Es entwickelte sich zunächst der Rechtsdiskurs des Kinderschutzes, wobei zentriert und prägend andere Bereiche des Kinderschutzes im Mittelpunkt stehen.

Kulturelle und gesellschaftliche Faktoren
- In diesem Bereich müssen folgende Faktoren beachtet werden, die die Schwelle zu (körperlicher) Gewalt reduzieren können: Erziehungseinstellungen und -praktiken (auch in unterschiedlichen ethnischen Gruppen), hohe Armutsrate bzw. hohe Anzahl von Sozialhilfeempfängern, Normen/ Gesetze der Gesellschaft gegenüber körperlichen Strafen, Ausmaß der staatlichen Hilfen/ Jugendhilfemaßnahmen, gesellschaftliche Verbreitung von Gewalt und Ausmaß von Gewalterfahrungen in Kindheit und Jugend.

Quelle: Deegener und Körner. 2011[235]

Tabelle 14: Kulturelle und gesellschaftliche Faktoren

---

[235] Deegener, G., Körner, W., 2011. Risiko- und Schutzfaktoren Grundlagen und Gegenstand psychologischer, medizinischer und sozialpädagogischer Diagnostik im Kinderschutz. In: Körner, W., Deegener, G. (Hrsg.), Erfassung von Kindeswohlgefährdung in Theorie und Praxis. Lengerich, S. 208-209

7.2 Folgen von Gewalt gegen Kinder

Die meisten Studien in Deutschland und Südkorea unterscheiden zwischen kurzfristigen- und langfristigen Folgen[236]. Einige Kurzzeitfolgen bzw. Symptome treten typischerweise nur bei bestimmten Formen von Kindesmisshandlung auf. Bei physischer Gewalt finden sich häufig typische Verletzungen und Organschäden, wie Schütteltrauma, bestimmte Quetschungen, Beulen und Hämatome, Skelett-, Weichteil-, Augen-, Mundverletzungen sowie Verbrennungen und Verbrühungen, die bis zum Tod führen können. Außerdem treten die typischen Langzeitfolgen im Erwachsenalter auf, die sich in emotionalen (z.b. Depressionen, Suizid, Angststörungen einschließlich posttraumatischer Belastungstörungen, niedriges Selbstwertgefühl), interpersonalen (z.b. Reviktimisierung) und sexuellen Störungen (sexuelle Funktionsstörungen, Promiskuität) sowie Persönlichkeitsstörungen erhärtet zeigen.[237] Obgleich Vernachlässigungen und psychische Gewalt gegen Kinder häufig auftreten, existieren vermehrt Befunde zu Folgen sexueller und körperlicher Gewalt[238], da Vernachlässigungen und psychische Gewalt selten auffallen und daher kaum nachgewiesen werden können. Eine weitere Studie aus Südkorea[239] zeigt, dass je nach Erfahrung von Gewalt in der Kindheit, die Zunahme von Aggressionen und Depressionen, die Abnahme des Selbstbewusstseins, die Zunahme von Computerspielesucht, Gedanken an Selbstmord, delinquentem und selbstschädigendem Verhalten durch eine negative Beziehung mit den Eltern beeinflusst wird. Jedoch kann bisher weder in

---

[236] Moggi stellte fest, dass sich die Folgen von Gewalt an Kindern in zwei Typen je nach Latenzzeit gruppieren lassen, in die Kurzzeitfolgen und Langzeitfolgen. Die Kurzzeitfolgen sind in der Regel diejenigen Folgen, die unmittelbar bis mittelfristig (ca. innerhalb von 2 Jahren) nach Misshandlungsbeginn auftreten und Langzeitfolgen sind im Gegensatz zu Kurzzeitfolgen anhaltend oder treten erst später nach einer gewissen Latenzzeit auf. Zudem sind Art und Schwere der Folgen von der Form und Schwere der Kindesmisshandlung, vom Kontext, von Bewältigungsprozessen und vom Entwicklungsstadium bzw. persönlichen Eigenschaften der Jugendlichen abhängig. Moggi, F., 2005. Folgen von Kindesmisshandlung: ein Überblick. In: Deegener, G., Körner, W. (Hrsg.), Kindesmiss-handlung und Vernachlässigung. Ein Handbuch. Göttingen, S. 94-95

[237] Ebd., S. 96-98

[238] Ebd., S. 94

[239] Hong, M., 2009. A Study on the Impact of Child Abuse Experience and socioenvironmental Factors on Delinquency. Jeonju. S. 56; Ministerium für Gesundheit und Wohlfahrt, 2011. Survey of Child Abuse. Seoul, S. 84-85; Ministerium für Frauen und Familien, 2010. Survey of domestic violence. Seoul, S. 36; Kim, G., 1988. Kinder schlagen: noch eine Kriminalität. Seoul, S. 301-309; Ko, M., 2004. A Phenomenological Study on the experience of physically abused children. Korean Journal of Social Welfare Vol 56-1, S. 96; Kim, J., 1986. A Study on teacher's reception on abused young children in low socioeconomic status areas. Ewha Womans Uni. Seoul, S. 71; Moon, Y., 2011. A Study on the prevention of Child Abuse and the Protection Measures of the Abused Child. Diss. Dongguk Uni., S. 41

Südkorea, noch in Deutschland errechnet werden, wie viele Kinder mit welchen Verletzungen oder Folgen von Gewalt durch die Erziehungsberechtigten betroffen sind[240]. In der Übersicht von Moggi werden die Kurzzeit- und Langzeitfolgen in der wissenschaftlichen Fachliteratur bei allen Formen von Gewalt gegen Kinder beschrieben. (Tab. 15, 16)

Störungsgruppen	Häufige Kurzzeitfolgen
Kognitiv-Emotionale Störungen	Aufmerksamkeits- und Konzentrationsstörungen, dysfunktionale Kognitionen (z. B. negative Selbstwahrnehmung), Sprach-, Lern- und Schulschwierigkeiten, Angststörungen, Posttraumatische Belastungsstörung, Depressionen, niedriges Selbstwertgefühl, Schuld- und Schamgefühle, Ärgerneigungen, Suizidgedanken und selbstschädigendes Verhalten(z. B. Drogenkonsum), Feindseligkeit sowie allgemeine Störungen der Gefühlsregulation (z. B. Impulsivität)
Somatische und psychosomatische Störungen	Typische körperliche Verletzungen (z. B. Hämatome), psychosomatische Beschwerden (z. B. Atembeschwerden, Chronische Bauchschmerzen ohne körperlichen Befund), Ess- und Schlafstörungen sowie Bettnässen und Einkoten
Störungen des Sozialverhaltens	Weglaufen von Zuhause, übermäßiges Zutrauen zu Fremdpersonen, Schulschwierigkeiten, Fernbleiben vom Unterricht, Rückzugsverhalten, Hyperaktivität, delinquentes Verhalten, aggressives Verhalten wie mutwilliges Zerstören von Eigentum sowie physische Angriffe

Quelle: Moggi. 2005 [241]

Tabelle 15: Kurzzeitfolgen von Gewalt gegen Kinder

---

[240] Kindler, H., Lillig, S., Herbert, B., Meysen, T., Werner, A. (Hrsg.), 2006. Handbuch Kindeswohlgefährdung nach § 1666 und Allgemeiner Sozialer Dienst (ASD). München, Kap. 26-2
[241] Moggi, F., 2005. Folgen von Kindesmisshandlung: ein Überblick. In: Deegener, G., Körner, W. (Hrsg.), Kindesmisshandlung und Vernachlässigung. Ein Handbuch. Göttingen, S. 95-96

Störungsgruppen	Häufige Langzeitfolgen
Posttraumatische Belastungsstörung	Beharrliches Wiedererleben von Erlebnissen der Kindesmisshandlung (z. B. Erinnerungen), bewusste Vermeidung von Situationen, die mit der Kindesmisshandlung in Verbindung stehen und anhaltende Symptome erhöhten Erregungsniveaus
Angststörungen und Depressionen	Ängstlichkeit, Angst- und Zwangsstörungen, Unsicherheit, Depression, Schuld- und Schamgefühle, negative Selbstwahrnehmung, niedriges Selbstwertgefühl, Hilflosigkeits- und Ohnmachtsgefühle, Einsamkeitsgefühle und /oder Ärgerneigung
Persönlichkeitsstile und Persönlichkeitsstörungen	Impulsivität, emotionale Instabilität, insbesondere Borderlinepersönlichkeitsstörung, aber auch andere Formen von Persönlichkeitsstilen und –störungen
Substanzgebundenes Suchtverhalten	Missbrauch oder Abhängigkeit von Alkohol, Medikamenten und/ oder illegalen Drogen
Selbstschädigendes Verhalten	Selbstverletzung, Suchtmittelmissbrauch, erhöhte Bereitschaft zu Risikoverhalten
Suizidalität	Suizidgedanken und suizidale Handlungen
Somatische und psychosomatische Symptome	Körperliche Symptome ohne organische Befund wie z. B. chronische Bauchschmerzen, Durchfall, Übelkeit, Brust- und Gliederschmerzen, Schmerzen im Genitalbereich, erhöhte Inanspruchnahme medizinischer Leistungen
Dissoziative Störungen	Gedächtnislücken, Dissoziative Identitätsstörung (früher: Multiple Persönlichkeit)
Schlafstörungen	Chronische Einschlaf- oder Durchschlafstörungen, schlechte Schlafqualität
Essstörungen	Magersucht, Ess-Brech-Sucht, Ess-Sucht
Sexuelle Störungen (bei sexueller Kindesmisshandlung)	Sexuelle Funktionsstörungen, unbefriedigte Sexualität, Promiskuität, sexuelle Orientierungsstörungen, sexuelles Verhalten mit erhöhtem Risiko zur HIV-Ansteckung
Störungen in sozialen Beziehungen	Furcht oder Feindseligkeit gegenüber Eltern oder von weiblichen Opfern gegenüber Männern, chronische Unzufriedenheit in intimen Beziehungen, Misstrauen, bei weiblichen Opfern Tendenz, wieder Opfer zu werden und bei männlichen Opfern Tendenz, Täter zu werden(z. B. gewaltförmiges Verhalten gegenüber Lebenspartnerinnen), transgenerationale Weitergabe von Gewalt (z. B. Übernahme eines gewaltförmigen Erziehungsstils), Probleme der sozialen Anpassung (z. B. dissoziales Verhalten)

Quelle: Moggi. 2005 [242]

Tabelle 16: Langzeitfolgen von Gewalt gegen Kinder

Zusammenfassend ergibt sich, dass in Deutschland und Südkorea viele Kinder Gewalterfahrung erlebten und damit aufwachsen. Dabei entstehen vielfältige Beeinträchtigungen in der körperlichen und psychischen Entwicklung im

---

[242] Ebd., S. 99

Kindesalter und ihres eigenen Selbstbewusstseins sowie der Potenzialität bzw. Sozialverhaltens und Sozialisationsprozesses, der durch diesen riesigen Stress beeinträchtigt wird. Einmalige Einwicklungsphasen im Kindesalter spielen deshalb eine sehr wichtige Rolle, da ihre Schäden nach dieser Phase nicht reversibel sind.

Weiterhin weisen diese Kinder durch die zugefügten Schäden später Probleme im Erwachsenenleben auf und sind damit in die Gesellschaft schlecht integrierbar und in diesem Sinne also kaum gesellschaftsfähig.[243] Es ist deshalb nötig, dass in diesen Familien und bei den Kindern angemessene und individuelle Maßnahmen durchgeführt werden, z.B. die Integration von Eltern- und Kinderarbeit, Opfer- und Tätertherapie, Frühintervention und -prävention, die Erkennung von Risikofaktoren und die Förderung von Widerstandsfähigkeit und kindlichen Schutzfaktoren, da sie in der zukünftigen Arbeit bei allen Formen von Gewalt gegen Kinder in Südkorea und Deutschland zunehmend an Bedeutung gewinnen[244]. Dabei spielt es eine große Rolle, welche Handlungen und vor welchem Hintergrund der Staat und die zuständige Instanz nachkommen können. Im nächsten Kapitel wird deswegen auf die rechtlichen Rahmenbedingungen und organisatorischen Strukturen eingegangen.

---

[243] Vgl. Fegert, J., Ziegenhain, U., Fangerau, H., 2010. Problematische Kinderschutzverläufe. Mediale Skandalisierung, fachliche Fehleranalyse und Strategien zur Verbesserung des Kinderschutzes. Weinheim und München, S. 19

[244] Bange, D., 2005. Gewalt gegen Kinder in der Geschichte. In: Deegener, G., Körner, W. (Hrsg.), Kindesmisshandlung und Vernachlässigung. Göttingen, S. 32

Teil Drei: Die rechtlichen Rahmenbedingungen und organisatorische Strukturen in Deutschland und Südkorea

Dieses Kapitel beschäftigt sich mit den rechtlichen Rahmenbedingungen und organisatorischen Gegebenheiten im Hinblick auf Gewalt gegen Kinder in Deutschland und Südkorea. Dafür muss zunächst auf die speziellen historischen Übergänge und Übersichten der Rechtssysteme in den jeweiligen Ländern eingegangen werden, um die unterschiedlichen Traditionen und Wurzeln zu ergründen. Daran anknüpfend werden die Anwendungsmöglichkeit der vielfältigen Gesichtspunkte von sozialarbeiterischen Handlungen erörtert sowie organisatorische Gegebenheiten, familiengerichtliche Maßnahmen und strafrechtliche Aspekte in Bezug auf Gewalt gegen Kinder dargestellt, weil die Gesetze und Strukturen der Kinder- und Jugendhilfe von praktischen Handlungsfeldern geprägt sind. Anschließend wird sich mit einem Vergleich der jeweiligen Länder befasst. Neben dem Vergleich der Rechtssysteme stellt sich dann die Frage, wie effektiv die jeweiligen Länder die rechtlichen und organisatorischen Voraussetzungen für die Realisierung in der Praxis anwenden.

Die Rechtssysteme in Deutschland und Südkorea sind weitgehend ähnlich, da Südkorea nach dem zweiten Weltkrieg (1945) vom deutschen Recht beeinflusst wurde und einzelne Bestimmungen übernahm[245]. Zudem haben die beiden Länder, nach dem zweiten Weltkrieg, eine ähnliche Ausgangssituation – trotz zweier unterschiedlicher Ideologien –. Aus diesem Grund gibt es mehrere vergleichende Untersuchungen über das Rechtssystem von Deutschland und Südkorea. Trotzdem sind konkrete, vergleichende Perspektiven relativ schwierig, da sich das Recht aufgrund differenzierter gesellschaftlicher Entwicklungen beider Länder und dem Auftreten neuer Problemfelder auseinander entwickelten.[246] Jedoch lohnt sich eine rechtsvergleichende Studie, da die jeweiligen Länder voneinander lernen und fruchtbare Anregungen zur Problemlösung in Bezug auf das KSS ausarbeiten können.

---

[245] Vgl. Choi, J., 2011. Historische Auslegung und Identität. Zur Rezeption des deutschen Strafrechts in Korea. Inha Law Review 14(3). Incheon, S. 191-215
[246] Vgl. Kim, W., 2007. Jugend und Jugendhilfe im Modernisierungsprozess. Diss. Hamburg, S. 107-109

8 Die rechtlichen Rahmenbedingungen und organisatorischen Gegebenheiten in Südkorea

8.1 Überblick über die Kinderschutzgesetze

Die Gesetze, die sich auf Gewalt an Kindern beziehen, sind in Südkorea nicht nur das Kinderwohlfahrtsgesetz (KWG), sondern auch das Strafgesetzbuch (StGB), das Gesetz für besondere Fälle zur Bestrafung von Verbrechen von häuslicher Gewalt (GfBhG), das Gesetz für die Prävention von häuslicher Gewalt und zum Schutz der Opfer (GPhGS), das Jugendschutzgesetz (JSG) und das Zivilrecht (siehe Tab. 17). Obgleich mehrere Gesetze existieren, können diese nur schwer interpretiert und herangezogen werden. Das liegt daran, dass Südkorea nicht unbedingt ein synthetisches und systematisches Rechtssystem hat und daher gelegentlich Probleme der Redundanz auftreten[247]. Es kann daher vorkommen, dass ein Einzelfall von häuslicher Gewalt an Kindern durch unterschiedliche Gesetze auch unterschiedlich bewertet wird. So kann ein Fall beispielsweise durch das KWG als „Kindesmisshandlung" definiert werden, durch das GPhGS hingegen als „häusliche Gewalt". Der Einzelfall bleibt hier derselbe, die Beurteilung allerdings variiert. Dies zeigt, dass sich die Verfahren dieser Gesetze grundlegend in ihrer Instanz, aber auch ihrer Anwendung von Maßnahmen und Strafen unterscheiden. Diese Gesetze sind jeweils abhängig von der entsprechenden Ära und der widersprüchlichen politischen Lage des jeweiligen Regimes, woraus folgt, dass sie untereinander keine integrierte Weiterentwicklung oder Flexibilität mit sich bringen. Durch diesen Vorgang ergibt sich ein uneinheitliches, sozialpolitisches Problem, welches Verwirrung auf der operativen Ebene für die offiziell arbeitenden SozialarbeiterInnen zur Folge hat. Dies führt zu negativen Auswirkungen beim Empfänger von Kinder- und Jugendhilfeleistungen. Daher besteht eine große Notwendigkeit für eine

---

[247] Vgl. Moon, Y., 2010. Concering Current Child welfare Law. With particular Emphasis on Child Abuse. Hanyang Law Review Vol. 21-3(31), S. 404; Lee, S., Ha, S., Lee, H., 2008. A Comparative Study on the Laws Related to Child Abuse Between Korea und Japan. Journal of Korean Council for Children & Rights Vol. 12-3, S. 226; Moon, Y., 2011. A Study on the prevention of Child Abuse and the Protection Measures of the Abused Child. Diss. Dongguk Uni.,S. 6

Konsistenz des Rechtssystems und einer effizienten Einheit im Rahmen von Kinder- und Jugendgesetzesführung. Die Diskussionen dazu führen zu der These, dass eine integrierte Politik für den Kinderschutz erarbeitet werden muss. Dieses Kapitel behandelt die rechtlichen Aspekte des KWG, da dieses alle Formen von Gewalt an Kindern direkt beschreibt und zugleich eine große Menge an zentralen Vorschriften und Maßnahmen dagegen bietet. Wird gegen Gewalt an Kindern eingegriffen, richten sich die Maßnahmen der Instanz des Kinderschutzzentrums meistens nach den Richtlinien des KWG. Um dies zu verbildlichen, bietet das folgende Kapitel eine Übersicht der Weiterentwicklung des KWG in Südkorea und dessen Richtlinien gegen die Gewalt an Kindern.

Nr.	Gesetz	Verab-schiedung	Angewandte Formen	Instanz
1	Kinderwohlfahrtsgesetz (KWG)	1961	Alle Formen	KSZ Polizei
2	Gesetz für besondere Fälle zur Bestrafung von Verbrechen von häuslicher Gewalt (GfBhG)	1997	Körperliche Gewalt zu Hause	Polizei
3	Gesetz für die Prävention von häuslicher Gewalt und zum Schutz der Opfer (GPhGS)	1997		
4	Jugendschutzgesetz (JSG)	1997	Körperliche Gewalt	
5	Gesetz für den Schutz von Kindern und Jugendlichen vor sexueller Gewalt	2009	Sexuelle Gewalt	Freie Träger, Onestop-Förderungs-zentrum, Polizei usw.
6	Gesetz für besondere Fälle zur Bestrafung von Verbrechen von sexueller Gewalt	2012	Sexuelle Gewalt	
7	Gesetz zur die Prävention von sexueller Gewalt und zum Schutz der Opfer	1994	Sexuelle Gewalt	
8	Strafgesetz	1953	Körperliche Gewalt Sexuelle Gewalt	Polizei
9	Bürgerliches Gesetzbuch	1958	§ 924 Elterliche Sorge	Gericht

Quelle: Ministry of Government Legislation, National Child Abuse Report

Tabelle 17: Kinderschutzgesetz in Bezug auf Gewalt an Kindern in Südkorea[248]

---

[248]   Englisch:1) Child welfare act 2) Act on special cases concerning the punishment, etc. of crimes of domestic violence, 3) Act on the Prevention of Domestic Violence and Protection, etc. of Victims, 4) Juvenile protection act, 5) Act on the protection of children and juveniles from sexual abuse, 6) Act on special cases concerning the punishment, etc. of crimes of sexual violence, 7) Act on the

8.2 Überblick über das Kinderwohlfahrtsgesetz (KWG)

8.2.1 Entstehungsbedingungen und Weiterentwicklungen von Gewalt an Kindern im Kinderwohlfahrtsgesetz

Das erste Kinder- und Jugendhilfegesetz wurde als „Kinderfürsorgegesetz (KFG)" im Jahr 1961 verabschiedet. Nach der Befreiung in der Kolonialzeit von Japan (1910-1945) und dem Ausbruch des Koreakrieges (1950-1953) waren mehr als tausend Koreaner ums Leben gekommen, wodurch ebenfalls die Zahl der Waisen- und Findelkinder anstieg. Dabei entwickelte sich eine Zentrierung der Kinder- und Jugendhilfe in Pflegeheimen, insbesondere durch viele Missionare aus verschiedenen Kirchen der westlichen Länder und der Kinderfürsorge der freien Träger aus westlichen Ländern. Sie errichteten zusätzlich zu ihrer Wohltätigkeitsarbeit moderne Schulen, Hospitale und Armenfürsorgeeinrichtungen[249]. Beim Wiederaufbau nach dem Krieg gab es aufgrund der schwierigen finanziellen Lage des Staates viele Einschränkungen in der Kinderfürsorge. Aus diesem Grund entwickelte das KFG zentrale Paragrafen, die sich darauf beziehen, die meisten bedürftigen Kinder im Kinderheim zu betreuen (KFG §§ 1-28). Zentral beinhaltete das KFG Leistungen zur Sicherung der elementaren Lebensvoraussetzungen für bedürftige Kinder im Falle der Aussetzung von Kindern durch deren Erziehungsberechtigten oder Hilfemaßnahmen bei Geburtskomplikationen (§ 1 KFG). Dadurch beschrieben die meisten Paragrafen des KFG den Aufbau und die Verwaltung von Kinder- und Jugendhilfeeinrich-tungen (§§ 3-7), Inobhutnahmen (§§ 8-11), den Entzug der elterlichen Fürsorge (§ 12), Vormundschaftshilfe (§ 13), Informationen zur Erstattung (§§ 21-24) sowie einen Leitfaden für die administrative Abwicklung.

Seit Anfang der 1970er Jahre beschleunigte sich die Entwicklung der Industrialisierung, wodurch viele neue soziale Probleme im Land auftauchten, wie beispielsweise das Urbanisationsproblem und eine Familienstrukturänderung. Dazwischen wurde das KFG, welches im Laufe der Jahre durch die raschen wirtschaftlichen und sozialen Entwicklungen den Bedürfnissen der Sozialhilfe von Kindern und Jugendlichen nicht mehr gerecht wurde, im Jahr 1981 schließlich überarbeitet und als neues Kinderwohlfahrtsgesetz (KWG) erlassen. Hierin manifestierten sich bestimmte Verantwortungen des Staates und der Bürger zum Schutz aller Kinder und deren Förderung zur Wiederangliederung an das gesellschaftliche Leben (§ 3 Abs. 1-2). Im Vergleich zum ehemaligen

---

Prevention of sexual violence and Protection, etc. of Victims, 8) Criminal act, 9) Civil act. Ministry of Government Legislation. www.law.go.kr

[249] Vgl. Kim, Y., 1986. Jugendpolitik in Korea und in der Bundesrepublik Deutschland. Diss. Bochum, S. 69-71

passiven Schutz im bestehenden KFG wurde im neuüberarbeiteten KWG die Fürsorge von Hilflosen, auf alle Kinder ausgeweitet und sichergestellt. Zudem wurde allen Bürgern, Betreuern und dem Staat die Verpflichtung auferlegt, das Wohl des Kindes zu gewährleisten[250]. Dennoch gab es Ausnahmen. Die Gewalt gegen Kinder sowie Kindesmisshandlung und Vernachlässigung wurde weiterhin als privates Problem angesehen und daher schränkten sich die staatlichen Eingriffe in solchen Fällen ein[251]. Nachdem die Kinderrechtskonvention[252] im Jahr 1991 in Südkorea ratifiziert wurde, erhielt die Gewalt gegen Kinder und die Absicherung des Kindes erst Anfang der 1990er Jahre Aufmerksamkeit und wurde daraufhin sehr schnell als soziales Problem wahrgenommen[253]. Besonders wurden die schweren Fälle von Gewalt gegen Kinder, z.B. die erschreckenden Ereignisse von Seoboram 1998 und Kimsinae 1999[254] in Südkorea durch die Massenmedien verbreitet. Diese Ereignisse regten zum Nachdenken an und inspirierten Forschungsberichte zu den Thematiken von der notwendigen Wahrnehmung von Gewalt an Kindern und des Kinderschutzes. Aus diesem Grund wurden die Kinderwohlfahrtsgesetze (KWG) wiederum im Jahr 2000 umfangreich überarbeitet, die das KSS von Gewalt gegen Kinder unmittelbar regeln. Dabei wurde die Darlegung von Kindesmisshandlungen und den verbotenen Formen eindeutig definiert (KWG § 2 Abs. 4). Überdies wurde die Einführung von meldepflichtigen Berufsgruppen (KWG § 26), die Einrichtung von Kinderschutzzentren (KWG § 24-25) und Einschaltung von deren MitarbeiterInnen (KWG § 27-28) hinzugefügt. Mit der Überarbeitung des Gesetzes läutete der Staat die aktive Intervention von Gewalt gegen Kinder ein. Doch trotz institutioneller gesetzlicher Veränderungen war es keine leichte Aufgabe bei der Gleichgültigkeit der Menschen und der konfuzianistischen patriarchalischen Gesellschaft, gegen Gewalt an Kinder einzugreifen[255]. Nach

---

[250] Vgl. Moon, Y., 2010. Concering Current Child welfare Law. With particular Emphasis on Child Abuse. Hanyang Law Review Vol. 21-3(31), S. 406

[251] Vgl. Kindeswohlinstitut, 2002. Kindeswohl und Politik. Seoul, S. 36

[252] Am 20. Nov. 1991 unterzeichnete Südkorea das internationale Übereinkommen über die Kinderrechte (CRC: Convention on the Rights of the Children).

[253] Choi, Y., 2008. Legal Issues on Child Abuse in the Child Welfare Act. Journal of Law research Vol. 24-3, S. 306

[254] Seoboram: ein Vater und die Stiefmutter ließen ein Mädchen verhungern und vergruben sie im Garten, Kimsinae: die Mutter wollte ihr Kind aus religiösen Gründen nicht zum Arzt bringen, sondern zwang es bei Gott, um eine Heilung der Krankheit zu Gott zu bitten. Das Kind starb an der Krankeit. Diese Ereignisse lieferten in Südkorea Motive für eine Überarbeitung der Gesetze im Jahr 2000.

[255] Dieses Phänomen gehört zu einem grundlegenden Gedanken der Kindererziehung aus dem Konfuzianismus und ist fest in den Köpfen der Menschen in Südkorea verwurzelt: „Mein Kind ist mein eigener Besitz". (Choi, Y., 2008. Legal Issues on Child Abuse in the Child Welfare Act. Journal of Law research Vol. 24-3, S. 306); Daran machte Prof. Lee die Probleme des Kinderschutzes fest. Er sieht die Probleme 1. In den starken patriarchalische Traditionen, 2. Die

der mehrmaligen Überarbeitung des KWG (vgl. Tab. 18) wird die aktuelle Reform (KWG 2011) im nächsten Kapitel dargestellt.

Datum	Name	Wichtige Inhalte des Gesetzesänderung	insgesamt Paragrafen
01.01.1961	KFG	• Hilflose Kinder (§ 1)	§ 29
13.04.1981	KWG	• Erweiterung auf alle Kinder (§ 3)	§ 39
12.01.2000	KWG	• Meldeanruf bei Gewalt gegen Kinder (§ 23) • Aufbau der Kinderschutzzentren (§ 24) • Definition der Aufgaben des Kinderschutzzentrums (§ 25) • Meldepflicht (§ 26) • Notfallmaßnahmen (§27)	§ 43
29.01.2004	KWG	• Ausweitung der Meldepflichtigen (§ 26)	§ 43
13.07.2005	KWG	• Ausweitung der Meldepflichtigen (§ 26) • Fortbildung des Meldepflichtigen (§ 26)	§ 43
27.09.2006	KWG	• Herausnahme des Kindes (§§ 10-11) • Der Entzug des Sorgerechts (§ 12) • Ausweitung der Meldepflichtigen (§ 26)	§ 43
13.06.2008	KWG	• Präventionsaktivitäten (§ 23) • Ausweitung der Aufgaben des KSZ (§ 25)	§ 43
04.08.2011	KWG	• Maßnahmen und Förderung der Familie nach dem Abschluss des Falls (§ 28) • Bewertung der KSZ und Verstärkung der öffentlichkeitswirksamen Medienarbeit (§ 47) • Strafe der Meldepflichtigen (§§ 71-75) • Strafe für den Täter bei Störung des Hausbesuchs der SozialarbeiterInnen des KSZ • Das KSZ hat die Möglichkeit das Gericht über die elterliche Sorge zu informieren	§ 75

Quelle: Ministry of Government Legislation

Tabelle 18: Die Weiterentwicklungen des Kinderwohlfahrtgesetzes in Südkorea

restlichen konfuzianistischen Sitten, 3. dem Mangel an politischer Verhandlungsmacht und 4. der fehlenden sozialen Sensibilisierung und dem Mangel an freien Organisationen, welche Rechte des Kindes weiterhin unterdrücken. Aus diesen Gründen gibt es die Schwierigkeit der staatlichen Intervention mit dilemmatischen Problemen. (Lee, T., 2001. Die Notwendigkeit der Überarbeitung des Kinderwohlfahrtsgesetzes und die Überlegung der gesetzlichen Reform, S. 9)

8.2.2 Anknüpfungspunkte für die Arbeit an Gewalt gegen Kinder im Kinderwohlfahrtsgesetz

Die Leistungen des Kinderschutzes im Hinblick auf Gewalt gegen Kinder sind ausdrücklich im KWG festgehalten. Bereits in den §§ 1-2 KWG wird beschrieben, dass „alle Kinder das Recht auf Förderung ihrer Entwicklung und Sicherheit des Kindeswohls haben". Zudem gibt es Leistungen gemäß § 4 KWG „staatliche Verantwortung", womit sich der Staat nicht nur zu Hilfeleistungen an allen Kindern verpflichtet, sondern auch stellvertretend mit einer angemessenen Hilfe und Maßnahme ergreifen kann, wenn der Kinderschutz zu Hause nicht gewährleistet ist oder Eltern ihrer Verantwortung nicht nachkommen (§ 15 KWG). Insbesondere stehen Schutzmaßnahmen im Kontext von Gewalt gegen Kinder gemäß §§ 22-29 KWG zur Verfügung. Der Staat hat eine geeignete Maßnahme zur Absicherung von Gefahren des Kindeswohls nach § 22 zu treffen: 1. Die Planung und Ausführung der Kindeswohlpolitik, 2. Untersuchungen und Öffentlichkeitsarbeit, 3. Die Einführung von Notrufnummern, 4. Die Förderung der betroffenen Kinder und Familien.

Allgemeine Vorschriften und Kinderpolitik §§ 1-14	Leistungen des Kinderschutzes §§ 15-21	Abwehr und Prävention von Gewalt gegen Kinder §§ 22-29	Kinderschutz zentrum §§ 45-47	andere Paragrafen
Ziel und Verantwortung §§ 1-5	Schutzmaß- nahmen § 15	Prävention und Abwehrmaß- nahmen § 22	Aufbau § 45	Förderung der Kindersicher- heit §§ 30-36
Der Planung und Ausführung der Kindeswohl- politik §§ 7-9	Abschluss § 16 Verbot § 17 Entzug des Sorgerechts § 18 Vormundschaft §§ 19-20 Beistand § 21	Präventionstag § 23 Öffentlichkeit- arbeit § 24 Meldepflichtige § 25 Fortbildung der Meldepflichtigen § 26 Hausbesuche und Inobhutnahme § 27 Abschlussmaß- nahme § 28 Förderung der Kinder und Familie § 29	Aufgaben § 46 Bewertung § 47	Förderung von hilflosen Kindern §§ 37-40 Aufbau und Aufgabe der Pflegezentren §§ 48-49 Soziale Einrichtungen §§ 50-56 Finanzierung und Erstattung §§ 59-70 Strafen §§ 71-75

Quelle: Ministry of Government Legislation

Abbildung 25: Überblick über die Systematik des KWG in Bezug auf Gewalt gegen Kinder in Südkorea

Weiterhin soll das Ministerium für Gesundheit und Wohlfahrt zur Prävention der Gefährdung des Wohls des Kindes und Jugendlichen Informationen in Bezug auf Gewalt gegen Kinder regelmäßig in den Medien übertragen (§ 24 KWG). Zudem müssen gemäß § 25 „Meldepflicht" Personen in sozialen Einrichtungen, Schulen und medizinischen Einrichtungen Fälle unverzüglich an die zuständigen Instanzen, wie Kinderschutzzentren oder Polizei melden, wenn sie Gewalt gegen Kinder im Dienst wahrnehmen. Weiterhin bekommen insbesondere die freien Träger amtliche Kompetenzen, SozialarbeiterInnen des KSZ können beispielsweise vor Ort zur Untersuchung der verdächtigen Fälle in Bezug auf Gewalt gegen Kinder ermitteln und betroffene Personen sowie Eltern und Nachbarn über den Tatbestand befragen (§ 25 Abs. 5-6 KWG). Dabei ist es verboten, die SozialarbeiterInnen des KSZ in Ausübung ihrer Pflicht zu behindern. Bearbeiten SozialarbeiterInnen Fälle von Gewalt gegen Kinder nicht korrekt, wird dies gemäß Beamtengesetz bestraft. Außerdem werden sie zusätzlich mit Bußgeld (§ 75 Abs. 1) belegt, wenn sie der Meldepflicht nicht nachkommen. In dieser Hinsicht haben SozialarbeiterInnen des KSZ die amtliche Befähigung, aber auch Pflicht, bei Kindeswohlgefährdung einzugreifen. Bei verdächtiger Kindeswohlgefährdung hat das KSZ oder die Polizei, gemäß § 27 „Hausbesuch und Inobhutnahme", den Tatbestand zu untersuchen. Liegt bei Kindern eine dringende gefährliche Situation vor, kann das KSZ die Kinder vorübergehend innerhalb von drei Tagen aus dem Haus der Eltern nehmen. Weiterhin haben der Staat und die Kommune zur Abwehr der Gefährdung des Kindeswohls in jeder Stadt ein Kinderschutzzentrum gemäß § 45 KWG einzurichten. Die wesentliche Aufgabe des KSZ (§ 46) sind also sowohl Reaktionsmöglichkeiten als auch deren Grenzen aufzuzeigen. Die Abbildung 25 gibt einen Überblick über die Systematik des KWG in Bezug auf Gewalt gegen Kinder.

8.3 Die Instanz des Kinderschutzsystems

8.3.1 Organisatorische Strukturen und Aufgaben des KSZ

Gemäß § 45 KWG wurde im Jahr 2000 das zentrale KSZ und das regionale KSZ zum angemessenen Eingreifen und zur Vermeidung von Gewalt gegen Kinder etabliert. Es wird deutlich dargestellt, dass der Staat zunächst das zentrale KSZ einzurichten hat, um die Leistungen und Netzwerke des regionalen KSZ zu unterstützen. Weiterhin haben die Landesbehörde und Städte das regional-zuständige KSZ einzubinden. Dabei hat das Ministerium für Gesundheit und Wohlfahrt, die obersten Landesbehörden und Städte den freien Trägern die Leistungen zu übergeben und deren Finanzierung und Ausstattung zur Tätigwerdung zu unterstützen (§ 45 Abs. 1-4 KWG). Die nachstehende Abbildung 26 zeigt die Strukturen des Kinderschutzsystems in Südkorea.

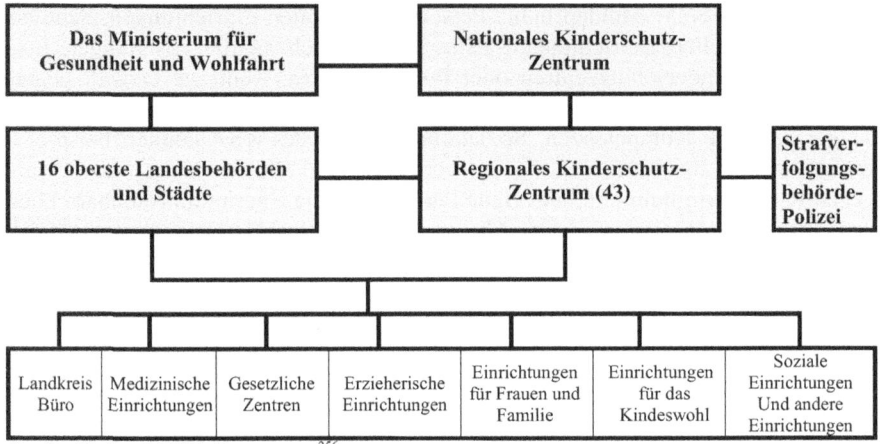

Quelle: National Child Abuse report[256]

Abbildung 26: Strukturen des Kinderschutzsystems in Südkorea

Im Besonderen verantwortet das nationale KSZ neben dem Ministerium für Gesundheit und Wohlfahrt auch die allgemeine Politik im Hinblick auf Gewalt gegen Kinder. Auch das regionale KSZ beschäftigt sich mit der Förderung und dem Eingreifen zur Abwehr von Gewalt an Kindern. Dafür kann das KSZ die Zusammenarbeit mit anderen Einrichtungen und Institutionen sowie Polizei oder freien Trägern gestalten[257].

Nach § 46 Abs. 1-2 KWG sind die Aufgaben des KSZ folgende:

• Die Aufgaben des nationalen KSZ: Förderung der regionalen KSZ, Forschung und Publizierung in Bezug auf Gewalt gegen Kinder, Aufbau der Netzwerke für die effektive Zuteilung von Leistungen, Erschließung und Bewertung der Programme für Prävention und Therapie, Fortbildung der Fachkräfte und Öffentlichkeitsarbeit, Führung einer nationalen Datenbank

---

[256] Ebd., 18.01.2013
[257] Allerdings gibt es keine Vorschriften zur Mitwirkung mit anderen sozialen Einrichtungen im KWG.

- Die Aufgaben der regionalen KSZ: Annahmestellen der Meldung von Gewalt gegen Kinder, Hausbesuche und Inobhutnahme, Erziehung und Beratung für Kinder und Eltern, Fortbildung und Öffentlichkeitsarbeit, Follow-up für Kinder und Familien, die Begleitung zum Fallentscheidungsausschuss

Wie oben bereits dargestellt, können nicht nur Staat, oberste Landesbehörde oder Städte als öffentlicher Träger das KSZ führen, sondern auch freie Träger. Dabei müssen diese freien Träger folgende Voraussetzungen erfüllen, dass sie die Leistung des Kindeswohl über drei Jahre erbringen und das hinreichende Budget für die Arbeit mit Gewalt gegen Kinder nachweisen (§ 15 Rechtsverordnung, KWG). Weiterhin ist die Qualifikation der Fachkraft im KSZ wichtig. Hier tätige Personen müssen die staatliche Prüfung erster Klasse als SozialarbeiterInnen bestehen oder im Fach der Psychologie bzw. Sozialarbeit ein abgeschlossenes Studium aufweisen und beim freien Träger insgesamt 100 Stunden eine elementare- und qualifizierte Ausbildung absolviert haben (§ 17 Rechtsverordnung, KWG). Die Abbildung 27 zeigt die Qualifikationen für das KSZ und die Fachkräfte in Südkorea.

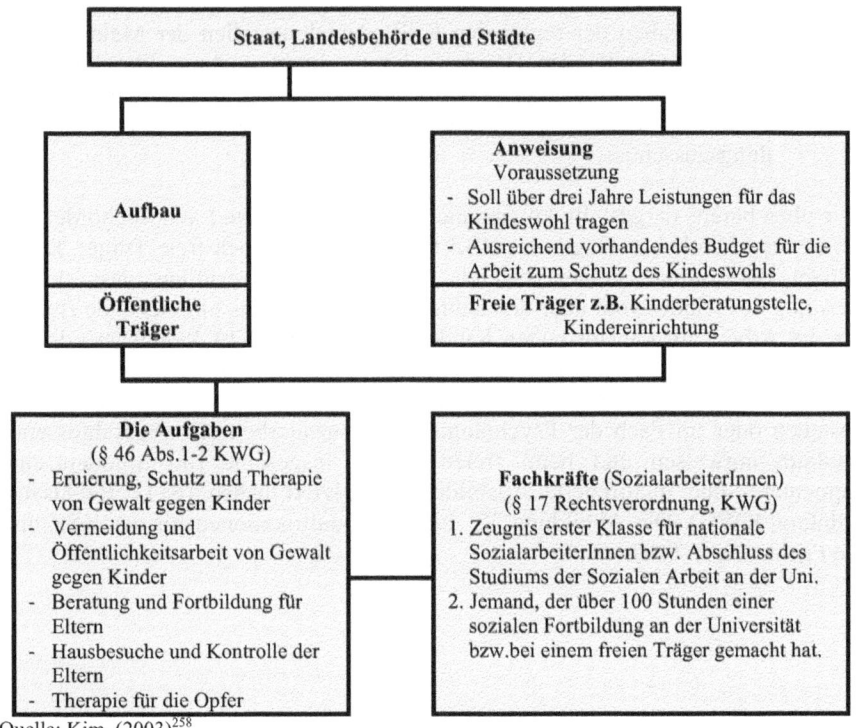

Quelle: Kim, (2003)[258]

Abbildung 27: Die Qualifikationen des KSZ und die Fachkräfte in Südkorea

Die Zahl der KSZ in Südkorea im Jahr 2000 betrug 17 und weitete sich 13 Jahre später auf 44 KSZ aus, worunter sich zwei staatliche Träger und 42 freie Träger, wie Tab. 19 zeigt, befinden.

---

[258] Kim, H., 2003. Future Tasks of Child Abuse Prevention Policy in Korea. Journal of Korean council for children's rights Vol. 7-3, S. 14

Stadt/ Region	Name des Kinderschutzzentrumd (Regionale Zugehörigkeit)
1. Zentral	1.Zentral KSZ: Goodneighbors (Freie Träger)
2. Seoul	2.Seoul KSZ (öffentliche Träger), 3.Kangseo KSZ: Goodneighbors (Freie Träger), 4.Eunpyeong KSZ: Goodneighbors (Freie Träger), 5.Yeongdeungpo KSZ: Goodneighbors (Freie Träger), 6.Seongbuk KSZ: Goodneighbors (Freie Träger), 7.Mapo KSZ: Save the Children (Freie Träger)
3. Busan	8.Busan KSZ: Stadt Busan (öffentliche Träger), 9.Dongbu KSZ: Child Fund (Freie Träger)
4. Daegu	10.Daegu KSZ: Child Fund (Freie Träger)
5. Inchon	11.Incheon KSZ: Save the Children (Freie Träger), 12.Bukbu KSZ: Goodneighbors (Freie Träger)
6. Kwangju	13.Kwangju KSZ: Child Fund (Freie Träger)
7. Daejeon	14.Daejeon KSZ: Goodneighbors (Freie Träger)
8. Ulsan	15.Ulsan KSZ: Save the Children (Freie Träger)
9. Gyeonggi	16.Gyeonggi KSZ: Goodneighbors (Freie Träger), 17.Bukbu KSZ: Goodneighbors (Freie Träger), 18.Seongnam: Goodneighbors (Freie Träger), 19.Goyang: Goodneighbors (Freie Träger), 20.Bucheon: Save the Children (Freie Träger), 21.Hwaseong: Goodneighbors (Freie Träger), 22.Namyangjoo: Buddhismus (Freie Träger), 23.Ansan KSZ: Save the Children (Freie Träger)
10. Kangwon	24.Kangwon KSZ: Child Fund (Freie Träger), 25.Dongbu KSZ: Child Fund (Freie Träger), 26.Wonju KSZ: Goodneighbors (Freie Träger)
11. Chungbuk	27.Chungbuk KSZ: Goodneighbors (Freie Träger), 28.Bukbu KSZ: White Fund (Freie Träger), 29.Nambu KSZ: Myeongjiwon (Freie Träger)
12. Chungnam	30.Chungnam KSZ: Goodneighbors (Freie Träger) 31.Nambu KSZ: Goodneighbors (Freie Träger)
13.Jeonbuk	32.Jeonbuk KSZ: Goodneighbors (Freie Träger), 33.Seobu KSZ: Goodneighbors (Freie Träger), 34.Dongbu KSZ: Goodneighbors (Freie Träger)
14.Jeonnam	35.Jeonnam KSZ: Child Fund (Freie Träger) 36.Mokpo KSZ: Goodneighbors (Freie Träger)
15.Kyungbuk	37.Kyungbuk KSZ: Wubong (Freie Träger), 38.Andong KSZ: Sisters of Christ's teaching (Freie Träger), 39.Pohang KSZ: Goodneighbors (Freie Träger), 40.Gumi KSZ: Buddhismus (Freie Träger)
16.Kyungnam	41.Nambu KSZ: Inaewon (Freie Träger), 42.Seobu KSZ: Inaewon (Freie Träger)
17.Jeju	43. Jeju KSZ: Child Fund (Freie Träger) 44. Seogwipo KSZ: Jenam Fund (Freie Träger)

Quelle: Zentrales Kinderschutz-Zentrum[259]

Tabelle 19: Die Kinderschutzzentren in Südkorea

8.3.2 Inobhutnahme durch das KSZ

Ist die Absicherung und das Wohl des Kindes nicht gewährleistet, oder wünscht sich das Kind die Übernachtung an einem anderen Ort, hat das KSZ eine ange-

---

[259] Kinderschutzzentrum, www.Korea1391.org. 11.05.2012

messene vorübergehende Maßnahme zu treffen, beispielsweise Kinder in einem sicheren Raum bzw. in einer medizinischen Einrichtungen unterzubringen (§ 27. Abs. 2). In diesem Zusammenhang gibt es keine konkrete Verordnung für die geeigneten Bedingungen von Inobhutnahmen, stattdessen entscheiden die zuständigen SozialarbeiterInnen des KSZ selbstständig vor Ort über eine angemessene Maßnahme. Dabei sind die Befugnisse, der SozialarbeiterInnen das Kind notfalls in Obhut zu nehmen, begrenzt.

Weiterhin ist die vorläufige Inobhutnahme des Kindes und Jugendlichen nur drei Tage gegen die Zustimmung der Eltern erlaubt (§ 27. Abs. 3). Stehen die Eltern der Inobhutnahme des KSZ entgegen, muss das KSZ nach drei Tagen den Eltern das Kind unverzüglich zurückgeben oder das KSZ muss beim Bürgermeister der Stadt bzw. Kommune einen Antrag stellen, um das Kind in einer langfristigen Inobhutnahme über drei Tage hinaus zu schützen. Stellte dabei das KSZ beim Bürgermeister einen Antrag und erhält innerhalb der drei Tage keine Antwort von Kommune bzw. Stadt, hat das KSZ keine Befugnis das Kind länger in Obhut zu behalten und muss dieses den Eltern unverzüglich zurückgeben[260]. Um dies zu verhindern, kann das KSZ mit der Zustimmung des Bürgermeisters die Inobhutnahme des Kindes höchstens um zwei Tage verlängern. Wird dem KSZ vom Bürgermeister die Zustimmung der langfristigen Inobhutnahme gewährt, hat das KSZ unverzüglich dem Kind eine angemessene Maßnahme sowie eine Pflegefamilie oder ein Kinderheim zu organisieren. Das ist jedoch nur ein administratives Verfahren ohne gerichtliche Maßnahmen. Das bedeutet, dass das elterliche Recht weiterhin bei den Sorgeberechtigten bleibt. Aus diesem Grund hat das KSZ nicht nur keine Befugnis über den Kinderschutz, wenn die Eltern ihr Kind zurück haben wollen, sondern das Kind muss auch den Eltern sofort zurückgeben werden. Insofern gibt es keine logische Regelung bei einer Inobhutnahme und eine Lücke im südkoreanischen Schutzsystem.

Die Tabelle 20 zeigt, wie sich die Zahlen der vorläufigen Schutzmaßnahmen durch das KSZ im Zeitraum von 2005 bis 2012 entwickelten. Es wird deutlich, dass sich die vorläufigen Maßnahmen kontinuierlich von 1396 auf 3047 erhöhten. Darunter wurden 977 Kinder und Jugendliche durch Verwandte und 2012 nur in 19 Fällen betroffene Kinder von Pflegefamilien in Obhut genommen. Zudem ist aufgefallen, dass 1620 Kinder und Jugendliche in sozialen Einrichtungen im Jahr

---

[260] Wird die zuständige Behörde vom KSZ für Kinder und Jugendliche in der Stadt oder Kommune zur langfristigen Schutzmaßnahme beauftragt, hat der zuständige Beamte den Tatbestand im Gesetz zu untersuchen. So dauert einiges an Zeit für eine Entscheidung zur langfristigen Schutzmaßnahme in Anspruch genommen. Das Problem dabei ist, dass die Eltern nach drei Tagen der vorübergehenden Inobhutnahme durch das KSZ die Rechte an ihrem Kind laut Gesetz wieder zurück erhalten. Die Eltern als Sorgeberechtigte können das Kind zurückholen, egal, ob der gefährliche Zustand durch die Eltern oder durch eine ähnliche Situation noch besteht oder nicht.

2012 kurzfristig innerhalb von 3 Tagen in Obhut genommen wurden. Auch der langfristige Schutz ist viel geringer als der kurzfristige Schutz. Aus rechtlicher Sicht betrachtet, hat das KSZ also für eine kurzfristige Maßnahme innerhalb von 3 Tagen beschränkte Befugnisse, in das Recht der Eltern einzugreifen und ohne zuvor deren Zustimmung einzuholen. Die langfristigen Maßnahmen, die darüber hinaus über 3 Tage gehen, benötigen wiederum die Zustimmung der Eltern. Auch wenn sich das Kind für eine langfristige Maßnahme mit Zustimmung der Eltern entschieden hat, muss die Einrichtung sowie Pflegeheim oder Kinderheim das Kind den Eltern unverzüglich herausgeben, wenn die Eltern als Berechtigte ihr Kind aus der schützenden Einrichtung zurückhaben wollen. In dieser Hinsicht gibt es im südkoreanischen Gesetz für diese spezielle Situation im Kontext von Kinderschutz kaum Regelungen/Gesetze. Zusätzlich gibt es für die Zeit der langfristigen Maßnahmen in sozialen Einrichtungen für Kinder und Jugendliche ebenfalls keine Regelungen/Gesetze.

Jahr		2005	2006	2007	2008	2009	2010	2011	2012
Verwandtenschutz		296	345	234	284	552	465	478	977
Pflegefamilien		32	19	21	16	13	0	4	19
Soziale Einrichtung (z.B.Kinderheim)	Kurzfristiger Schutz	567	838	753	925	1580	1447	1471	1620
	Langfristiger Schutz	501	376	214	169	219	236	269	345
etc. (z.B. medizinische Einrichtung)		-	-	223	193	194	242	282	86
Insgesamt		1396	1578	1445	1587	2558	2390	2504	3047

Quelle: National Child Abuse report[261]

Tabelle 20: Vorläufige Schutzmaßnahmen durch Fremdunterbringung 2005-2012

Solche speziellen Probleme, die mit langfristigen Schutzmaßnahmen verbunden sind, sind nur durch den Entzug oder die Beschränkung der elterlichen Erziehungsberechtigung durch das Familiengericht zu lösen. So kann Kindern ein langfristiger Schutz über 3 Tage in einem sicheren Raum, im Schutz vor elterlicher Gewalt, geschaffen werden. Im nächsten Kapitel wird das Thema behandelt, wie das Sorgerecht in Bezug auf Gewalt gegen Kinder familiengerichtlich gehandhabt wird.

---

[261] National Child Protection Agency, 2005-2012. National Child Abuse Report.

8.4 Die Sorgeberechtigung und familiengerichtliche Maßnahmen

Wie oben erwähnt, hat das KSZ zur Abwehr von Gefahren des Kindeswohls eine angemessene Maßnahme zu ergreifen. Das KSZ ist dazu verpflichtet, das Kind oder den Jugendlichen bei entsprechender Gefahr des Kindeswohls für drei Tage in Obhut zu nehmen. Sind langfristige Schutzmaßnahme notwendig (über drei Tage), hat das KSZ bei der örtlichen Behörde sowie bei der Stadt oder Kommune einen Antrag zu stellen. Dabei ist die örtliche Behörde zuständig für alle Maßnahmen. Entsprechend wird die Umsetzung langfristiger Schutzmaßnahmen dem KSZ übertragen. Stehen jedoch die Sorgeberechtigten als Täter den angemessenen Angeboten und Maßnahmen des Kindes entgegen, sind die Schutzmaßnahmen für das Kind und den Jugendlichen begrenzt. Nach § 18 KWG muss das zuständige KSZ das Familiengericht nicht sofort informieren, sondern bei der zuständigen Behörde der Stadt bzw. Kommune einen Antrag stellen, um die Einschränkung oder den Entzug des Sorgerechts zu erwirken (§ 18 Abs. 2 KWG). Die zuständige Behörde hat dann die Aufgabe innerhalb von 30 Tagen zu überprüfen, ob dieser Fall dazu rät, das Familiengericht zu informieren (§ 18 Abs. 4 KWG). Dabei hat gemäß § 15 Abs. 1 KWG die staatliche Behörde sowie der Provinzgouverneur oder der Bürgermeister, Kreis- bzw. Bezirksvorsitzende die angemessene Maßnahme zur Abwehr und Schutz bei Gefahren des Kindeswohls zu ergreifen, wenn die Kinder und Jugendlichen in Gefahr sind oder die Eltern den Auftrag des Kinderschutzes vom Staat einfordern. Dabei muss der Staat die Interessen des Kindes und Jugendlichen vertreten. Weiterhin sollen sie, für eine Entscheidung der Schutzmaßnahme bei Gefahren des Kindeswohls, die Meinung der Eltern und des Kindes bzw. Jugendlichen anhören (§ 15 Abs. 3 KWG).

Nach der Überprüfung hat die zuständige Behörde zwei Möglichkeiten, entweder das Familiengericht anzurufen oder der Beantragung des KSZ nicht zuzustimmen. Ist das KSZ gegen diese Entscheidung, kann es seit 2011 direkt das Familiengericht innerhalb von 30 Tagen nach der Entscheidung der Behörde anrufen (§ 18 Abs. 5 KWG). Die nachstehende Abbildung 28 zeigt die Kooperation und die Leitprinzipien in Südkorea   .

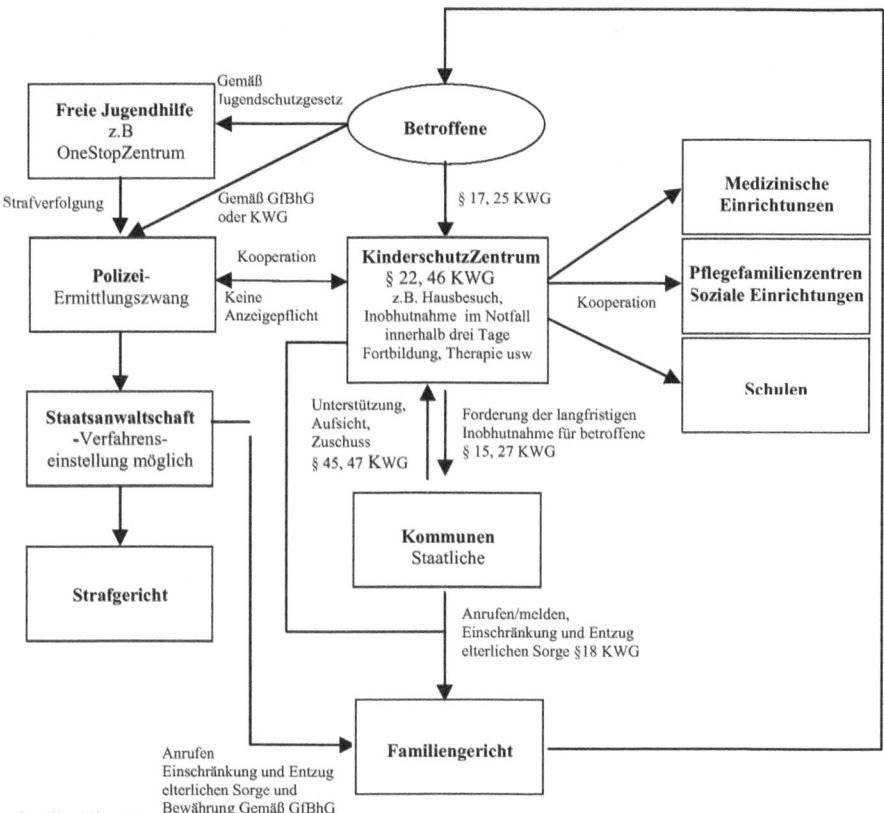

Quelle: Eigene

Abbildung 28: Kooperation und Leitprinzipien in Südkorea

Die Tabelle 21 dokumentiert eine Übersicht über die Gesetze zur Einschränkung und dem Entzug des elterlichen Sorgerechts in Südkorea. Die Beschränkungen und der Entzug der elterlichen Rechte bezieht sich auf das Bürgerliche Gesetzbuch (BGB), das Kinderwohlfahrtsgesetz (KWG) und das Gesetz für besondere Fälle zur Bestrafung von Verbrechen häuslicher Gewalt (GfBhG).

Zunächst ist gemäß § 18 KWG geregelt, dass „der Provinzgouverneur oder der Bürgermeister, Kreis- bzw. Bezirksvorsitzende und Staatsanwalt für das Kindeswohl die Beschränkung bzw. den Entzug des elterlichen Sorgerechts beim Gericht beantragen kann, wenn der Sorgeberechtigte die elterliche Sorge missbraucht oder aus schwerwiegendem Grund ein Sorgerecht nicht mehr besteht." Es wird deutlich, dass es im KWG ausdrückliche Regelungen zur Einschränkung und zum Entzug des Sorgerechts bei Gefahren des Kindeswohls gibt. In der Praxis allerdings wird dieses Verfahren des KSZ durch staatliche Behörde bis zum Familiengericht meistens nicht durchgeführt. Von 2000 bis Sep. 2008 waren nach der nationalen Statistik des KSZ die beantragten und verurteilten Fälle der Beschränkung und dem Entzug des Sorgerechts in Bezug auf Gewalt gegen Kinder im Familiengericht neun Fälle, davon wurde beim Bürgermeister nur ein Fall beantragt.[262] Zudem ist dieses amtliche Verfahren mit einer langen Bearbeitungszeit verbunden (etwa drei Monate[263]). Den Grund dafür sehen einige Studien darin, dass dem KWG sowohl die realistischen konkreten Bedingungen des elterlichen Sorgerechts als auch konkrete Alternative fehlen[264]. Aus diesem Grund ist in der Praxis die Einschränkung und der Entzug des Sorgerechts im KWG in Bezug auf Gewalt gegen Kinder und Jugendlichen schwer anzuwenden.

Weiterhin wird im Bürgerlichen Gesetzbuch (BGB) gemäß § 924 vorge-schrieben, dass „wenn die Eltern ihre elterlichen Rechte missbrauchen oder aus schwerwiegendem Grund für ihre elterliche Sorge nicht mehr einstehen, kann das Gericht durch die Beantragung von Verwandten bzw. Staatsanwälten den Entzug des Sorgerechts anordnen". Damit ist nicht die Einschränkung des Sorgerechts definiert, sondern lediglich die Maßnahme des Entzugs des Sorgerechts im BGB[265]. Obwohl viele Faktoren von Gewalt gegen Kinder berücksichtigt werden, ist es schwierig, Maßnahmen über den Entzug des Sorgerechts zu treffen. Zudem können nur Verwandte oder Staatsanwälte klagen, d.h. das zuständige KSZ ist nicht in der Lage, das Familiengericht zu involvieren.

Schließlich kann das Familiengericht durch auf Antrag des Staatanwalts gemäß den §§ 40-41 der Gesetze für besondere Fälle zur Bestrafung von Verbrechen von häuslicher Gewalt (GfBhG) die Einschränkung des Sorgerechts durch verschiedene Maßnahme verhängen[266]. Das Familiengericht kann Eltern

---

[262] National Child Protection Agency, 2009. National Child Abuse Report. S. 115

[263] Von der polizeilichen Ermittlung durch den Staatsanwalt, bis zum gerichtlichen Urteil dauert es ca. drei Monate. Park, J., 2008. The Legal Protection for Abused Child. Diss. Korea Uni., S. 205

[264] Jang, H., 2011. Prävention und Maßnahmen gegen Kindesmisshandlung der letzten und nächsten 10 Jahre. National Child Protection Agency und Ministerium für Gesundheit und Wohlfahrt, S. 30-31

[265] Moon, S. (Hrsg.), 2010. Understanding Child Abuse and Neglect. Paju, S. 126

[266] 1. Gerichtsbeschluss zur Beschränkung der Handlung von Tätern bei der Annäherung der Opfer und der Familienmitglieder 2. Gerichtsbeschluss zur Beschränkung der Handlungen von Tätern bei der Annäherung durch elektronische Mittel 3. Beschränkung des Sorgerechts 4. Maßnahmen als Strafen zu gemeinnütziger und freiwilliger Arbeit 5. Bewährungsstrafen 6. Die Überweisung an das Schutzzentrum 7. Die Überweisung an medizinische Einrichtungen für eine Therapie 8. Die Überweisung an die Beratungsstelle (§ 40 Abs. 1-8 GfBhG). Diese Maßnahmen sind doppelt

als Tätern innerhalb von sechs Monaten eine entsprechende Maßnahme auflegen, welche innerhalb dieses Zeitraums einmalig verlängert werden kann. Deswegen wird nach einem Jahr die Sorgeberechtigung automatisch wiederhergestellt, auch dann, wenn sich das Verhalten und Handeln des Täters nicht verbessert hat[267]. Zudem hat das GfBhG wesentliche Schwachstellen, denn nur die schwere körperliche Gewalt bzw. die Aussetzung des Kindes hat schwere gesetzliche Folgen für die Täter[268].

Gesetz	Inhalte
Kinder Wohlfahrtsgesetz (KWG)	• Der Provinzgouverneur oder der Bürgermeister, Kreis- bzw. Bezirksvorsitzende und Staatsanwalt müssen für das Kindeswohl die Beschränkung bzw. Entzug des Sorgerechts beim Gericht beantragen, wenn der Berechtigte das Sorgerecht missbraucht oder aus schwerwiegendem Grund das Sorgerecht verwirkt. (§ 18)
Bürgerliches Gesetzbuch (BGB)	• Die Eltern missbrauchen ihr Sorgerecht oder verwirken aus schwerwiegendem Grund ihr Sorgerecht. (§ 924) • nur die Möglichkeit des Entzugs des Sorgerechts
Gesetz für besondere Fälle zur Bestrafung von Verbrechen von häuslicher Gewalt (GfBhG)[269]	• Nur die Möglichkeit der Beschränkung des Sorgerechts • Bewährungsmaßnahmen innerhalb 6 Monaten, einmalige Verlängerung (§§ 40, 41)

Quelle: Ministry of Government Legislation[270]

Tabelle 21: Übersicht über die Gesetze für die Einschränkung und den Entzug des Sorgerechts in Südkorea

Es wird also deutlich, dass sich die behördlichen Befugnisse nur auf Maßnahmen des Kinderschutzes in Südkorea beschränken. Zudem bleibt das Sorgerecht, auch wenn das KSZ mit der Zustimmung der zuständigen Behörde für das Kind oder den Jugendlichen eine langfristige Maßnahme umsetzt. Dies gilt auch dann,

---

auszuüben und beschränkt auf unter 6 Monate (einmalige Verlängerung) und unter 200 Stunden (§ 41 GfBhG).

[267] Ebd., S. 126

[268] Park, J., 2008. The Legal Protection for Abused Child. Diss. Korea Uni., S. 204

[269] Das Gesetz für besondere Fälle zur Bestrafung von Verbrechen von häuslicher Gewalt (GfBhG) und das Gesetz zur Prävention von häuslicher Gewalt und zum Schutz der Opfer (GPhGS) wurde im Jahr 1998 als Prävention und Intervention von Gewalt gegen Frauen erlassen. Das bedeutet, das GfBhG und GPhGS wurde zuerst für die Sicherheit der Frauen vor Gewalthandlungen ihrer Männer gegründet und erweiterte sich erst später auf den Kinderschutz. Mit diesem Gesetz ist die Polizei verpflichtet, bei schwerwiegender häuslicher Gewalt gegen Frauen und Kinder einzugreifen. Klagt der Staatsanwalt gegen Täter, kann der Staatanwalt von Amts wegen das Familiengericht einschalten. Erst dann kann das Familiengericht ein Urteil fällen.

[270] Ministry of Government Legislation, www.law.go.kr. 15.07.2013

wenn die Eltern die Täter sind. Auch wenn das KSZ die Möglichkeit hat, durch örtliche Behörden das Familiengericht zur Abwehr der Gefährdungen des Kindeswohls zu involvieren, bleibt das elterliche Sorgerecht in der Regel unangetastet. Dies liegt nicht nur daran, dass dieses Verfahren lange Zeit in Anspruch nimmt, sondern auch darin begründet, dass das Familiengericht nur anhand objektiver Beweises überprüft, ohne potentielle Gefahren und Gewalt gegen Kinder zu berücksichtigen (z.B. wenn das Kind oder der Jugendliche keine schwerwiegenden Symptome und die Eltern kein besonderes auffälliges Verhalten zeigen). Der Grund für die Schwierigkeiten familiengerichtlicher Maßnahmen liegt darin, dass nicht nur fehlende Gesetzesbedingungen die familiengerichtlichen Maßnahmen einschränken, sondern, dass auch aus traditionellem Grund die rechtlichen Maßnahmen in Bezug auf Gewalt gegen Kinder einschränkt sind.

8.5 Strafrechtliche Maßnahmen

Bezüglich der strafrechtlichen Aspekte der Gewalt gegen Kinder gilt es zunächst zu klären, inwieweit die Gewalt gegen Kinder in der koreanischen Gesellschaft ein kriminelles Problem ist. Die koreanischen Gesetze bestimmen die Gewalt gegen Kinder ausdrücklich[271]. Schon im Strafgesetzbuch (StGB), dem Kinderwohlfahrtsgesetz (KWG), dem Jugendschutzgesetz (JSG) und im Gesetz für besondere Fälle zur Bestrafung von Verbrechen von häuslicher Gewalt (GfBhG) werden diese Delikte genannt. Wie oben bereits erwähnt, sind die koreanischen Gesetze bezüglich der Gewalt an Kindern sehr unterschiedlich. Dieses Uneinheitlichkeit der Gesetzgebung triff auch dann zu, wenn es um die einheitliche strafrechtliche Bestrafung[272] von Gewalt gegen Kinder geht[273].

Zunächst werden die strafrechtlichen Bestimmungen und Bestrafungen in Bezug auf Gewalt gegen Kinder im Kinderwohlfahrtsgesetz ganuaer erläutert. Bei den Verboten bezüglich Gewalt gegen Kinder handelt es sich um die körperliche, emotionale und sexuelle Gewalt bzw. Vernachlässigung sowie Aussetzung (§ 17 Abs. 3-6 KWG), wie Tab. 22 zeigt. Verstößt man gegen dieses Gesetz, wird eine Gefängnisstrafe unter 5 Jahren verhängt oder eine Geldstrafe unter 19.900€ (§ 71 Abs. 2 KWG).

Zudem ist im Strafgesetzbuch und Jugendschutzgesetz die Misshandlung des Kindes geregelt. Werden Kinder oder Jugendliche von einer Schutz- oder Betreuungsperson misshandelt, beträgt die Gefängnisstrafe bis zu 2 Jahre, oder eine Geldstrafe bis zu 3.300€ (§ 273 Abs. 1 StGB) oder eine Gefängnisstrafe bis zu 5 Jahre laut § 30 Abs. 6 JSG. Werden Kinder oder Jugendliche verletzt oder getötet, gilt bei einer Verletzung die Gefängnisstrafe bis zu 7 Jahren und bei Tod die Gefängnisstrafe von mindestens 3 Jahren (§ 275 Abs. 1 StGB). Werden die Kinder wegen Erkrankung oder Alter ausgesetzt, beträgt die Gefängnisstrafe bis zu 3 Jahre oder eine Geldstrafe bis zu 3.300€ (§ 271 Abs. 1 StGB). In beiden Gesetzen wird jedoch nur die schwerwiegende körperliche Gewalt und sexuelle Gewalt strafrechtlich verfolgt[274]. Der Grund dafür ist, dass die koreanische

---

[271] Kwack, B., 2008. The Countermeasures of the Criminal Policy on the Child Abuse. Korean Law Association Vol. 31, S. 428

[272] In Südkorea gibt es unterschiedliche Gesetze, welche die Gewalt an Kindern und Jugendlichen regeln und darüber hinaus ebenfalls umfangreiche Diffizilitäten in Bezug auf die strafrechtliche Anwendung und Bestrafung. Das macht ein Urteil von Gewalt gegen Kinder und Jugendlichen schwer, da die bestehenden Gesetze ganz unterschiedliche Anwendungen und Strafbemessungen aufweisen. Vgl. Choi, Y., 2008. Legal Issues on Child Abuse in the Child Welfare Act. Journal of Law research Vol. 24-3, S. 322-323

[273] In der koreanischen Gesellschaft spielt es vor allem das Urteil gegenüber dem Täter, z.B Gefängnisstrafe, Geldstrafe oder Bewährung eine große Rolle. In den letzten zehn Jahren waren ca. 90% der Täter die Eltern bzw. Verwandte.

[274] Moon, S. (Hrsg.), 2010. Understanding Child Abuse and Neglect. Paju, S. 104

Gesellschaft bisher nur unzureichend zwischen erzieherischer Züchtigung und Kindesmisshandlung unterschied[275].

Gesetz	Opfer	Inhalte	
Kinder-wohlfahrts-gesetz	unter 18 Jahre	• Die Misshandlung am Körper des Kindes (§ 17 Abs. 3) • Sexueller Missbrauch bzw. sexuelle Belästigung des Kindes (§ 17 Abs. 4) • Schaden an der psychischen Gesundheit und Entwicklung des Kindes (§ 17 Abs. 5) • Das Kind wird vom Berechtigten ausgesetzt oder der elementarische Schutz des Kindes, Betreuung, ärztliche Behandlung und Erziehung einschließlich der Ernährung, wird vernachlässigt. (§ 17 Abs. 6)	Gefängnis-strafe unter 5 Jahre oder Geldstrafe unter 19.900€* (§ 71 Abs. 2)
Strafge-setzbuch	Misshan-delter Mensch	• Der Mensch, der von Schutzperson oder Betreuer misshandelt wird. (§ 273 Abs.1) • Gefängnisstrafe unter 2 Jahre oder Geldstrafe unter 3.300€ ** • Der Mensch, der Verletzungen oder den Tod erlitt. (§ 275 Abs. 1) • Bei Verletzungen, Gefängnisstrafe unter 7 Jahre oder Bei Tod, Gefängnisstrafe über 3 Jahre für eine befristete Zeit	
	Ausgesetz-ter Mensch	• Ausgesetzter Mensch, der wegen Alter bzw. einer Erkrankung nicht versorgt wird. (§ 271 Abs. 1) • Gefängnisstrafe unter 3 Jahre oder Geldstrafe unter 3.300€	
	unter 16 Jahre	• Der Arbeitgeber, der das Kind zu gefährlicher Arbeit verführt. • Gefängnisstrafe unter 5 Jahre	
Jugend-Schutz-gesetz	bis 19 Jahre	• Die Misshandlung von Jugendlichen (§ 30 Abs. 6) • Gefängnisstrafe unter 5 Jahre	

Quelle: Ministry of Government Legislation [276]
* Nach Umrechnungskurs in Euro (18.06.2013): Koreanisches Geld definiert unter 30.000.000 Won.
** Nach Umrechnungskurs in Euro (18.06.2013): Koreanisches Geld definiert unter 5.000.000 Won.

Tabelle 22: Strafrechtliche Aspekte bezüglich der Gewalt gegen Kinder in Südkorea

Die Tabelle 23 zeigt, wie viel das südkoreanische Strafrecht gegen Täter in Fällen von Gewalt gegen Kinder im Jahr 2011 unternahm. Das KSZ hat insgesamt für 6058 Täter eine endgültige Maßnahme getroffen, dabei befanden sich 5058 (83,5%) der Täter unter Aufsicht, 389 (6,4%) in der Anklage, 244 (4,0%) in

---

[275] Kim, H., 2010. The Improvement of the Article 29 of the Child Welfare Act. Korean Criminological Review Vol. 21-2(81), S. 42
[276] Ministry of Government Legislation, www.law.go.kr. 18.06.2013

der Überweisung an andere Behörden und 367 (6,1%) waren nicht auffindbar. Der Grund, dass die meisten Täter unter Aufsicht stehen, bezieht sich auf die Merkmale bzw. Lebenssituation der Täter, die in der Regel mit erzieherischen Problemen 10585 (32,1%), finanziellen Problemen bzw. Problemen, die aus sozialer Isolation resultieren 7280 (22,1%) und 3345 (10,2%) sind mit Konflikten in der Ehe und Familie konfrontiert[277]. Aus diesem Grund sind SozialarbeiterInnen des KSZ dazu aufgefordert, die beschriebene Maßnahme „Aufsicht von Tätern" zu ergreifen. Die Anklage wird seltener erhoben, nur 389 mal (6,4%), da die Täter bei über 80% die Eltern sind[278].

Formen	Aufsicht	Anklage	Überweisung	Nicht auffindbar	Gesamt
Zahl	5058 (83,5)	389 (6,4)	244 (4,0)	367 (6,1)	6058 (100)

Quelle: National Child Abuse report[279]

Tabelle 23: Die endgültigen Maßnahmen gegen Täter in Südkorea 2011

Die Tabelle 24 zeigt, welche Ergebnisse die Anklage für 389 der Täter im Jahr 2011 in Südkorea bewirkte. Das südkoreanische Verfahren der Strafverfolgung besteht aus polizeilicher Ermittlung, Ermittlung der Staatsanwaltschaft mit gerichtlicher Hauptverhandlung und Urteil ähnlich wie in Deutschland. Bei der polizeilichen Ermittlung lag die Zahl der laufenden Ermittlungen bei 161 (41,1%) und der innere Abschluss eines Ermittlungsverfahrens bei 38 (9,8%), insgesamt also bei 199 (51,2%). Bei der Ermittlungen der Staatsanwaltschaft (insgesamt 92, 23,6%) gab es 57 (14,7%) laufende Ermittlungen, 26 (6,7%) Einstellungsbescheide und 9 (2,2%) Klagen. Zudem hat die Staatsanwaltschaft an das Gericht insgesamt 98 (25,2%) Täter übergeben. Davon erhielten 13 (3,4%) eine Bewährung und 49 (12,6%) ein gerichtliches Urteil.

Wie die Statistik verdeutlicht, sind die meisten Fälle der Gewalt gegen Kinder mit der polizeilichen Ermittlung abgeschlossen. Gerichtliche Hauptverhandlungen und Urteile treten außerordentlich selten auf – in nur 1,6% der Fälle. Diese Ergebnisse verdeutlichen die schwierige Ausführung von strafrechtlichen Maßnahmen gegen die Täter. Es ist zudem auffallend, dass das gerichtliche Urteil auf Bewährung sowie gerichtliche verhängte Maßnahmen niedriger als Strafaussprechungen sowie Geldstrafen bzw. Gefängnisstrafen sind. Da das KWG, alle Formen von Gewalt gegen Kinder regelt, wird nur die Strafsprechung ohne Bewährung verurteilt (§ 71 Abs. 2 KWG). Die Maßnahmen der Bewährung sind nur für das GfBhG gültig, jedoch lässt sich dieses Gesetz auf die Gewalt

---

[277] National Child Protection Agency, 2011. National Child Abuse Report. S. 125
[278] Ebd., S. 139
[279] Ebd., S. 139

gegen Kinder nicht flexibel anwenden[280], da nur schwerwiegende körperliche Gewalt gegen Kinder als Kriminalität durch gerichtliche Urteile anerkannt wird [281] und ebenfalls auf verschiedene Angebote für die Täter sowie erzieherische Beratung, Therapie bzw. Fortbildung gegen Täter zu begrenzen ist. [282] Daher wäre es nötig, dass die entsprechenden Paragrafen für die Bewährung der Täter im KWG und die Erweiterung aller Formen von Gewalt gegen Kinder im GfBhG aufgenommen werden.

---

[280] Kwack, B., 2008. The Countermeasures of the Criminal Policy on the Child Abuse. Korean Law Association Vol. 31, S. 444

[281] Viele Studien stellen fest, dass nicht alle Formen von Gewalt gegen Kinder im GfBhG anerkannt werden. Prof. Moon kam zum Ergebnis, dass 1. das GfBhG nur für die Mitglieder von Familien gilt, 2. es keine Regelungen zum Umgang mit vernachlässigten Kinder und Jugendlichen, sowie sexuelle Gewalttaten gibt. Grund dafür ist, dass das Gesetz ursprünglich gegen häusliche Gewalt an Frauen verabschiedet wurde, so dass es unzureichend für die Regulierung in Bezug auf Gewalt gegen Kinder ist. (Moon, S. (Hrsg.), 2010. Understanding Child Abuse and Neglect. Paju, S. 104); Das GfBhG besagt, dass nur schwerwiegende körperliche Gewalt gegen Kinder als Gewaltkriminalität gilt. Vernachlässigung und psychische Gewalt wird als Gewalt gegen Kinder nicht anerkannt. (Park, J., 2012. Heute und morgen des Kindes in Südkorea in Bezug auf Gewalt gegen Kinder. S. 105; Lee, S., Ha, S., Lee, H., 2008. A Comparative Study on the Laws Related to Child Abuse Between Korea und Japan. Journal of Korean Council for Children & Rights Vol.12-3. S. 227, 231; Jang, Y., 2007. A study on Improvement of the Public Intervention System against Child Abuse. Journal of Korean Society of Child Welfare (24), S. 36; Park, J., 2008. The Legal Protection for Abused Child. Diss. Korea Uni., S. 205)

[282] Kang, D., 2011. A Study on the Improvement of the Treatment against the Childbatterer. Hanyang Law Review Vol. 22-2(34), S. 105

Die Ergebnisse der Anklage			Gesamt
1. Polizeiliche Ermittlung	Laufende Ermittlungen		161 (41,4%)
	Abschluss des Ermittlungsverfahrens		38 (9,8%)
	Gesamt		199 (51,2%)
2. Ermittlung der Staatsanwaltschaft	Laufende Ermittlungen		57 (14,7%)
	Einstellungsbescheide		26 (6,7%)
	Klagen		9 (2,2%)
	Gesamt		92 (23,6%)
3. Gerichtliche Hauptverhandlung und Urteil	Laufende Hauptverhandlung	Erster Rechtszug	27 (6,8%)
		Rechtstreit	8 (2,1%)
		Revision	1 (0,3%)
	Bewährung	Führungsaufsicht	3 (0,8%)
		eine Vorlesung besuchen	3 (0,8%)
		Führungsaufsicht + eine Vorlesung besuchen	2 (0,5%)
		Führungsaufsicht + Gemeinnützige Arbeit + eine Vorlesung besuchen	2 (0,5%)
		medizinische Behandlung und Verwahrung	3 (0,8%)
	Strafverfügung	Freispruch	4 (1,0%)
		Verwarnung mit Strafvorbehalt	1 (0,3%)
		Geldstrafe	8 (2,1%)
		Gefängnisstrafe	32 (8,2%)
		Aussetzung der Vollstreckung + Gefängnisstrafe	4 (1,0%)
	Gesamt		98 (25,2%)
Gesamt			389 (100%)

Quelle: National Child Abuse report[283]

Tabelle 24: Ergebnisse der Anklagen gegen Täter in Südkorea 2011

---

[283] National Child Protection Agency, 2011. National Child Abuse Report. S.142

9 Rechtliche Rahmenbedingungen und organisatorische Gegebenheiten in Deutschland

In Deutschland existiert kein spezielles Gesetz, welches die Gewalt an Kindern regeln. Die Hilfeleistungen und Interventionen bei Gefahren des Kindeswohls sind im SGB VIII und die Einschränkung der Sorgeberechtigung und familiengerichtlichen Maßnahmen im BGB geregelt. Deshalb ist bei Gewalt gegenüber Kindern und Jugendlichen die Zusammenarbeit zwischen KJHG und BGB entscheidend. Dieses Kapitel konzentriert sich auf vier zentrale Punkte: 1. Die Regelungen des staatlichen Eingreifens in Bezug auf Gewalt gegen Kinder 2. Die Hilfeleistungen und Interventionen zur Abwehr der Gefahren des Kindeswohls durch das Jugendamt 3. Die Einschränkungs- und Entzugsmaßnahmen des Sorgerechts durch gerichtliche Urteile 4. Die strafrechtlichen Maßnahmen gegen Täter

9.1 Der gesetzliche Schutzauftrag der Kinder- und Jugendhilfe

Die Familie in Deutschland steht seit 1949 unter dem besonderen Schutz des Staates (Art. 6. Abs. 1). Der gesetzliche Schutzauftrag der Kinder- und Jugendhilfe geht Art. 6. Abs. 2 Satz 1 des Grundgesetzes (GG), „Pflege und Erziehung sind das natürliche Recht der Eltern und die zuvörderst ihnen obliegende Pflicht" hervor. Dabei wird deutlich dargestellt, wer in Bezug auf die Aufgabenverteilung zwischen Eltern und Staat für die Förderung und Sicherung des Kindeswohls Vorrang hat [284].

---

[284] Vgl. Wiesner , R., 2006. Was sagt die Verfassung zum Kinderschutz? In: Kindler, H., Lillig, S., Herbert, B., Meysen, T., Werner, A. (Hrsg.), 2006. Handbuch Kindeswohlgefährdung nach § 1666 und Allgemeiner Sozialer Dienst (ASD). München, Kap. 1-1

Die Eltern haben das Recht und die Pflicht ihrem Sorgerecht nachzukommen, es gilt das Subsidiaritätsprinzip[285]. Die Nachrangigkeit des Staates hat zur Folge, dass der Schutz des Kindes bei Gefährdung zunächst den Eltern obliegt[286]. Eltern haben deswegen ein Recht auf eine Abwehr gegen staatliche Eingriffe in die Erziehung der Kinder[287]. Zudem gilt die Vorstellung, dass das gedeihliche Aufwachsen von Kindern und Jugendlichen sowie die Entwicklung zu einer eigenverantwortlichen und gemeinschaftsfähigen Persönlichkeit am Besten in der natürlichen Eltern-Kind-Beziehung erreicht werden kann[288].

Die Aussage ist mit Art. 6 Abs. 2 Satz 2 GG, „Über ihre Betätigung wacht die staatliche Gemeinschaft", verbunden. Das staatliche Wächteramt ist dabei mit einer doppelten Aufgabe im Verhältnis Eltern-Staat und Kind-Staat verbunden, dass Eltern, die sich der Verantwortung für die Pflege und Erziehung ihrer Kinder entziehen, sich gegen staatliche Eingriffe zum Wohle des Kindes nicht auf ihr Elternrecht berufen können[289], sondern auch der Staat das Kind als Grundrechtsträger vor Gefahren schützen bzw. angemessene Maßnahmen zur Abwendung einer Gefährdung ergreifen muss[290]. Dies bedeutet, dass das Wächteramt die Ermächtigung für staatliche Eingriffe in die elterliche Sorge im Interesse des Kindes und Jugendlichen einen möglichst effektiven Kindesschutz darstellt[291], wenn die Eltern ihrer Verantwortung für die gedeihliche Pflege und Erziehung des Kindes nicht nachkommen. Dabei wird in Art. 6 Abs. 2 Satz 3 GG deutlich darauf hingewiesen, dass gegen den Willen der Erziehungsberechtigten Kinder nur auf Grund eines Gesetzes von der Familie getrennt werden dürfen,

---

[285] Der Begriff „Subsidiarität" bezeichnet ein sozialpolitisches Ordnungsprinzip, welches das Verhältnis des Staates zu den BürgerInnen und ihren Institutionen beschreibt. Allgemein versteht man unter Subsidiarität, den Vorrang von kleineren bürgerschaftlichen Assoziationen vor der nächst größeren Einheit, d.h. die übergeordnete Ebene wird erst dann unterstützend tätig, wenn die kleinere mit Problemen überfordert ist. Daraus leitet sich ab, dass der Staat nur dann regulierend in das Einheiten nicht über ausreichende Ressourcen zur Gewährleistung von Hilfeleistungen verfügen und die Sicherung und Gestaltung der Reproduktion der Individuen ansonsten nicht gewährleistet würde. Thole, W., Höblich, D., Ahmed, S. (Hrsg.), 2012. Taschenwörterbuch Soziale Arbeit. Stuttgart, S. 295

[286] Vgl. Wiesner , R., 2006. Was sagt die Verfassung zum Kinderschutz? In: Kindler, H., Lillig, S., Herbert, B., Meysen, T., Werner, A. (Hrsg.), 2006. Handbuch Kindeswohlgefährdung nach § 1666 und Allgemeiner Sozialer Dienst (ASD). München, Kap. 1-1

[287] Schone, R., 2008. Kontrolle als Element von Fachlichkeit in den sozialpädagogischen Diensten der Kinder- und Jugendhilfe: AGJ. Berlin, S. 23

[288] Meysen, T., 2012. Das Recht zum Schutz von Kindern. In: Institut für Sozialarbeit und Sozialpädagogik e. V. (ISS) (Hrsg.), Vernachlässigte Kinder besser schützen. Sozialpädagogisches Handeln bei Kindeswohlgefährdung. 2. Auflage. München, S. 18

[289] Münder, J., Mutke, B., Schone, R., 2000. Kindeswohl zwischen Jugendhilfe und Justiz. Professionelles Handeln in Kindeswohlverfahren. Münster, S.18

[290] Wiesner, R., 2002. Staatliches Wächteramt. In: Bange, D., Körner, W. (Hrsg.), Handwörterbuch Sexueller Missbrauch. Göttingen, S. 592-595

[291] Zorn, D., 2006. Das Recht der elterlichen Sorge. Berlin, S. 225

dies ist dann der Fall, wenn die Erziehungsberechtigten versagen oder wenn die Kinder aus anderen Gründen zu verwahrlosen drohen. Dafür wurden die entsprechenden Aufgaben übertragen, Befugnisse zugesprochen und Handlungspflichten auferlegt, die einmal für die Jugendämter im Sozialgesetzbuch, Achtes Buch Kinder- und Jugendhilfe- (SGB VIII) und für die Familiengerichte im Bürgerlichen Gesetzbuch (BGB), formuliert wurden[292]. Auch andere Stellen wie die Polizei, die Strafjustiz, Schulen, örtliche Jugendschutzbehörden und die Bundesprüfstelle für jugendgefährdende Medien oder Gesundheitsämter, sind gesetzlich zur Interventions- und Präventionsaufgabe zum Schutz von Kinder und Jugendlichen im Rahmen des staatlichen Wächteramtes verpflichtet (Abb. 29)[293].

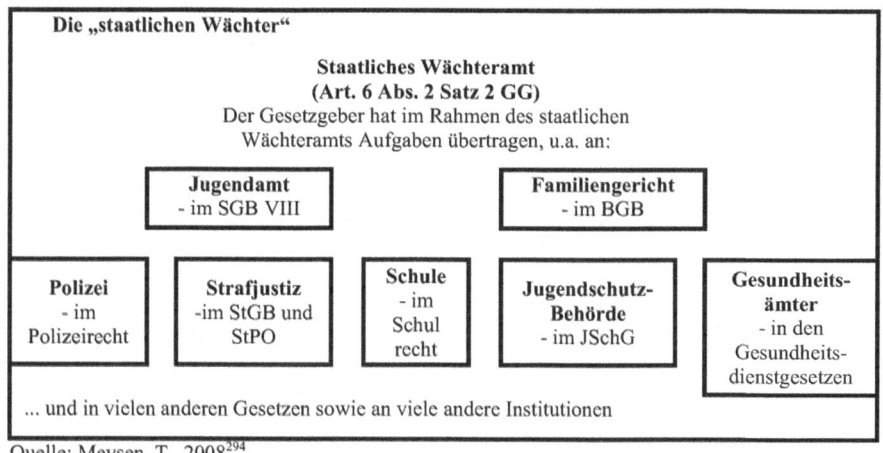

Quelle: Meysen, T., 2008[294]

Abbildung 29:Die staatlichen Wächter

---

[292] Meysen, T., 2012. Das Recht zum Schutz von Kindern. In: Institut für Sozialarbeit und Sozialpädagogik e. V. (ISS) (Hrsg.), Vernachlässigte Kinder besser schützen. Sozialpädagogisches Handeln bei Kindeswohlgefährdung. 2. Auflage. München, S. 19; Aus der grundsätzlichen Verpflichtung ergeben sich aber noch keine konkreten Befugnisse bzw. Verpflichtungen für Gerichte oder Behörden zur Gefahrenabwehr. Der abstrakte Schutzauftrag des Art. 6 GG wird deshalb im Hinblick auf die verpflichtete Institution und die zu ergreifenden Maßnahmen in verschiedenen Gesetzen näher konkretisiert. Besondere Bedeutung kommt dabei dem Familiengericht (§ 1666, 1666a BGB), dem Jugendamt und den ihm nach dem SGB VIII -Kinder und Jugendhilfe- obliegenden Aufgaben zu. (Wiesner, R., 2002. Staatliches Wächteramt. In: Bange, D., Körner, W., Handwörterbuch Sexueller Missbrauch. (Hrsg.), Göttingen, S. 593)

[293] Vgl. Meysen, T., 2012. Das Recht zum Schutz von Kindern. In: Institut für Sozialarbeit und Sozialpädagogik e. V. (ISS) (Hrsg.), Vernachlässigte Kinder besser schützen. München, S. 19

[294] Ebd., S. 18

9.2 Die Übersicht der Kinder- und Jugendhilferechte

9.2.1 Die Entstehungsbedingungen und die Weiterentwicklungen des Kinder- und Jugendhilfegesetzes (KJHG/ SGB VIII)

Ausgangspunkt für eine historische Betrachtung des Kinder- und Jugendhilferechts ist in seinen Ansätzen auf den Anfang des 20. Jahrhunderts zurückzuführen. – eine vergleichweise längere Geschichte der Entwicklung der Kinder- und Jugendhilfe in Deutschland als in Südkorea. Die Entstehung des KJHG beginnt ursprünglich mit dem am 09.07.1922 und dem am 01.04.1924 in Kraft getretenen Reichsjugendwohlfahrtsgesetz (RJWG)[295], durch diese Gesetze wurde erste einheitliche, gesetzliche Bestimmungen der Kinder und Jugendhilfe als eigenständiger Bereich konstituiert[296]. Die Merkmale des RJWG enthielten die Zusammenführung der Jugendpflege und -fürsorge, die Konzentration von örtlicher Jugendhilfe auf die Jugendämter und die Regulierung der Verhältnisse von öffentlicher und freier Jugendhilfe im Gesetz[297]. Doch in der „Weimarer Republik" (1919-1933) konnte die Verwirklichung des Gesetzes RJWG, aufgrund der damaligen Finanzkrise, nur ansatzweise durchgeführt werden[298]. In der folgenden Zeit des Nationalsozialismus (1933-1945) veränderte sich das formelle und rechtliche RJWG nicht grundlegend. In allen ausgebauten Behörden und freien Institutionen erfolgte eine nahezu totale Übernahme des RJWG[299]. Nach dem 2. Weltkrieg im Jahr 1945 erklärte die Militärregierung das RJWG in seiner ursprünglich in Kraft getretenen Fassung von 1924 für anwendbar und konnte nach Gründung der Bundesrepublik Deutschland im Jahr

---

[295] Es gingen bereits landesrechtliche Regelungen voraus, wie etwa das preußische Zwangserziehungsgesetz von 1878, das im Jahr 1900 durch das Gesetz für die Fürsorgeerziehung Minderjähriger abgelöst wurde. Dennoch wird man das Reichsjugendwohlfahrtsgesetz als den ersten Versuch bezeichnen können, die rechtlich zersplitterte und inhaltlich heterogene Materie Jugendhilfe nach dem damaligen Verständnis gesetzlich zu regeln. Münder, J., Wiesner, R., Meysen, T. (Hrsg.), 2011. Kinder- und Jugendhilferecht. 2. Auflage. Baden-Baden, S. 67

[296] Struck, N., 2002. Kinder- und Jugendhilfegesetz/ SGB VIII. In: Handbuch Kinder- und Jugendhilfe. Weinheim, S. 531

[297] Wabnitz. R., 2009.Grundkurs Kinder- und Jugendhilferecht für die Soziale Arbeit. 2. Auflage. München, S. 37

[298] Im Kontext der Wirtschaftskrise hat der Reichstag am 8. Dezember 1923 durch ein Ermächtigungsgesetz der Regierung die Gesetzgebungsmacht „zur Überwindung der Not von Volk und Reich" bis zum 15. Februar 1924 übertragen. Diese Einschnitte wurde erst durch die Novelle von 1953 beseitigt. Münder, J., Wiesner, R., Meysen, T. (Hrsg.), 2011. Kinder- und Jugendhilferecht. 2. Auflage. Baden-Baden, S. 68-69

[299] Jordan, E., Maykus, S., Stuckstätte, E., 2012. Kinder- und Jugendhilfe. 3. Auflage. Wein-heim, S. 60

1949, trotz der Einführung eines eigenen Bundesjugendplans die Novelle der RJWG von 1953 mit Ergänzungen in Kraft treten[300]. Dadurch wurden insbesondere die Pflichtaufgaben des RJWG in der ursprünglichen Fassung wieder hergestellt und neue organisatorische Rechtsgrundlagen sowie Verbindlichkeiten des Jugendamts geschaffen[301]. Im Jahr 1961 folgten dann einige weitere Ergänzungen der Novellierung des „Jugendwohlfahrtsgesetzes", dabei wurden insbesondere neue Bestimmungen zum Verhältnis freier und öffentlicher Träger, eine Verankerung der Heimaufsicht, regelmäßige Jugendberichterstattungen und die Rechtsgrundlage für den Bundesjugendplan bestimmt[302]. Erste Reformbemühungen begannen mit dem Diskussionsentwurf von 1973 zu einem neuen Jugendhilferecht, diese scheiterten jedoch aufgrund von Finanzierungsbedenken und politischer Diskrepanzen[303]. Als Ergebnis der jahrzehntelangen, fachpolitischen Diskussionen und vier vergeblichen Anläufen, wurde am 11. Mai 1990 das Kinder- und Jugendhilfegesetz vom Bundesrat verabschiedet, am 26. Juni 1990 veröffentlicht und ist schließlich am 3. Oktober 1990 in den östlichen Bundesländern und am 1. Januar 1991 in den westlichen Bundesländern in Kraft getreten[304]. Das Gesetz beinhaltet als „Artikelgesetz" alle Gesetze, die im Rahmen der Neuordnung des Kinder- und Jugendhilferechts geschaffen oder geändert wurden. Der Artikel dieses Gesetzes wurde als achtes Buch in das Sozialgesetzbuch aufgenommen und wird auch als SGB VIII Kinder- und Jugendhilfegesetz (KJHG) bezeichnet. Damit hatte die fast 30-jährige Geschichte

---

[300] Rätz-Heinisch, R., Schröer, W., Wolff, M., 2009. Lehrbuch Kinder- und Jugendhilfe. Weinheim, S. 23

[301] Schellhorn, W., Schellhorn, H., Fischer, L., Mann, H., 2007. SGB VIII Kommentar zum Sozialgesetzbuch VIII. 3. Auflage. München, S. 3

[302] Münder, J., 2013. Kinder- und Jugendhilfegesetz (KJHG/SGB VIII). In: Kreft, D., Mielenz, I. (Hrsg.), Wörterbuch Soziale Arbeit. 7. Auflage. Weinheim, S. 540

[303] Mit dem Diskussionsentwurf von 1973 begann die Vorgeschichte für ein neues Jugendhilferecht. Es folgten verschiedene Referentenentwürfe, 1978 ein Regierungsentwurf und 1979 ein Gegenentwurf des Bundesrates. Am 23. Mai 1980 wurde ein Jugendhilfegesetz im Bundestag verabschiedet, das dann jedoch im Bundesrat scheiterte, wobei Finanzierungsbedenken mit ausschlaggeben waren. Ab 1988 gab es dann wieder Referenten-entwürfe, die das Reformvorhaben aufgriffen und weitertrieben und die schließlich im Regierungsentwurf vom 29. September 1989, der Grundlage des dann verabschiedeten KJHG, mündeten. Ebd., S. 540

[304] Als das KJHG am 01.01.1991 in Kraft trat, löste ein präventiv orientiertes Leistungsgesetz das bisherige eingriffs- und ordnungsrechtliche Instrumentarium ab: Eltern bzw. Sorgeberechtigte sollten nicht länger kontrolliert werden, sondern stattdessen in ihrer Erziehungsaufgabe und -verantwortung unterstützt und gestärkt werden. Dieser Grundgedanke wurde in den §§ 42 und 43 SGB VIII niedergeschrieben. Hier zeigt sich deutlich, dass das Eingriffsrecht des Staates in die Familien von nun an nahezu völlig dem Gericht überlässt. Das Jugendamt, das sich bis dato eher als Behörde der Fürsorge begriff, hat nur noch in Eilfällen (s. §§ 42, 43 KJHG) die Befugnis, ein Kind außerhalb seiner Familie fremdunterzubringen. Die Stärkung der elterlichen Rechte, aber eben auch deren Erziehungsverantwortung, tritt deutlich zu Tage. Beckmann, K., 2008. Kinderschutz in öffentlicher Verantwortung. Schwalbach, S. 15-16

der Jugendhilferechtsreform ein Ende gefunden, das JWG wurde durch das KJHG abgelöst. [305]
Die wesentlichen Zielsetzungen des Gesetzgebers waren[306]:

- Die Ablösung des eingriffsorientierten Jugendwohlfahrtsgesetzes (JWG) durch ein präventiv orientiertes Gesetz zur Förderung der Entwicklung von Kinder und Jugendlichen.
- Die gesetzliche Festschreibung eines breit gefächerten, an unterschiedlichen Lebenslagen und Familiensituationen orientierten Leistungsangebots.
- Die Orientierung der Kinder- und Jugendhilfe an der Erziehungsverantwortung der Eltern.
- Die Konzentration aller Erziehungshilfen auf der örtlichen Ebene.
- Die Einbeziehung von seelisch behinderten Kinder und Jugendlichen.
- Der Abbau der Dominanz der Fremdunterbringung durch eine Differenzierung des Spektrums der Erziehungshilfen.
- Die Verbesserung der Hilfen für junge Volljährige.
- Die eigenständige Stellung der Jugendhilfe im gerichtlichen Verfahren.
- Die Integration der Tagesbetreuung in Jugendhilfe und der bedarfsgerechte Ausbau der verschiedenen Angebotsformen.
- Die Verpflichtung der Jugendämter zur mittelfristigen Jugendhilfeplanung als wesentliches Instrument zur Gewährleistung eines bedarfsgerechten Angebots.

Mit dem „Kinder- und Jugendhilfeweiterentwicklungsgesetz" (KICK) vom 13.07.2005 (01.10.2005 in Kraft getreten) wurde das Kinder- und Jugendhilfegesetz um dem § 8a in das Gesetz erweitert. Dieser konkretisiert den „Schutzauftrag" der Kinder- und Jugendhilfe bei Gefährdungen des Kindeswohls. Das Gesetz regelt, dass das Jugendamt Eingriffe, die das Elternrecht bzw. Sorgerecht betreffen zu prüfen, hat und bei Kindeswohlgefährdung Kinder und Jugendlichen in Obhut nehmen muss.[307]

---

[305] Münder, J., 2013. Kinder- und Jugendhilfegesetz (KJHG/SGB VIII). In: Kreft, D., Mielenz, I. (Hrsg.), Wörterbuch Soziale Arbeit. 7. Auflage. Weinheim, S. 540
[306] Fieseler, G., Herborth, R., 2010. Recht der Familie und Jugendhilfe. 7. Auflage. Köln, S. 171
[307] Jordan, E. (Hrsg.), 2007. Kindeswohlgefährdung. 2. Auflage. München, S. 7

Kinder- und Jugendhilfe	
1840	Königliche Zirkularverfügung
	zur Aufnahme von Haltekindern (Preußen)
1871	Preußisches Zwangserziehungsgesetz
1900	Gesetz über die Fürsorgeerziehung Minderjähriger
1911	Preußischer Erlass zur Intensivierung der Jugendpflege
1922	Verabschiedung des Reichsjugendwohlfahrtsgesetzes (RJWG)
1924	Notverordnung zum bedingten Inkrafttreten des RJWG
1924	Inkrafttreten des RJWG
1932	Verordung über Jugendwohlfahrt
1934	Entwurf zur Reform des RJWG (gescheitert)
1939	Gesetz zur Änderung des Reichsgesetzes zur Jugendwohlfahrt
1946	Modellentwurf einer Novelle zum RJWG (Deutscher Verein)
1953	Novelle des RJWG
1959	Bundesjugendplan
1961	Novelle des JWG
1980	Scheitern der Reform des JWG im Bundesrat
1990	Verabschiedung des Kinder- und Jugendhilfegesetzes (KJHG)
2004	Tagebetreuungsausbaugesetz (TAG)
2005	Kinderförderungsgesetz (KICK) (Vor 1922 nicht vollständig!)

Abbildung 30: Die Entwicklung des Kinder- und Jugendhilferechts

9.2.2 Die Anknüpfungspunkte der Arbeit an Gewalt gegen Kinder im Kinder- und Jugendhilfegesetz (KJHG)

Das Kinder- und Jugendhilfegesetz (KJHG) wird als Sozialisationshilfe für junge Menschen aufgeführt, das Unterstützungsleistungen für Familien bzw. Erziehungsberechtigte und Schutzinstrumente bei Gefährdung des Kindeswohls bereit stellt[309]. Insgesamt teilt sich das SGB VIII in zehn Kapitel mit 105 Paragrafen auf (Abb. 31). Im ersten Kapitel „Allgemeine Vorschriften" werden die grundlegenden Bestimmungen geregelt (§§ 1-10). Im § 1 Abs. 1 ist festgelegt, dass „jeder junge Mensch ein Recht auf Förderung seiner Entwicklung und auf Erziehung zu einer eigenverantwortlichen und gemeinschaftsfähigen Persönlichkeit hat". Zudem wird bereits im § 1 Abs. 3 Satz 3 SGB VIII deutlich hervorgehoben, dass Kinder und Jugendliche vor Gefahren ihres Wohls zu schützen sind. Dadurch ist die Zielsetzung für die Arbeit bei Gewalt gegen Kinder ausdrücklich geregelt.

---

[308] Mierendorff, J., 2010. Kindheit und Wohlfahrtsstaat. Weinheim, S. 81
[309] Buchkremer, H., 2009. Handbuch Sozialpädagogik. Ein Leitfaden in der sozialen Arbeit 3. Auflage. Darmstadt, S. 309

§ 2 SGB VIII umfasst die Aufgaben der Jugendhilfe, diese umfassen die aufgeführten Leistungen der Jugendhilfe (§§ 11-41, zweites Kapitel), sowie andere Aufgaben der Jugendhilfe (§§ 42-60, drittes Kapitel), bei denen es sich um primär hoheitliche Aufgaben des Trägers der öffentlichen Jugendhilfe handelt[310]. Die Erziehungsberechtigten bzw. Eltern können für die Entwiclung und das Aufwachsen ihres Kindes und Jugendlichen mit abgestuften Leistungsangeboten gemäß §§ 11 bis 41 unterstützt und ergänzt, aber auch ersetzt werden, z.b durch familienunterstützende Leistungen (insbesondere nach §§ 16 bis 21), familienergänzende Leistungen (§§ 22 bis 26, 11 bis 15, 27 bis 32) sowie familienersetzende Leistungen (§§ 33 bis 35)[311], wobei das Prinzip der Freiwilligkeit vorherrscht, die Angebote, die den Eltern vom Jugendhilfeträger unterbreitet werden dürfen, nicht aufgezwungen werden[312]. Sind jedoch die Eltern bzw. Sorgeberechtigten nicht bereit oder in der Lage, durch diese Angebote den Schutz des Kindes ausreichend zu gewährleisten oder ist das Kindeswohl akut gefährdet, hat das Jugendamt den Auftrag das Kind oder Jugendlichen gegen den Willen der Eltern, in Obhut zu nehmen (§ 42) bzw. in das Elternrecht einzugreifen und das Familiengericht einzuschalten (§ 8a Abs. 3 Satz 1). Weiterhin ist die Zusammenarbeit der öffentlichen- und freien Jugendhilfen gemäß der §§ 3-4 geregelt, diese sind zu einem pluralen Jugendhilfeangebot und zur partnerschaftlichen Zusammenarbeit verpflichtet[313]. Ebenfalls ist nach § 50 die Mitwirkung in Verfahren vor den Familiengerichten und dem Jugendamt festgelegt. Im SGB VIII sind also die rechtlichen Maßnahmen zur Hilfe und Kontrolle bei Gefahren des Kindeswohl geregelt.

Mit dem § 8a wurde der Schutzauftrag als auch die Vorgehensweise bei drohender oder bereits vorhandener Kindeswohlgefährdung konkretisiert. Damit erfuhr das SGB VIII eine substantielle Verbesserung[314]. Der Gesetzgeber definiert mit dem Gesetz sowohl den Begeinn des Schutzauftrages („gewichtige Anhaltspunkte") als auch, die zentralen fachlichen Standards, die bei einer vermuteten oder festgestellten Kindeswohlgefährdung gelten[315].

---

[310] Münder, J., Meysen, T., Trenczek, T., 2013. Frankfurter Kommentar SGB VIII, Kinder- und Jugendhilfe. 7. Auflage. Baden-Baden, S. 63

[311] Wabnitz, R., 2009. Grundkurs Kinder- und Jugendhilferecht für die Soziale Arbeit. 2. Auflage. München, S. 40-41

[312] Nahrwold, M., 2011. Inobhutnahme und Anrufung des Familiengerichts. In: Goldberg, B., Schorn, A. (Hrsg.), Kindeswohlgefährdung: Wahrnehmen, Bewerten, intervenieren. Opladen, S. 146

[313] Struck, N., 2002. Kinder- und Jugendhilfegesetz/ SGB VIII. In: Handbuch Kinder- und Jugendhilfe. Weinheim, S. 543

[314] Jordan, E. (Hrsg.), 2008. Kindeswohlgefährdung. 3. Auflage. Weinheim und München, S. 7

[315] Münder, J., Meysen, T., Trenczek, T. (Hrsg.), 2013. Frankfurter Kommentar SGB VIII. Kinder- und Jugendhilfe. 7. Auflage. Baden-Baden, S. 114

Deshalb soll klargestellt werden, dass das Jugendamt Hinweisen über eine drohende Kindeswohlgefährdung nachgehen, sich weitere Informationen zur Klärung verschaffen und sodann eine Risikoabwägung dahin gehend vornehmen muss, ob das Kind besser durch Hilfe für die Familie (z.B.das Angebot von Hilfe zur Erziehung nach den §§ 27 ff. SGB VIII) oder die Einschaltung des Familiengerichts im Hinblick auf Maßnahmen nach den §§ 1666, 1666a BGB geschützt werden kann oder ob schließlich andere Institutionen wie Polizei oder Psychiatrie informiert werden müssen, weil sie im Hinblick auf die Kindeswohlgefährdung die geeigneten Institutionen zur Abwehr einer Gefährdung sind.[316]

Es handelt sich beim § 8a SGB VIII also zum einen um eine Verfahrensvorschrift, worunter sich die Regelungen zum Zusammenwirken mit mehreren Fachkräften, das Gefährdungsrisiko für die Abschätzung (Abs. 1 Satz 1, Abs. 4 Satz 1 Nr. 2), die Beteiligung der Personensorge- oder Erziehungsberechtigten und der Kinder bzw. Jugendlichen (Abs. 1 Satz 2 und 3, Abs. 2 Satz 1, Abs. 4 Satz 1 Nr. 3, Satz 2) oder zur Informationsweitergabe von Trägern von freien Einrichtungen und Diensten an die Träger der öffentlichen Jugendhilfe (Abs. 4 Satz 2 am Ende) summiert und zum anderen handelt es sich bei der Vorschrift um eine konkrete eigenständige Aufgaben. Werden gewichtige Anhaltspunkte für die Gefährdung des Wohls eines Kindes oder Jugendlichen bekannt, so wird das Jugendamt gemäß § 8a Abs. 1 zu einer konkreten Einschätzung des Gefährdungsrisikos tätig. Ist die Gefährdung für das Kindeswohl nicht anders abwendbar, hat nach § 8a Abs. 2 Satz 1 das Jugendamt das zuständige Familiengericht einzuschalten. Ist das Kind oder der Jugendliche dringend gefährdet, oder kann die Entscheidung des Familiengerichts nicht abgewartet werden, hat das Jugendamt gemäß § 8a Abs. 2 Satz 2 das Kind oder den Jugendlichen vor einer Entscheidung des Familiengerichts in Obhut zu nehmen. Das Jugendamt hat bei Bedarf nach § 8a Abs. 3 Satz 2 sogar darauf hinzuwirken, dass andere zuständige Stellen außerhalb der Kinder- und Jugendhilfe eingeschaltet werden.[317]

Jedoch ist diese Regelung keine Eingriffsgrundlage für die Jugendämter, sondern bestimmt den Verfahrensablauf, den die in der Kinder- und Jugendhilfe tätigen Fachkräfte in Fällen von möglicher Kindeswohlgefährdung einhalten sollen[318]. Deswegen hat das Jugendamt bei Entzug oder Einschränkung des Sorgerechts das Familiengericht einzuschalten. Insofern haben Jugendamt und Familiengericht bei Verfahren gemäß § 50 SGB VIII eigenständige Aufgaben und Funktionen. Das Jugendamt hat als sozialpädagogische Fachbehörde eine

---

[316] BT-Drucks. 15/3676, S. 30

[317] Jordan, E. (Hrsg.), 2008. Kindeswohlgefährdung. 3. Auflage. Weinheim und München. S. 41; Münder, J., Meysen, T., Trenczek, T. (Hrsg.), 2013. Frankfurter Kommentar SGB VIII. Kinder- und Jugendhilfe. 7. Auflage. Baden-Baden, S. 114

[318] Nahrwold, M., 2011. Inobhutnahme und Anrufung des Familiengerichts. In: Goldberg, B., Schorn, A. (Hrsg.), Kindeswohlgefährdung: Wahrnehmen, Bewerten, intervenieren. Opladen, S. 146

Hilfe- und Beratungsfunktion, das Familiengericht hat hingegen primär eine Entscheidungsfunktion. Die beiden Institutionen führen ihre Aufgaben eigenständig, eigenverantwortlich und gleichberechtigt durch.[319] Deswegen obliegt dem Träger der öffentlichen Jugendhilfe sowie dem Jugendamt gemäß § 79 SGB VIII die Gesamtverantwortung für die Erfüllung der Aufgaben einschließlich der Planungsverantwortung.

---

[319] Wabnitz, R., 2009. Grundkurs Kinder- und Jugendhilferecht für die Soziale Arbeit. 2. Auflage. München, S. 111

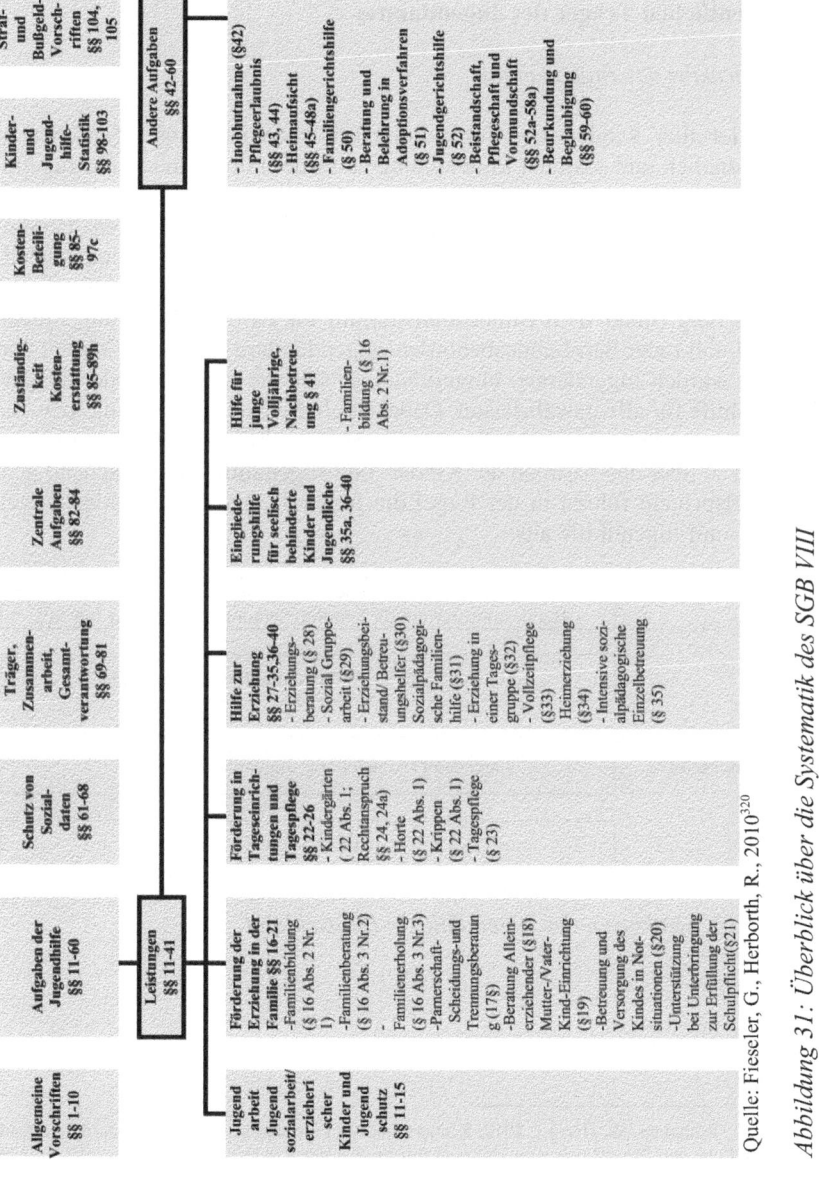

Quelle: Fieseler, G., Herborth, R., 2010[320]

Abbildung 31: Überblick über die Systematik des SGB VIII

---

[320] Fieseler, G., Herborth, R., 2010. Recht der Familie und Jugendhilfe. 7. Auflage. Köln, S. 173

9.3 Die öffentlichen Träger des Jugendamtes

9.3.1 Die Struktur des Jugendamtes

Oberstes Ziel aller Kinder- und Jugendhilfeaktivitäten ist, junge Menschen in ihrer individuellen und sozialen Entwicklung zu fördern und Kinder und Jugendliche vor Gefahren um ihr Wohl zu schützen. Damit können sie ihr Recht auf eine Erziehung zu einer eigenständigen und gemeinschaftsfähigen Persönlichkeit einfordern (vgl. § 1 SGB VIII).[321] Für das Wohl des Kindes und Jugendlichen einschließlich der Gewalt gegen Kinder ist das Jugendamt als öffentlicher Träger zuständig (unter dem Bundesministerium für Familie, Senioren, Frauen und Jugend und unter den Landesbehörden/-jugendämtern). In allen Städten und Gemeinden wurden Jugendämter eingerichtet, so sind die Leistungen der Kinder- und Jugendhilfe für alle gewährleistet. Dabei spielt die Bundesregierung bzw. die Länder eine zentrale Rolle, sie bestimmen die Sozialpolitik und organisieren bzw. entscheiden so über das Ausmaß der Kinder- und Jugendhilfe. Entsprechend dem Subsidiaritätsprinzip führen in der Regel die freien Träger die Dienstleistungen der Kinder- und Jugendhilfe aus.

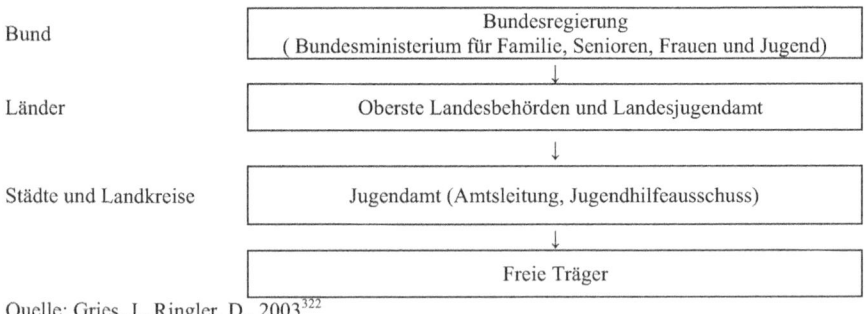

Quelle: Gries, J., Ringler, D., 2003[322]

Abbildung 32: Strukturen der Jugendhilfe in Deutschland

---

[321] Schone, R., Tenhaken, W. (Hrsg.), 2012. Kinderschutz in Einrichtungen und Diensten der Jugendhilfe. Ein Lehr und Praxisbuch zum Umgang mit Fragen der Kindeswohlgefährdung. Weinheim, S. 53

[322] Gries, J., Ringler, D., 2003. Jugendamt und Jugendhilfe in der Bundesrepublik Deutschland. Baltmannsweiler, S. 75-80

Die Träger der öffentlichen Kinder- und Jugendhilfe bestehen aus dem Jugendamt und Landesjugendamt. Ihre Aufgaben sind folgende:[323]

- Sachliche Zuständigkeit des örtlichen Trägers, Jugendamt:
  Gewährung von Leistungen (§§ 11-41) oder Erfüllung anderer Aufgaben (§§ 42-60) nach dem SGB VIII. Sie sind sachlich zuständig für fast alle einzelfallbezogenen Aufgaben der Kinder- und Jugendhilfe und tragen die Gesamtverantwortung nach § 79 Abs. 1.
- Sachliche Zuständigkeit des überörtlichen Trägers, Landesjugendamt:
  Die Wahrnehmung der beratenden und unterstützenden Aufgaben gemäß § 85 Abs. 2. mit ggf. Nr.: 1. Beratung der Jugendämter und Empfehlungen, 2. Förderung der Zusammenarbeit zwischen Jugendämtern und freier Jugendhilfe, 3. Anregung und Förderung von überörtlichen Einrichtungen, Diensten und Veranstaltungen, 4. Modellvorhaben, 5. Beratung der Jugendämter bei Gewährung von Hilfen, 6. Aufsicht über Einrichtungen, 7. Beratung der Träger von Einrichtungen, 8. Fortbildung, 9. Hilfe im Ausland, 10. Erlaubnis für Vereinsvormund/ und Pflegschaften.

Alle kreisfreien Städte und Landkreise sind gesetzlich dazu verpflichtet, ein Jugendamt einzurichten und dadurch die Aufgaben der Kinder- und Jugendhilfe zu erfüllen (§ 69 Abs. 1 und 3 SGB VIII). Die Organisierung des internen Jugendamtes wurde nach § 70 Abs. 1 SGB VIII festgelegt, dieses Gesetz bestimmt, dass die „Aufgaben des Jugendamts durch den Jugendhilfeausschuss und die Verwaltung des Jugendamts wahrgenommen werden". Dadurch besteht das Jugendamt aus zwei Teilen, der Verwaltung und dem Jugendhilfeausschuss, wie Abbildung 33 zeigt. Diese „Zweigliedrigkeit" des Jugendamts beinhaltet eine funktionale Aufgabenverteilung zwischen dem Jugendhilfeausschuss, dem die politische Steuerung und Kontrolle dieser Verwaltung obliegt und der Verwaltung des Jugendamts, der die Kontrolle der Eltern bzw. Erziehungsberechtigten im Hinblick auf das Sorgerecht obliegt[324].

---

[323] Wabnitz, R., 2009. Grundkurs Kinder- und Jugendhilferecht für die Soziale Arbeit. 2. Auflage. München. S. 126
[324] Ebd., S. 127

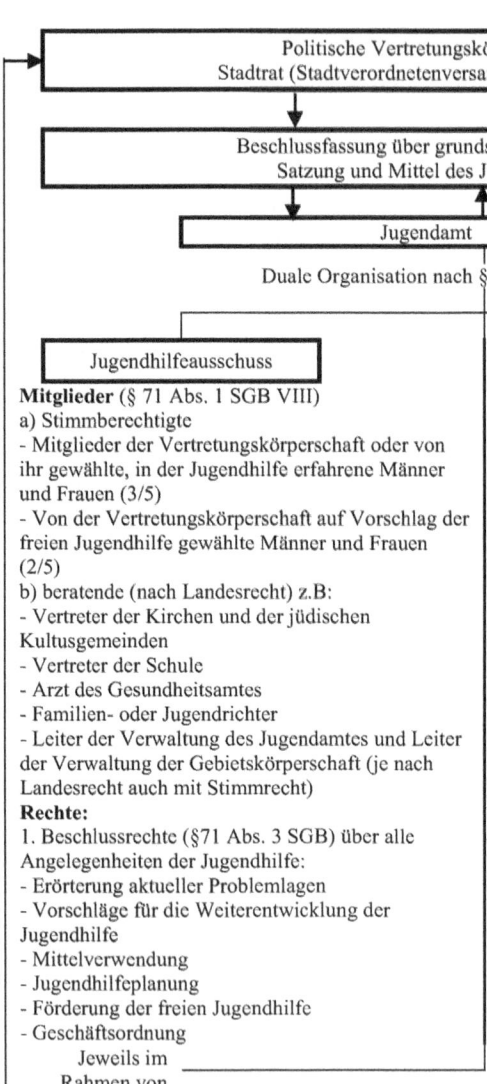

Politische Vertretungskörperschaft:
Stadtrat (Stadtverordnetenversammlung)/ Kreistag

Beschlussfassung über grundsätzliche Fragen,
Satzung und Mittel des Jugendamtes

Jugendamt

Duale Organisation nach § 70 SGB VIII

Jugendhilfeausschuss

Mitglieder (§ 71 Abs. 1 SGB VIII)
a) Stimmberechtigte
- Mitglieder der Vertretungskörperschaft oder von ihr gewählte, in der Jugendhilfe erfahrene Männer und Frauen (3/5)
- Von der Vertretungskörperschaft auf Vorschlag der freien Jugendhilfe gewählte Männer und Frauen (2/5)
b) beratende (nach Landesrecht) z.B:
- Vertreter der Kirchen und der jüdischen Kultusgemeinden
- Vertreter der Schule
- Arzt des Gesundheitsamtes
- Familien- oder Jugendrichter
- Leiter der Verwaltung des Jugendamtes und Leiter der Verwaltung der Gebietskörperschaft (je nach Landesrecht auch mit Stimmrecht)
Rechte:
1. Beschlussrechte (§71 Abs. 3 SGB) über alle Angelegenheiten der Jugendhilfe:
- Erörterung aktueller Problemlagen
- Vorschläge für die Weiterentwicklung der Jugendhilfe
- Mittelverwendung
- Jugendhilfeplanung
- Förderung der freien Jugendhilfe
- Geschäftsordnung
    Jeweils im
    Rahmen von
2. Anhörungs- und Antragsrecht
(§ 71 Abs. 3 SGB VIII)
Quelle: Fieseler, G., Herborth, R., 2010[325]

Verwaltung des Jugendamts

Personal
(§ 70 Abs. 2 und § 72 Abs. 1 und 2 SGB VIII)

- Leiter der Verwaltung der Gebietskörperschaft (Landrat, Oberbürgermeister/Bürgermeister) oder in seinem Auftrag Leiter der Verwaltung des Jugendamtes (Jugendamtsleiter)
- Sozialpädagogen/ SozialarbeiterInnen
- Verwaltungsfachkräfte

Zuständigkeiten:
1. Ausführung der Beschlüsse der Vertretungskörperschaft und des Jugendhilfeausschusses (§ 70 Abs. 2 SGB VIII)
2. Geschäfte der laufenden Verwaltung (§ 70 Abs. 2 SGB VIII)

Abbildung 33: Organisation des Jugendamts

---

[325] Fieseler, G., Herborth, R., 2010. Recht der Familie und Jugendhilfe. 7. Auflage. Köln, S. 197

Die Jugendämter bestimmen vor allem über die Politik der Kinder- und Jugendhilfe und tragen die Gesamtverantwortung der öffentlichen Träger, die die gesetzliche Hilfeleistung umsetzen[326] (§§ 11-41 SGB VIII). Weiterhin hat das Jugendamt besondere Aufgaben[327] (§§ 42-60 SGB VIII), z.b. vorläufige Maßnahmen zum Schutz von Kinder und Jugendlichen „Inobhutnahme", Mitwirkung in gerichtlichen Verfahren, Beistandschaft, Pflegeschaft und Vormundschaft. Das Jugendamt erfüllt also zwei Arten von Aufgaben, einerseits Hilfe zu leisten, wenn eine dem Wohl des Kindes oder Jugendlichen entsprechende Erziehung nicht gewährleistet ist und andererseits einzugreifen, wenn das Wohl von Kindern oder Jugendlichen gefährdet ist[328]. Gemäß § 1444 BGB ist ein Eingriff in das Sorgerecht durch das Familiengericht dann möglich, wenn dadurch die Gefährdung des Kindeswohl abgewendet werden kann.

9.3.2 Aufgaben und vorläufige Interventionsmöglichkeiten in Bezug auf Gewalt gegen Kinder

Das Jugendamt ist den zwei zentralen Aufgaben der Kinder- und Jugendhilfe verpflichtet, einerseits die Eltern oder Erziehungsberechtigten bei der Erziehung des Kindes und Jugendlichen angemessen zu beraten und zu unterstützen, andererseits Kinder und Jugendliche vor Gefahren um ihr Wohl zu schützen (§ 1 Abs. 3 SGB VIII)[329]. Der Staat hat also die Aufgabe vor dem aktiven gerichtlichen Eingreifen, die Unterstützung und Förderung zur Erziehungsfähigkeit der Eltern anzubieten. Sind die Eltern auch mit der Unterstützung und Förderung nicht in der Lage, dem Erziehungsauftrag nachzukommen, hat das Jugendamt durch das Familiengericht, nach dem Verhältnismäßigkeitsgrundsatz[330], das Sorgerecht anzufechten.

---

[326] Das Jugendamt hat die Leistungen selbst dann anzubieten, wenn freie Träger diese nicht leisten können bzw. wollen. Stecklina, G., 2012. Jugendamt. In: Thole, W., Höblich, D., Ahmed, S. (Hrsg.), Taschenwörterbuch Soziale Arbeit, Stuttgart. S. 142

[327] Ausnahme: das 3. Kap. des SGB VIII, die „anderen Aufgaben" der Kinder- und Jugendhilfe; Es handelt sich hier im Wesentlichen um die Mitwirkung bei gerichtlichen Verfahren und bei der Beistands- und Amtsvormundschaften, bei Beurkundungen und bei Fällen von Inobhutnahme und Krisenintervention, was alles originär hoheitlich Aufgaben sind und deswegen nicht auf freie Träger übertragen werden können. (§ 76 SGB VIII). (Prölß, R., 2013. Jugendamt. In: Kreft, D., Mielenz, I. (Hrsg.), Wörterbuch Soziale Arbeit, 7. Auflage. Weinheim. S. 467); Allerdings können anerkannte Träger der freien Jugendhilfe gemäß § 76 SGB VIII (bei Fortbestehen der Verantwortlichkeit der öffentlichen Träger) bei bestimmten Aufgaben beteiligt werden. (Wabnitz, R., 2009. Grundkurs Kinder- und Jugendhilferecht für die Soziale Arbeit. 2. Auflage. München. S. 27)

[328] Schone, R., Tenhaken, W. (Hrsg.), 2012. Kinderschutz in Einrichtungen und Diensten der Jugendhilfe. Weinheim. S. 53

[329] Vgl. Ebd., S. 56

[330] Bevor der Staat in das Elterngrundrecht eingreift, ist der Grundsatz der Verhältnismäßigkeit

Durch ihre besondere rechtliche Stellung als öffentlicher Träger der Jugend-hilfe, kommt den Jugendämtern eine verantwortungsvolle und zugleich schwie-rige Aufgabe im Zusammenhang mit der Gewalt gegen Kinder zu. Qualifiziertes Vorgehen und die Sicherstellung des kindlichen Schutzes sowie angemessene Hilfeangebote, stellen die MitarbeiterInnen vor große fachliche Herausfor-derungen. Sie müssen abwägen, wann eine Gefährdung für das betroffene Kind bzw. den betroffenen Jugendlichen besteht, wann das Jugendamt einschreiten bzw. tätig werden muss und wie die Vorgehensweise bei der unüberschaubaren Vielfalt von möglichen Konstellationen im konkreten Einzelfall aussehen soll. Eine besondere Bedeutung kommt dabei der Inobhutnahme zu(§ 42 SGB VIII).[331]

Das Jugendamt ist berechtigt und verpflichtet, ein Kind oder einen Jugend-lichen bei akuter Kindeswohlgefährdung gemäß § 42 Abs. 1 SGB VIII in Obhut zu nehmen, wenn die Eltern der Inobhutnahme des Kindes nicht widersprechen oder eine familiengerichtliche Entscheidung nicht rechtzeitig abgewartet werden kann[332]. Die Inobhutnahme umfasst die Befugnis, ein Kind oder einen Jugend-lichen bei einer geeigneten Person, in einer geeigneten Einrichtung oder in einer sonstigen Wohnform vorläufig unterzubringen (§ 42 Abs. 1 Satz 3 SGB VIII)[333].

---

besonders zu beachten. Je nach Ausmaß der Probleme sind, zunächst helfende, unterstützende und auf Mobilisierung der familiären Ressourcen gerichtete Maßnahmen anzubieten. Erst wenn solche Angebote zum Schutz des Kindeswohls nicht genügen oder von der Eltern nicht angenommen werden, kann der Staat in das Elternrecht eingreifen („Leistung von Eingriff"). Es müssen darüber hinaus jedoch Bedingungen geschaffen werden, die ein gesundes Aufwachsen des Kindes und Jugendlichen garantieren. (BVerfGE 24, 119, 144f). Der Verhältnismäßigkeits-grundsatz kommt in diesem Zusammenhang (§§ 1666, 1666a BGB und §§ 8a, 42 SGB VIII) insbesondere durch Formulierungen wie „erforderlich" zum Ausdruck. Nahrwold, M., 2011. Inobhutnahme und Anrufung des Familiengerichts. In: Goldberg, B., Schorn, A. (Hrsg.), Kindeswohlgefährdung: Wahrnehmen-Bewerten-Intervenieren. Opladen, S. 145

[331] Krieger, W., Lang, A., Meßmer, S., Osthoff, R., 2007. Kindesmisshandlung, Vernachlässigung und sexueller Missbrauch im Aufgabenbereich der öffentlichen Träger der Jugendhilfe. Stuttgart, S. 101

[332] Hierzu verweist der § 8a Abs. 3 Satz 2 SGB VIII auf die Inobhutnahme § 42 SGB VIII, die das Eingriffsrecht regelt. Das Jugendamt kann direkt in das Elternrecht eingreifen, jedoch nur vorläufig, da zu einem endgültigen Eingriff nur das Familiengericht berechtigt ist. Das ist unverzüglich durch das Jugendamt einzuschalten, wenn die Eltern der Inobhutnahme widersprechen (§ 42 Abs. 3 Nr. 2 SGB VIII). Nahrwold, M., 2011. Inobhutnahme und Anrufung des Familiengerichts. In: Goldberg, B., Schorn, A. (Hrsg.), Kindeswohlgefährdung: Wahrnehmen, Bewerten, Intervenieren. Opladen, S. 147-148

[333] Der Streit, ob das Jugendamt bei dringender Kindeswohlgefahr zur Wegnahme des Kindes auch von den Sorgeberechtigten berechtigt ist, hat sich durch die am 1.10.2005 in Kraft getretene Neufassung des § 42 SBG VIII erledigt, da die Norm dem Jugendamt eine insoweit uneingeschränkte eigenständige Handlungskompetenz einräumt. Dem Jugendamt selbst wurde jedoch keine Befugnis zur Anwendung von unmittelbarem Zwang bei der Inobhutnahme verliehen, vgl. § 42 Abs. 6 SBG VIII. Bei Gefahr im Verzug hat das Jugendamt deshalb gemäß § 8a Abs. 4 Nr. 2 SGB VIII andere zur Abwehr der Gefahr zuständige Stellen, namentlich die

Hat das Jugendamt eine Inobhutnahme angeordnet, ist es zu folgendem verpflichtet:

1. Mit dem Kind oder dem Jugendlichen zu klären, welche Möglichkeiten der Hilfe und Unterstützung möglich sind (§ 42 Abs. 2).
2. Eine Person seines Vertrauens zu benachrichtigen (§ 42 Abs. 2). Sollte die genannte Person das Wohl des Kind oder Jugendlichen schädigen wollen, ist eine andere Person zu benachrichtigen.
3. Die Personensorge- oder Erziehungsberechtigten unverzüglich von der Inobhutnahme zu unterrichten (§ 42 Abs. 3). Sobald das Jugendamt die Gefährdung des Kindes oder Jugendlichen beurteilt, muss es den Eltern den Ort der Inobhutnahme mitteilen. In diesem Fall hat das Jugendamt das Familiengericht zu benachrichtigen. Bei der Entscheidung wird durch das Familiengericht geprüft, ob eine Benachrichtigung über den Ort der Inobhutnahme des Kindes und Jugendlichen berechtigt ist.
4. Für das Wohl des Kindes oder Jugendlichen ist zu sorgen und dabei der notwendige Unterhalt und die Krankenhilfe sicherzustellen (§ 42 Abs. 2).
5. Widersprechen die Erziehungsberechtigten der Inobhutnahme, dann bleiben dem Jugendamt zwei Alternativen. Entweder hat das Jugendamt unverzüglich das Kind oder den Jugendlichen den Erziehungsberechtigten zu übergeben oder muss die Angelegenheit durch das Familiengericht prüfen lassen. Ersteres ist jedoch nur möglich, wenn nach Einschätzung des Jugendamtes eine Gefährdung des Kindeswohls nicht besteht oder die Erziehungsberechtigten bereit und in der Lage sind, der Gefährdung entgegenzuwirken (§ 42 Abs. 3 Satz 1 SGB VIII). Eine andere Handlungsmöglichkeit ist, das Familiengericht über die erforderlichen Maßnahmen, zum Wohl des Kindes oder des Jugendlichen, urteilen zu lassen (§ 42 Abs. 3 Satz 2 SGB VIII). Dabei entscheidet das Familiengericht, ob eine Inobhutnahme des Kindes oder Jugendlichen weiterhin notwendig ist oder andere geeignete Maßnahmen ergriffen werden müssen. Insofern hat das Jugendamt keine Befugnis, in das Sorgerecht einzugreifen, sondern muss das Urteil über die Einschränkung oder den Entzug des Sorgerechts durch das Familiengericht abwarten [334].

Polizei hinzuziehen. Zorn, D., 2006. Das Recht der elterlichen Sorge. Berlin, S. 240

[334] Wegen dessen hoher Bedeutung ist hierzu im Gegensatz zu sonstigen Grundrechtseingriffen keine staatliche Behörde, sondern grundsätzlich nur ein unabhängiges Gericht, namentlich das Familiengericht gemäß § 1666 BGB, berechtigt. Das Jugendamt, ebenso wie Polizei- oder Ordnungsbehörden, dürfen nur zum Zwecke der Krisenintervention im Eilfall vorläufig eingreifen. Die endgültige Entscheidung bleibt dem Familiengericht vorbehalten. Nahrwold, M.,

6. Das Jugendamt hat freiheitsentziehende Maßnahmen im Rahmen der Inobhutnahme zu treffen, wenn sie soweit erforderlich sind, um eine Gefahr für Leib oder Leben des Kindes oder des Jugendlichen abzuwenden (§ 42 Abs. 5 SGB VIII).

Das Jugendamt muss nach § 8a SGB VIII das Gefährdungsrisiko um die Gefahren des Wohls eines Kindes im Zusammenwirken mehrerer Fachkräfte einschätzen und zur Abwendung der Gefährdung geeignete Hilfen anbieten. Sind die Erziehungsberechtigten nicht bereit oder in der Lage, bei der Einschätzung des Gefährdungsrisikos mitzuwirken, hat das Jugendamt das Familiengericht einzuschalten[335], wenn ein Einbezug des Gerichts nötig ist (§ 8a Abs. 2 SGB VIII). Gemäß § 50 Abs. 1 Satz 1 unterstützt das Jugendamt das Familiengericht bei allen Maßnahmen, die die Sorge von Kindern und Jugendlichen betreffen.

Die Tabelle 25 zeigt, wie sich die Zahl der vorläufigen Schutzmaßnahmen der Kinder und Jugendlichen von 1995 bis 2012 in Deutschland entwickelt hat. Nachdem die Zahlen der Inobhutnahme von 2001 bis 2005 zurückgegangen waren, ist seitdem jährlich eine kontinuierliche Zunahme zu verzeichnen. Ungefähr bei 40200 Kindern und Jugendlichen mussten die Jugendämter in Deutschland im Jahr 2012 eine vorläufige Schutzmaßnahme[336] einleiten. Das sind 110 Kinder und Jugendliche pro Tag und 28200 mehr als 2007 – ein Anstieg von 43%.

2011. Inobhutnahme und Anrufung des Familiengerichts. In: Goldberg, B., Schorn, A. (Hrsg.), Kindeswohlgefährdung: Wahrnehmen, Bewerten, Intervenieren. Opladen, S. 146

[335] Nach § 8a Abs. 3 Satz 1 SGB VIII ist das Jugendamt verpflichtet, das Familiengericht einzuschalten, wenn die angenommenen Hilfen nicht ausreichend sind, die Eltern es ablehnen, Hilfen in Anspruch zu nehmen oder die Eltern zugesagte Hilfe zu verweigern. Dem Jugendamt steht in solchen Fällen ein weiter Beurteilungsspielraum zu. Schone, R., Tenhaken, W. (Hrsg.), 2012. Kinderschutz in Einrichtungen und Diensten der Jugendhilfe. Ein Lehr und Praxisbuch zum Umgang mit Fragen der Kindeswohlgefährdung. Weinheim, S. 94

[336] Die vorläufige Unterbringung von Kindern und Jugendlichen nach § 42 SGB VIII kann aus drei Gründen durch die Jugendämter erfolgen. 1. wenn ein Kind oder Jugendlicher um Obhut bittet (Selbstmelder), 2. wenn eine dringende Kindeswohlgefährdung die Inobhutnahme erfordert und das Familiengericht darüber nicht rechtzeitig entscheiden kann oder 3. wenn eine minderjährige ausländische Person unbegleitet nach Deutschland kommt und sich in Deutschland keine Personensorgeberechtigten aufhalten. Goldberg, B., Schorn, A. (Hrsg.), 2011. Kindeswohlgefährdung: Wahrnehmen, Bewerten, Intervenieren. Opladen, S. 44

	1995	1996	1997	1998	1999	2000	2001	2002	2003
Gesamt	**23432**	**28052**	**31807**	**31415**	**31645**	**31124**	**31438**	**28887**	**27378**
davon Inobhutnahme	23271	27822	31564	31277	31431	31014	31334	28727	27209
davon Herausnahme	161	230	243	138	214	110	104	160	169

	2004	2005	2006	2007	2008	2009	2010	2011	2012
Gesamt	**25916**	**25664**	**25998**	**28192**	**32253**	**33710**	**36343**	**38481**	**40227**
davon Inobhutnahme	25730	25442	25847	27757	31890	33400	35418	37675	39365
davon Herausnahme	186	222	151	435	363	310	925	806	862

Quelle: Statistisches Bundesamt [337]

Tabelle 25: Vorläufige Schutzmaßnahmen in Deutschland 1995-2012

Die Maßnahme der Inobhutnahme wurde im Jahr 2012 in 17756 Fällen von sozialen Diensten und dem Jugendamt angeregt, in 9170 Fällen von Kinder und Jugendlichen selbst, in 6254 Fällen von Polizisten bzw. Ordnungsbehörden, in 3760 Fällen von Eltern bzw. Elternteilen, in 430 Fällen von LehrerInnen oder ErzieherInnen, in 426 Fällen von ÄrztInnen und in 364 Fällen von Nachbarn bzw. Verwandten (in 1205 Fällen von Sonstigen)[338]. Weiterhin waren für vorläufige Schutzmaßnahmen in 17289 Fällen die Überforderung der Eltern oder eines Elternteils, Beziehungsprobleme in 6717 Fällen, Vernachlässigung in 4774 Fällen, unbegleitete Einreise aus dem Ausland in 4767 Fällen, Anzeichen für Misshandlung in 3769 Fällen, Intergrationsprobleme im Heim und Pflegefamilie in 2537 Fällen, Delinquenz des Kindes und Straftat des Jugendlichen in 2477 Fällen, Schul- und Ausbildungsprobleme in 1752 Fällen, Wohnungsprobleme in 1254 Fällen, Suchtprobleme des Kindes und Jugendlichen in 1159 Fällen, Trennung oder Scheidung der Eltern in 735 Fällen und Anzeichen für sexuellen Missbrauch in 635 Fällen, ausschlaggebend[339]. Der Grund für die Zunahme der Zahlen der Inobhutnahme ab 2005 ist, die vereinfachte Reaktionsmöglichkeit durch die Gesetzesänderungen der Jugendhilfe „KICK § 8a SGB VIII". Damit stieg vor allem die Zahl der Inobhutnahmen bei jüngeren Kindern, bei den unter

---

[337] Statistisches Bundesamt, 2013. Statistiken der Kinder- und Jugendhilfe. Vorläufige Schutzmaßnahmen. Wiesbaden, S. 37-38
[338] Ebd., S. 7
[339] Ebd., S. 10-11

Dreijährigen um 82% von 2005 bis 2008. (bei den Drei- bis Sechsjährigen um 65 Prozent und bei den Sechs- bis Neunjährigen um 47 Prozent). Weitere Gründe für die Zunahme von Inobhutnahmen sind, die gestiegene Überforderung der Eltern und Beziehungsprobleme bzw. Gewalt gegen Kinder und die Zunahme von Trennungen und Scheidungen der Eltern.[340]

9.4 Gerichtliche Maßnahmen bei Gefährdung des Kindeswohls (§§ 1666, 1666a BGB) und der elterlichen Sorge

Das KJHG, das durch das Jugendamt durchgesetzt wird, erteilt nur vorübergehende Befugnisse, um bei Kindewohlgefährdung eingreifen zu können, wobei das BGB die Macht hat langfristig das Sorgerecht durch das Familiengericht anzufechten[341]. So hat das BGB laut §§ 1666, 1666a die gerichtliche, endgültige und langfristige Macht, den Schutz des Kindes und Jugendlichen sicherzustellen[342]. Gerichtliche Eingriffe seitens des Familiengerichts sind dann möglich, wenn das körperliche, geistige oder seelische Wohl des Kindes und Jugendlichen gefährdet wird oder wenn die Eltern nicht gewillt oder nicht in der Lage sind, die Gefahr zu mindern.

---

[340] Vgl. Goldberg, B., Schorn, A. (Hrsg.), 2011. Kindeswohlgefährdung: Wahrnehmen, Bewerten, Intervenieren. Opladen, S. 46

[341] Die Eltern haben die Pflicht und das Recht, für das minderjährige Kind zu sorgen (elterliche Sorge) (§ 1626 Abs.1 BGB). Bei der Pflege und Erziehung berücksichtigen die Eltern die wachsende Fähigkeit und das wachsende Bedürfnis des Kindes zu selbstständigem, verantwortungsbewusstem Handeln. Sie besprechen mit dem Kind, soweit es nach dessen Entwicklungsstand angezeigt ist, Fragen der elterlichen Sorge und streben Einvernehmen an. (§ 1626 Abs. 2 BGB)

[342] Die Rechtsgrundlagen für Eingriffe des Familiengerichts in die elterliche Sorge finden sich im Bürgerlichen Gesetzbuch: §§ 1666, 1666a BGB. Der Eingriff setzt eine Kindeswohlgefährdung voraus, d.h. eine gegenwärtige nachhaltige und erhebliche Gefahr für die kindliche Entwicklung, die ohne gerichtliches Eingreifen nicht abgewendet werden kann. Dabei müssen die Richterinnen und Richter an dem Punkt eingreifen, wenn eine mangelhafte Erziehung bzw. defizitäre Versorgung des Kindes zu Missbrauch und Vernachlässigung führt. Das Familiengericht hat eigenständig das Gefährdungsrisiko abzuschätzen und zu beurteilen, ob ein gerichtlicher Eingriff notwendig ist. Schone, R., Tenhaken, W. (Hrsg.), 2012. Kinderschutz in Einrichtungen und Diensten der Jugendhilfe. Weinheim, S. 94

Wenn diese Voraussetzungen gegeben sind, kann das Familiengericht eine geeignete Maßnahme ergreifen (§ 1666 Abs. 1 BGB)[343]. Dabei kann das Familiengericht bei Bedarf sowohl Einschränkungen des Sorgerechts als auch den Entzug anordnen. Diese Entscheidungen nach § 1666, 1666a BGB sind jedoch abzuändern und aufzuheben, wenn die Gefahr für das Wohl des Kindes und Jugendlichen nicht mehr besteht oder die Erforderlichkeit der Maßnahme entfallen ist (§ 1696 BGB).

Wie oben erwähnt, setzt die Intervention durch das Gericht voraus, dass die Eltern ihrer Sorgfaltspflicht trotz des Angebots an öffentlichen Hilfen nicht gerecht werden. Erst dann ist eine Intervention des Familiengerichts zulässig. Bei den folgenden Fällen ist davon auszugehen, dass das Familiengericht eingreifen muss:[344]

- bei Missbrauch der Sorgfaltspflicht, durch körperliche Gewalt, seelische Misshandlung oder Vernachlässigung
- bei fehlender Fähigkeit/ Bereitschaft der Eltern zur Abwendung der Gefahr (Subsidiaritätsprinzip)

Dabei greift bei einem solchen Verfahren die freiwillige Gerichtsbarkeit, die von Amts wegen betrieben wird (§§ 621 Abs. 1 Nr. 1, 321a Abs. 1 ZPO). Es gilt der Amtermittlungsgrundsatz (§ 12 FamFG), sachlich und örtlich ist in erster Linie das Amtsgericht zuständig, also das Gericht das für das Einzugsgebiet, in dem das Kind lebt, verantwortlich ist (§§ 64 Abs. 1, 3 Nr. 2, 43 Abs. 1, 36 Abs. 1 FamFG).[345] Bei dringendem Bedarf des Einschreitens, das ein Abwarten bis zum

---

[343] Eine Gefährdung, die das körperliche, geistige oder seelische Wohl des Kindes betrifft, liegt vor, wenn die begründete Besorgnis besteht, dass bei Nichteingreifen des Gerichts das Wohl des Kindes beeinträchtigt wird oder eine in einem solchen Maße Gefahr besteht, dass sich bei der weiteren Entwicklung des Kindes eine erhebliche Schädigung mit ziemlicher Sicherheit voraussehen lässt. Da eine gerichtliche Intervention eine hinreichende gegenwärtige Gefahr voraussetzt, reichen bloß latente Risiken in keinem Fall aus. Aus diesem Grund darf nicht ohne entsprechende Gefährdungslage in die elterliche Lebensführung eingegriffen werden. Diese Eingriffsvoraussetzung verdeutlicht, dass die Abwendung der Gefahr primär Recht und Pflicht der Eltern ist. Nur wenn diese entweder nicht gewillt oder in der Lage sind, das zum Schutz des Kindes erforderliche zu unternehmen, besteht das Recht aber auch die Pflicht, gerichtlich einzugreifen. Zorn, D., 2006. Das Recht der elterlichen Sorge. Berlin, S. 226-227

[344] Schone, R., Tenhaken, W. (Hrsg.), 2012. Kinderschutz in Einrichtungen und Diensten der Jugendhilfe. Ein Lehr und Praxisbuch zum Umgang mit Fragen der Kindeswohlgefährdung. Weinheim, S. 96

[345] Zorn, D., 2006. Das Recht der elterlichen Sorge. Berlin, S. 246; Das Gesetz zur „Erleichterung familiengerichtlicher Maßnahmen bei Gefährdung des Kindeswohls" ist am 12.07.2008 in Kraft getreten und soll den zivilrechtlichen Schutz bei einer Gefährdung des Wohls von Kindern und Jugendlichen verbessern. Dieses Gesetz fördert eine frühzeitige Information des Familiengerichts und dadurch ggf. ein noch niederschwelliges Eingreifen des Familiengerichts. Dabei sollen

Abschluss der erforderlichen Ermittlungen nicht gestattet und eine sofortige Maßnahme zur Abwendung der drohenden Gefahr erfordert, kann das Familiengericht auf der Grundlage vorliegender Ergebnisse, bei Vorliegen der Voraussetzungen des § 1666 BGB, eine einstweilige Anordnung durchführen.[346] Das Familiengericht hat vor einer Entscheidung den Jugendlichen persönlich anzuhören, wenn er das 14. Lebensjahr vollendet hat (§ 159 Abs. 1 FamFG). Wenn das Kind das 14. Lebensjahr noch nicht vollendet hat, ist es ebenfalls persönlich anzuhören, wenn die Neigungen, Bindungen oder der Wille des Kindes für eine Entscheidung von Bedeutung sind oder wenn eine persönliche Anhörung aus sonstigen Gründen nötig ist (§ 159 Abs. 2 FamFG). Dabei kann das Gericht aus schwerwiegenden Gründen von einer kindlichen Anhörung absehen. Unterbleibt eine Anhörung des Kindes, ist diese zu einem späteren Zeitpunkt nachzuholen (§ 159 Abs. 3 FamFG). Ist aufgrund der Kindeswohl-gefährdung die Trennung des Kindes von seiner Familie oder die Entziehung des gesamten Sorgerechts notwendig, ist das Gericht zur Organisation eines Ver-fahrenspflegers verpflichtet[347]. Stellt das Gericht dem Kind oder Jugendlichen einen Verfahrensbeistand zur Verfügung, so soll die persönliche Anhörung in dessen Anwesenheit stattfinden (§ 159 Abs. 4 FamFG). Ebenfalls muss das Gericht beim Verfahren die Eltern persönlich anhören (§ 160 Abs. 1 FamFG) und darf nur aus schwerwiegenden Gründen von einer Anhörung absehen (§ 160 Abs. 3 FamFG). Außerdem hat das Gericht während des Verfahrens das Jugend-amt anzuhören, sowie zum Zwecke der Beweiserhebung Zeugen zu vernehmen und gegebenfalls einen Sachverständigen zu beauftragen (§§ 29ff, 163 FamFG). Hierzu listet der § 1666 Abs. 3 BGB neben dem vollständigen oder teilweisen Entzug des Sorgerechts, eine Vielzahl möglicher Reaktionsalternativen auf[348]. Kommt das Familiengericht auf Grund der eigenen Prüfung zu dem Ergebnis, dass eine Gefährdung des Kindeswohls vorliegt und die Eltern nicht bereit oder nicht in der Lage sind die Gefährdung abzuwenden, so muss es entsprechende Maßnahmen einleiten (§§ 29ff, 163 FamFG)[349]. Gegen die Entscheidung ist das Rechtsmittel der Berufung einer befristeten Beschwerde gemäß § 621 e ZPO

Familiengerichte und Jugendämter ihre jeweiligen Aufgaben im Sinne einer Verantwortungs-gemeinschaft wahrnehmen und die Eltern dadurch, wenn nötig, stärker in die Pflicht nehmen. (Nothhafft, S., 2008. Sorge- und Umgangsrecht bei Gewalt in der Familie: Deutsche Jugend-institut, München. http://www.dji.de-/izkk/UmgangSorgeHaeusliche-Gewalt. pdf: 24.09.2013. S. 1-2)

[346] Zorn, D., 2006. Das Recht der elterlichen Sorge. Berlin, S. 246
[347] Vgl. Ebd., S. 248
[348] Meysen, T., 2012. Das Recht zum Schutz von Kindern. In: Institut für Sozialarbeit und Sozial-pädagogik e. V. (ISS) (Hrsg.), München, S. 39
[349] Ebd., S. 39

gegeben, das innerhalb eines Monats beim OLG einzureichen ist [350]. Die gerichtlichen Maßnahmen zum Schutz des Kindes oder Jugendlichen können gemäß § 1666 Abs. 3 BGB wie folgt aussehen.

- Gebote, öffentlicher Hilfen, wie zum Beispiel Leistungen der Kinder- und Jugendhilfe und der Gesundheitsfürsorge,
- Gebote, zur Einhaltung der Schulpflicht,
- Verbote, vorübergehend oder auf unbestimmte Zeit die Familien-wohnung oder eine andere Wohnung zu nutzen, sich in einem bestimmten Umkreis der Wohnung aufzuhalten oder zu bestimmten anderen Orten an denen sich das Kind regelmäßig aufhält,
- Verbote, eine Verbindung zu dem Kind aufzunehmen oder ein Treffen mit dem Kind,
- die Ersetzung des Sorgeberechtigten und
- die teilweise oder vollständige Entziehung des Sorgerechts, sein.

Nach dem Verhältnismässigkeitsprinzip hat das Familiengericht geeignete und angemessene Maßnahmen zur Abwehr der Kindeswohlgefährdung durchzu-führen. Die familiengerichtlichen Maßnahmen begrenzen sich nicht auf oben genannte Maßnahmen, sondern auf die am besten und effektivsten Maßnahmen zur Abwehr der Gefahren des Kindeswohls. In der Regel soll das Familien-gericht milden Maßnahmen, harten Maßnahmen vorziehen, wie Abbildung 34 zeigt.

---

[350] Zorn, D., 2006. Das Recht der elterlichen Sorge. Berlin, S. 248

Erörterung der (drohenden) Gefährdung

Gebote gegenüber den Eltern
- Angebotene Hilfen nach dem SGB VIII in Anspruch zu nehmen
- Ärztliche Behandlung/ Vorsorge in Anspruch zu nehmen
- Für die Einhaltung der Schulpflicht zu sorgen

Verbote gegenüber den Eltern
- Kontakt aufzunehmen
- Familienwohnung zu nutzen

Ersetzung von Entscheidungen der Eltern
- Z.B bei Schwangerschaftsabbruch

Entzug der elterlichen Sorge
- Teilweise
- Vollständig

Quelle: Meysen, T., 2012 [351]

Abbildung 34: Familiengerichtliche Maßnahmen

Allerdings kann das Familiengericht, sofern der Fall es fordert, von dem Prinzip absehen und die Einschränkung bzw. den Entzug des Sorgerechts bestimmen. Kommt der Täter bzw. die Täter der oben genannten Anordnung nicht nach, hat das Familiengericht ein Ordnungsgeld bis zu 25.000 Euro aufzuerlegen. Wird das Ordnungsgeld nicht bezahlt wird, hat das Familiengericht eine Ordnungshaft bis zu 6 Monate zu verhängen. Das Familiengericht hat dann eine länger dauernde, kindesschutzrechtliche Maßnahme in angemessenen Zeitabständen durchzuführen. Sieht das Gericht von einer Maßnahme ab, muss es seine Entscheidung in einem Zeitabstand von ca. drei Monaten prüfen. (§ 166 Abs. 2-3 FamFG)

Aus den Berichten des statistischen Bundesamtes in Deutschland geht hervor, dass im Jahr 2011 die gerichtliche Maßnahme des vollständigen oder teilweisen Entzugs des Sorgerechts für ca. 12700 Kinder und Jugendlichen eingeleitet wurde, wie Tab. 26 zeigt. Nachdem die Zahlen der gerichtlichen Maßnahme von 1995 bis 2004 schwankten, ist seitdem bis 2008 eine starke Zunahme zu verzeichnen. Seit 2008 weist die Statistik über 12000 der gerichtlichen Maßnahmen zum vollständigen oder teilweisen Entzug des Sorgerechts auf.

---

[351] Meysen, T., 2012. Das Recht zum Schutz von Kindern. In: Institut für Sozialarbeit und Sozial-pädagogik e. V. (ISS) (Hrsg.), Vernachlässigte Kinder besser schützen. Sozialpäda-gogisches Handeln bei Kindeswohlgefährdung. 2. Auflage. München, S. 22

Weiterhin haben die Jugendämter in Deutschland im Jahr 2011 in ca. 15900 Fällen das Gericht zum vollständigen oder teilweisen Entzug des Sorgerechts das Familiengericht informiert, da die Kinder und Jugendlichen durch Jugendämter Schutzbedürftigkeit anforderten und ein Eingreifen in die Erziehung von Nöten war. Diese Zahlen der Meldungen an das Gericht erhöhten sich deutlich von 2005 bis 2008, die jedoch ab 2008 mit ca. 12000 Fällen schwankte. Die Gründe dafür sind, dass vermutlich durch die Gesetzesänderung der Jugendhilfe durch den § 8a SGB VIII im Jahr 2005 neue Möglichkeiten zur Einbeziehung des Familiengerichts geschaffen wurden und den Jugendämtern wegen der verstärkten Aufmerksamkeit der Prävention von Kindeswohlgefährdung in der Gesellschaft mehr Fälle von Gewalt gegen Kinder gemeldet wurden[352].

	1995	1996	1997	1998	1999	2000	2001	2002	2003
Anrufungen des Gerichts	9220	9518	8969	8393	8413	8496	8985	8536	8888
teilweiser oder vollständiger Entzug der elterlichen Sorge	8477	8146	7984	7717	7774	7505	8099	8123	8104

	2004	2005	2006	2007	2008	2009	2010	2011
Anrufungen des Gerichts	8817	9724	10764	12752	14952	15274	16197	15924
teilweiser oder vollständiger Entzug der elterlichen Sorge	8060	8686	9572	10769	12244	12164	12681	12723

Quelle: Statistisches Bundesamt

Tabelle 26: Gerichtliche Maßnahmen zum teilweisen oder vollständigen Entzug des Sorgerechts der Eltern in Deutschland 1995-2011

---

[352] Vgl. Goldberg, B., Schorn, A. (Hrsg.), 2011. Kindeswohlgefährdung: Wahrnehmen, Bewerten, Intervenieren. Opladen, S. 48

9.5 Strafrechtliche Maßnahmen bei Gewalt gegen Kinder

In Deutschland reagiert das Familiengericht mit einer geeigneten Maßnahme auf Gewalt gegen Kinder durch deren Eltern und das Strafgericht ergreift strafrechtliche Maßnahmen in Fällen von Gewalt durch Dritte sowie schwerwiegende körperliche Gewalt bzw. sexuelle Gewalt und Vernachlässigung durch die Eltern[353]. Die strafrechtlichen Maßnahmen in Bezug auf die Gewalt gegen Kinder sind in der Regel aus dem Strafgesetzbuch (StGB) abgeleitet. Der Straftatbestand ergibt sich zunächst aus der Verletzung der Fürsorge- oder Erziehungspflicht nach § 171 StGB, dieser besagt, dass „wer seine Fürsorge- oder Erziehungspflicht gegenüber einer Person unter sechzehn Jahren grob verletzt und dadurch den Schutzbefohlenen in Gefahr bringt, in seiner körperlichen oder psychischen Entwicklung erheblich geschädigt zu werden, einen kriminellen Lebenswandel zu führen oder der Prostitution nachzugehen, wird mit Freiheitsstrafe bis zu drei Jahren oder mit Geldstrafe bestraft." Die Voraussetzung für ein solches Urteil ist eine nachweisbare Fürsorge- oder Erziehungsvernachlässigung des Schutzbefohlenen unter sechzehn Jahren und die Tathandlung einer groben, also subjektiv und objektiv schwerwiegenden Verletzung der Sorgfaltspflicht durch den Erziehungsberechtigten[354].

Weiterhin ist nach § 225 StGB noch ein besonderer Straftatbestand der Misshandlung von Schutzbefohlenen geregelt, dass „wer eine Person unter achtzehn Jahren oder eine wegen Gebrechlichkeit oder Krankheit wehrlose Person, die seiner Fürsorge oder Obhut untersteht, seinem Hausstand angehört, von dem Fürsorgepflichtigen seiner Gewalt überlassen worden oder ihm im Rahmen eines Dienst- oder Arbeitsverhältnisses untergeordnet ist, quält oder roh misshandelt, oder wer durch böswillige Vernachlässigung seiner Pflicht, für sie zu sorgen, sie an der Gesundheit schädigt, mit Freiheitsstrafe von sechs Monaten bis zu zehn Jahren bestraft wird." Die Tat kann nur gegenüber einer Person unter achtzehn Jahren oder einer wegen Gebrechlichkeit oder Krankheit wehrlosen Person begangen werden. Geschützt werden die körperliche Unversehrtheit und innerhalb der Körperverletzungsdelikte ausnahmsweise auch die psychische Integrität. [355] Dabei werden drei Tathandlungen genannt: das Quälen, rohe Misshandlung oder böswillige Vernachlässigung.

---

[353] Als typische Beziehungsgewaltdelikte werden von der kriminologischen Forschungsstelle der Universität Köln Tötungs- oder Körperverletzungsdelikte und sexuelle Nötigung oder Vergewaltigung dargestellt, dabei sind in über 60% Täter und Opfer miteinander verwandt oder sind sich bekannt. Jurtela, S., 2007. Häusliche Gewalt und Stalking. Innsbruck, S. 142

[354] Beck'scher Online-Kommentar: http://beck-online.beck.de/Default.aspx?vpath=bibdata/komm/-BeckOK_StR_22/StGB/cont/beckok.StGB.p171.glB.glI.gl2.htm.Online:10.10.2013

[355] Beck'scher Online-Kommentar: http://beck-online.beck.de/Default.aspx?vpath=bibdata/komm/-BeckOK_StR_22/StGB/cont/beckok.StGB.p225.glB.glA.htm. Online:10.10.2013

Das Quälen bedeutet das Zufügen länger anhaltender oder sich wiederholender erheblicher Schmerzen oder Leiden. Eine rohe Misshandlung ist, wenn sie erheblich ist und der Täter dem Opfer gegenüber gefühllos ist. Böswillige Vernachlässigung bedeutet, dass eine bloße Beeinträchtigung oder Hemmung der gesunden Entwicklung, etwa bei schlechter Ernährung oder einem blassen und mageren Kind, nicht genügt, sondern auch seelische Erkrankungen als Folgeerscheinungen nachweisbar sein müssen. (nicht hingegen bloße seelische Beeinträchtigungen, die noch keine Krankheit darstellen)[356].

Zusätzlich gibt bei allgemeinen Straftatbeständen der Körperverletzung nach § 223 StGB folgende Regel: „Wer eine andere Person körperlich misshandelt oder an der Gesundheit schädigt, wird mit Freiheitsstrafe bis zu fünf Jahren oder mit Geldstrafe bestraft". Dabei werden zwei Bereiche von körperlicher Misshandlung und Gesundheitsschädigung angesprochen. Unter körperlicher Misshandlung versteht man eine üble, unangemessene Behandlung, durch welche die körperliche Unversehrtheit oder das körperliche Wohlbefinden erheblich beeinträchtigt wird. Die Gesundheitsschädigung bedeutet das Hervorrufen oder Steigern eines vom Normalzustand der körperlichen Funktionen des Menschen nachteilig abweichenden Zustandes, also einer, wenn auch nur vorübergehenden, pathologischen Verfassung.[357] Die §§ 176, 176a und § 176b StGB regeln die strafrechtlichen Vorschriften von sexuellem Missbrauch von Kindern. Seit 2003 ist die Zahl der angezeigten Fälle rückläufig und stellt im Jahr 2005 den niedrigsten Wert seit 1993 dar (vgl. Bundeskriminalamt 2006).[358] Die Übersicht der strafrechtlichen Maßnahmen im Hinblick auf die Gewalt gegen Kinder ist in der nachstehenden Tabelle 27 dargestellt.

---

[356] Joecks, W., Miebach, K., 2012. Münchener Kommentar zum Strafgesetzbuch Bd. 4: §§ 185-262 StGB. 2. Auflage: http://beck-online.beck.de/Default.aspx?vpath=bibdata/komm/BeckOK_StR-_22-/StGB/cont/beckok.StGB.p171.glB.gll.gl2.htm. Online:10.10.2013

[357] Dölling, D., Duttge, G., Rössner, D., 2013. Gesamtes Strafrecht. 3. Auflage: http:/-//beckonline-.beck.de/Default.aspx?vpath=bibdata%5ckomm%5cdoedutroekostra-fr_3-3%5cstg-b%5ccont%5cdoedutroekostrafr.stgb.p223.htm. Online:10.10.2013

[358] Galm, B., Herzig, S., Lillig, S., Stötzel, M., 2007. Kindeswohl und Kindeswohlgefährdung. In: Arbeitsstelle Kinder- und Jugendkriminalitätsprävention. Strategien der Gewaltprävention im Kindes- und Jugendalter Band 11: Deutsches Jugendinstitut. München, S. 39

Verletzung der Fürsorge- oder Erziehungspflicht § 171 StGB	Wer seine Fürsorge- oder Erziehungspflicht gegenüber einer Person unter sechzehn Jahren gröblich verletzt und dadurch den Schutzbefohlenen in die Gefahr bringt, in seiner körperlichen oder psychischen Entwicklung erheblich geschädigt zu werden, einen kriminellen Lebenswandel zu führen oder der Prostitution nachzugehen, wird mit Freiheitsstrafe bis zu drei Jahren oder mit Geldstrafe bestraft.
Misshandlung von Schutzbefohlenen § 225 StGB	(1) Wer eine Person unter achtzehn Jahren oder eine wegen Gebrechlichkeit oder Krankheit wehrlose Person, die 1. seiner Fürsorge oder Obhut untersteht, 2. seinem Hausstand angehört, 3. von dem Fürsorgepflichtigen seiner Gewalt überlassen worden oder 4. ihm im Rahmen eines Dienst- oder Arbeitsverhältnisses untergeordnet ist, quält oder roh misshandelt oder wer durch böswillige Vernachlässigung seiner Pflicht, für sie zu sorgen, sie an der Gesundheit schädigt, wird mit Freiheitsstrafe von sechs Monaten bis zu zehn Jahren bestraft.
Körperverletzung § 223	(1) Wer eine andere Person körperlich misshandelt oder an der Gesundheit schädigt, wird mit Freiheitsstrafe bis zu fünf Jahren oder mit Geldstrafe bestraft.
Mord § 211 StGB	(1) Der Mörder wird mit lebenslanger Freiheitsstrafe bestraft. (2) Mörder ist, wer aus Mordlust, zur Befriedigung des Geschlechtstriebs, aus Habgier oder sonst aus niedrigen Beweggründen, heimtückisch oder grausam oder mit gemeingefährlichen Mitteln oder um eine andere Straftat zu ermöglichen oder zu verdecken, einen Menschen tötet.
Totschlag § 212 StGB	(1) Wer einen Menschen tötet, ohne Mörder zu sein, wird als Totschläger mit Freiheitsstrafe nicht unter fünf Jahren bestraft. (2) In besonders schweren Fällen ist auf lebenslange Freiheitsstrafe zu erkennen.
Sexueller Missbrauch von Schutzbefohlenen § 174 StGB	(1) Wer sexuelle Handlungen 1. an einer Person unter sechzehn Jahren, die ihm zur Erziehung, zur Ausbildung oder zur Betreuung in der Lebensführung anvertraut ist, 2. an einer Person unter achtzehn Jahren, die ihm zur Erziehung, zur Ausbildung oder zur Betreuung in der Lebensführung anvertraut oder im Rahmen eines Dienst- oder Arbeitsverhältnisses untergeordnet ist, unter Missbrauch einer mit dem Erziehungs-, Ausbildungs-, Betreuungs-, Dienst- oder Arbeitsverhältnis verbundenen Abhängigkeit oder 3. an seinem noch nicht achtzehn Jahre alten leiblichen oder angenommenen Kind vornimmt oder an sich von dem Schutzbefohlenen vornehmen lässt, wird mit Freiheitsstrafe von drei Monaten bis zu fünf Jahren bestraft.
Sexueller Missbrauch von Kindern § 176 StGB	(1) Wer sexuelle Handlungen an einer Person unter vierzehn Jahren (Kind) vornimmt oder an sich von dem Kind vornehmen lässt, wird mit Freiheitsstrafe von sechs Monaten bis zu zehn Jahren bestraft. (2) Ebenso wird bestraft, wer ein Kind dazu bestimmt, dass es sexuelle Handlungen an einem Dritten vornimmt oder von einem Dritten an sich vornehmen lässt.

Tabelle 27: Strafrechtliche Maßnahmen bei Gewalt gegen Kinder im StGB

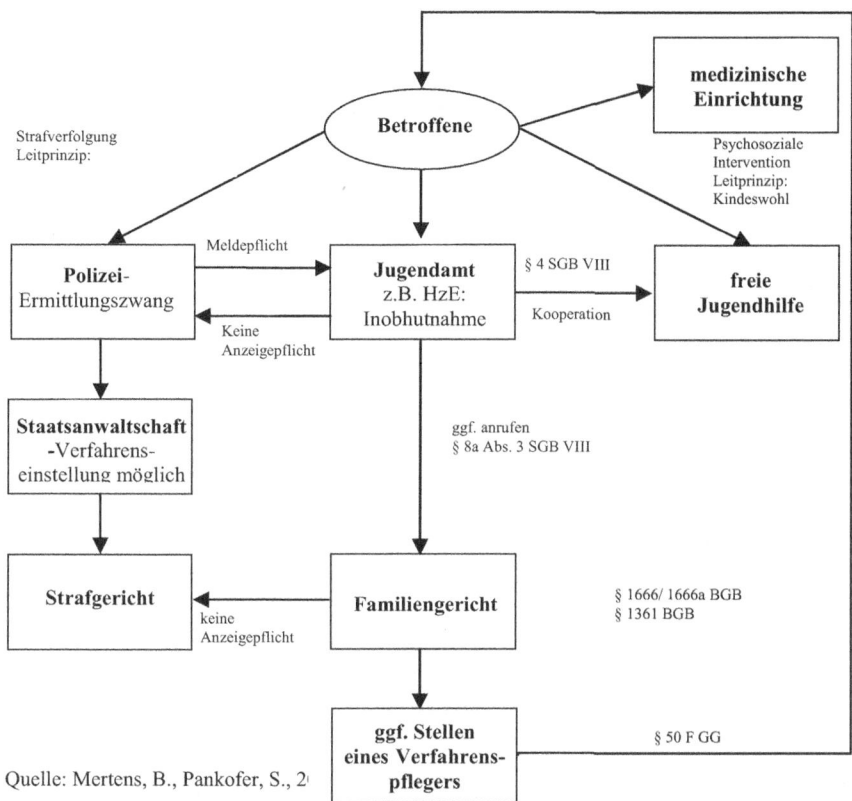

Quelle: Mertens, B., Pankofer, S., 2

Abbildung 35: Kooperationen und Leitprinzipien in Deutschland

---

[359] Mertens, B., Pankofer, S., 2011. Kindesmisshandlung. Körperliche Gewalt in der Familie. Paderborn, S. 94

10 Vergleich[360]

Wie bereits zu Beginn erwähnt, sind die rechtlichen Rahmenbedingungen und organisatorischen Gegebenheiten, in Bezug auf das Kinderschutzsystem in Deutschland und Südkorea, relativ ähnlich. Für beide Länder, d.h. sowohl für das Jugendamt in Deutschland, als auch das KSZ in Südkorea gilt das doppelte Mandat, also Diskrepranz von Hilfe und Kontrolle im Kinderschutzsystem. Die Jugendhilfe ist auf der einen Seite für die Unterstützung der Kinder, Jugendlichen und Familien zuständig und hat die Aufgabe Förderung und Beratung anzubieten und auf der anderen Seite muss sie durch das Eingreifen bei Gefahren des Wohls von Kindern und Jugendlichen tätig werden. Trotz ähnlicher Ausgangslage gibt es in beiden Ländern sehr unterschiedliche Herangehensweisen, d.h. abweichende konzeptionelle Grundideen, Rahmenbedingungen und organisatorische Strukturen.

1. In Deutschland besagt der gesetzliche Schutzauftrag der Kinder- und Jugendhilfe nach § 6 Abs. 2 Satz 1-2 GG, dass „Pflege und Erziehung (...) das natürliche Recht der Eltern und die zuvörderst ihnen obliegende Pflicht" sind „über ihre Betätigung wacht die staatliche Gemeinschaft". Der Schutz des Kindes und Jugendlichen bei Gefährdung obliegt zunächst den Eltern, deren Engagement Vorrang gegenüber dem Staat hat. Die Eltern sind deswegen verantwortlich für das gedeihliche Aufwachsen ihrer Kinder und für die Entwicklung zu einer eigenverantwortlichen und gemeinschaftsfähigen Persönlichkeit dieser. Allerdings kann die zuständige Instanz sowie das Jugendamt, dass das Wächteramt inne hat, bei Gefahren des Kindeswohls Maßnahmen ergreifen, um das Kind und den Jugendlichen vor Gefahren zu schützen, wenn die Eltern ihrer Verantwortung nicht nachkommen. Unter diesen Umständen liegt auch der Rechtsgrund für staatliche Maßnahmen in Bezug auf Gewalt gegen Kinder begründet. Dagegen ist in Südkorea die elterliche Verantwortung und der Vorrang des Staates gegenüber Eltern nicht geregelt, sondern nur in den §§ 1-2 KWG das Kinderrecht verfasst. Bei Gefahren des Wohls des Kindes und Jugendlichen ist das staatliche Eingreifrecht in Bezug auf das Recht des Sorge berechtigten in Südkorea uneindeutig geregelt.

---

[360] Vgl. Kap. IV

2. In Deutschland hat gemäß § 1 Abs. 1 SGB VIII „jeder junge Menschen ein Recht auf Förderung seiner Entwicklung und Erziehung zu einer eigenverantwortlichen und gemeinschaftsfähigen Persönlichkeit". Der Staat ist verpflichtet, die geeigneten Hilfeleistungen, Unterstützungen und Förderungen für eine gedeihliche und sichere Entwicklung, anzubieten. Dafür können die Erziehungsberechtigten bzw. Eltern für die Entwicklung und den Schutz ihres Kindes die präventiven Leistungsangebote, z.b. familienunterstützende Leistungen nach den §§ 16-21, familienergänzende §§ 22-26, 11-15, 27-32 und -ersetzende Leistungen §§ 33-35 in Anspruch nehmen. Insofern steht eine präventive, familiär ergänzende Politik in Deutschland, vor dem staatlichen Eingreifen in Bezug auf die Gewalt an Kindern. Ebenfalls haben in Südkorea gemäß der §§ 1-2 KWG „alle Kinder ein Recht auf Förderung ihrer Entwicklung und Sicherheit des Kindeswohls". Kinder und Jugendliche haben den Anspruch auf staatliche Hilfeleistung und Unterstützung. Jedoch gibt es im südkoreanischen Gesetz keine präventiven Leistungsangebote. Stattdessen erhalten Eltern bzw. Sorgeberechtigte, die durch Behörden, als auch durch das KSZ als Täter in Bezug auf die Gewalt gegen Kinder klassifiziert wurden, erst nach der Gewaltanwendung Unterstützungen und Hilfeleistungen vom Staat. Insofern gilt in Südkorea das „Post-interventions-System".

3. In Deutschland wurden die Aufgaben und Handlungspflichten, im Rahmen des gesetzlichen Schutzauftrags, der Kinder- und Jugendhilfe übertragen, also an die Jugendämter, Familiengerichte und freien Träger weitergegegen. Dabei trägt das Jugendamt als öffentlicher Träger gemäß § 79 SGB VIII die Gesamtverantwortung, einschließlich der Planungsverantwortung der Kinder- und Jugendhilfe. Der öffentliche Träger ist gemäß der §§ 3-4 SGB VIII zu einem pluralen Jugendhilfeangebot und zur partnerschaftlichen Mitwirkung der freien Jugendhilfe verpflichtet. Insofern spielen die öffentlichen Träger in Deutschland eine große Rolle. Dagegen ist in Südkorea ebenfalls „die staatliche Verantwortung" gemäß § 4 KWG geregelt. Jedoch enthält es keine ausführlichen Regelungen, es gibt keine Regelung zur Gesamtverantwortung im Rahmen der Leistungen bei Gewalt gegen Kinder und keine Kooperation zwischen öffentlichen und freien Trägern.

4. Weiterhin tragen die öffentlichen und freien Träger in Deutschland zum Kinderschutzsystem bei. Das Jugendamt verfügt über das Eingreifrecht und das Recht der Risikoabschätzung im Hinblick auf die Gewalt gegen Kinder und die freien Träger führen die verschiedenen Leistungsangebote durch. Es wird deutlich, dass es eine vielfältige Handlungs- und Reaktionsmöglichkeit mit einer effektiven Verteilung der Aufgaben im öffentlichen- und freien Raum gibt. Dagegen befindet sich das südkoreanische Kinderschutzsystem in absoluter Abhängigkeit von freien Trägern (nur KSZ). Obwohl durch die freien Träger die

Qualität und Professionalität der Hilfeleistung der Kinder- und Jugendhilfe erhöht werden konnte, ist sie im Bereich von Gewalt gegen Kinder wesentlich begrenzter. Freie Träger haben nicht das Recht bei Gewalt in der Familie einzugreifen, auch wenn der Tatbestand besteht und ein Eingreifen erforderlich wäre. Zudem wäre eine Zusammenarbeit mit anderen rechtlichen Einrichtungen und Schulen notwendig, so dass bei Verdachtsfällen möglichst schnell gehandelt werden kann. Aus diesen Gründe ist es für die freien Träger schwierig, alle diese Aufgaben sowie der hoheitlichen Ausübung im Rahmen des Kinderschutzes nachzukommen. Deshalb spielt die staatlich bestimmte Kompetenz und Unterstützung mit den freien Trägern eine große Rolle.

5. In Deutschland sind das Jugendamt, das Familiengericht und die freien Träger gemäß den §§ 3-4, 50 SGB VIII gleichberechtigte kooperative Träger im Rahmen des Kinderschutzes. Dagegen gibt es in Südkorea keine Regelungen. Der freie Träger in Südkorea übernimmt die Aufgaben des öffentlichen Trägers und erhält dessen Befugnisse. In der Praxis gibt es also zwischen dem öffentlichen und freien Träger keine verbindliche Zusammenarbeit, sowie zuständige und genaue Aufgaben, sondern allein das KSZ, dem die freien Träger zugehörig sind, übernimmt alle Aufgaben. Zudem gibt es in der koreanischen Gesellschaft, wegen des konfuzianistischen Gedanken zwischen öffentlichen- und freien Trägern, sowie BeamtenInnen und SozialarbeiterInnen kein gleichberechtiges kooperatives Verhalten, sondern maßgeblich eine senkrechte und hierarchische Haltung. Aus diesem Grund liegt die Schwierigkeit bei der kooperativen Durchführung.

6. Ist das Wohl des Kindes oder Jugendlichen in Deutschland akut gefährdet, ist das Jugendamt verpflichtet, gemäß § 42 Abs. 1 SGB Kinder und Jugendliche in Obhut zu nehmen. Widersprechen dabei die Erziehungsberechtigten der Inobhutnahme, hat das Jugendamt die Aufgabe des Familiengerichts hinzuzuziehen (§ 42 Abs. 3 Satz 2 SGB VIII). Dabei ist das Jugendamt berechtigt, die Kinder und Jugendlichen vor der Entscheidung des Familiengerichts an einem sicherem Ort unterzubringen. Übergibt das Jugendamt das Kind oder den Jugendlichen den Eltern, ist das Jugendamt trotzdem verpflichtet, darauf zu achten, dass nach der erforderlichen Einschätzung eine Gefährdung nicht mehr besteht oder die Eltern bereits in der Lage sind, der Gefährdung entgegenzuwirken (§ 42 Abs. 3 Satz 1 SGB VIII). Der genaue Zeitpunkt ist allerdings im SGB VIII nicht geregelt, sondern es ist nur nach der Einschätzung des Jugendamtes bzw. nach familiengerichtlicher Maßnahme das Kind bzw. Jugendlichen an die Eltern zu übergeben. Insofern gibt es aus kindlicher Sichtweise schützende Flexibilität.

Dagegen ist das KSZ in Südkorea bei Inobhutnahme nach § 27. Abs. 3 KWG verpflichtet, das Kind oder den Jugendlichen nach drei Tagen wieder den Eltern zu übergeben. Das KSZ kann nach diesen drei Tagen, für eine langfristige Schutzmaßnahme beim Bürgermeister der Stadt bzw. der Kommune einen Antrag stellen. Erhält jedoch das KSZ innerhalb der genannten Frist keine Antwort des Bürgermeisters, ist das KSZ nicht berechtigt, das Kind oder den Jugendlichen weiterhin in Obhut zu behalten und das KSZ hat unverzüglich dem Erziehungsberechtigten das Kind zu übergeben, egal ob die Gefährdung des Kindes und Jugendlichen behoben ist. Auch wenn das KSZ innerhalb von drei Tagen von der zuständigen Behörde eine Anordnung erhält, der Erziehungsberechtigte der Schutzmaßnahme jedoch widerspricht, muss das KSZ den Eltern das Kind bzw. den Jugendlichen zurück geben. Dabei hat das Sorgerecht Vorrang gegenüber dem Kinderschutzrecht, da die zuständige Behörde in der Stadt keinen Anspruch auf das Sorgerecht hat, sondern nur das Recht des Kinderschutzes. Wird das Sorgerecht angefochten, kann das KSZ durch die zuständige Behörde das Familiengericht einschalten. Jedoch dauert es im Schnitt ca. 3 Monate und die meisten Fälle scheitern wegen fehlender Gesetzgebungen. Hier liegt der entscheidende Unterschied im Kinderschutz zwischen Deutschland und Südkorea.

7. In Deutschland reagieren Jugendamt und Familiengericht zusammen, auf Gewalt gegen Kinder durch ihre Eltern. Das Familiengericht ordnet die vielfältigen Maßnahmen gegen Eltern an und entscheidet notfalls über einen Entzug oder eine Einschränkung des Sorgerechts. Zusätzlich hat das Strafgericht nach StGB Handlungsmöglichkeiten, kann so eine strafrechtliche Maßnahme erlassen und körperliche- und psychische Gewalt, sexuelle Gewalt und Vernachlässigung unterbinden. Dagegen reagiert in Südkorea das Familiengericht mit dem Entzug und Einschränkungen des Sorgerechts und das Strafgericht ergreift die strafrechtlichen Maßnahmen gegen die Täter. Jedoch fällt es in beiden Gerichten schwer, ein Urteil bei Gewalt gegen Kinder zu fällen, da es nur schwerwiegende körperliche Gewalt und sexuelle Gewalt gegen Kinder als Straftaten anerkannt werden und das Verfahren lange Zeit (ca. 3 Monate) dauert.

Rückblickend ergibt sich also, dass in Deutschland das Jugendamt und die Justizbehörde auf die Frage des Kinderschutzes bei Kindeswohlgefährdung zusammen reagieren. Dabei verhandelt das Familiengericht nicht nur über angemessene Maßnahmen, sondern auch über den Entzug und Einschränkungen des Sorgerechts. Weiterhin ist das Jugendamt am Gesamten Prozess des Kinderschutzes beteiligt, beginnend bei der Unterstützung der Eltern bis zur Inobhutnahme des Kindes und Jugendlichen. Dagegen reagieren in Südkorea meistens nur die KSZ ohne die Mitwirkung von staatlichen Behörden. Dies stellt in Südkorea ein Hindernis für effektiven Kinderschutzes dar.

In Südkorea sollte zunächst das staatliche Eingreifrecht bei Kindeswohlgefährdung, in Bezug auf das elterliche Recht, eindeutig geregelt und präventive

Leistungsangebote sowie die geeigneten Hilfeleistungen, Unterstützungen und Förderungen für die Entwicklung und den Schutz des Kindes und Jugendlichen, als auch die konkreten Paragrafen in Bezug auf das Kinderschutzrecht, erarbeitet werden. Weiterhin muss die genaue Rolle und Aufgabe bzw. Kooperation zwischen dem KSZ, den staatlichen Behörden und dem Familiengerichten oder zwischen öffentlichen und freien Trägern bestimmt und nach ihrer Kompetenz aufgeteilt werden. Zudem sollte die befugte Inobhutnahme über drei Tage, das Eingreifen in das elterliche Sorgerecht, die medizinischen Maßnahmen bzw. Therapien für Täter und Opfer, die Anwendung der Erweiterung in Bezug auf die Formen der Gewalt gegen Kinder im Familien- und Strafgericht usw., in der zukünftigen Arbeit in Südkorea zunehmend an Bedeutung gewinnen.

Teil Vier: Die sozialpädagogische Handlungsdomäne

Dieses Kapitel beschäftigt sich mit den sozialpädagogischen Handlungsdomänen und deren Grenzen beider Länder. Dafür muss zunächst auf die Übersicht der Handlungsverfahren, der sozialpädagogischen Ansätze und Methoden, im Rahmen von Gewalt gegen Kinder, in den jeweiligen Ländern, eingegangen werden. Dabei spielt eine wichtige Rolle, auf welche Art und Weise die Risikoeinschätzung bei Kindeswohlgefährdung in beiden Ländern vorgenommen wird. Danach wird eine Kooperation für einen effektiven und nachhaltigen Kinderschutz erörtert, und dargestellt, wie der Grad oder die Absichten der Verbesserung von Kinderschutz in der Kooperation zu verzahnen ist.

11 Sozialpädagogische Handlungen und deren Grenzen in Südkorea

11.1 Die Handlungskonzepte sozialpädagogischer Arbeit im Kontext von Gewalt gegen Kinder

Nach dem Leitprinzip des Ministeriums für Gesundheit und Wohlfahrt gibt es Handlungskonzepte für sozialpädagogische Arbeit und ein effektives Kinderschutzystem, wonach zunächst alle Kinder vor Gewalt geschützt werden müssen. Kinder und Jugendliche haben nicht nur den Anspruch auf angemessene Hilfsangebote zur gedeihlichen Entwicklung, sondern auch auf geeigneten Schutz bei Gefährdung ihres Wohls des Kindes und Jugendlichen. Dabei gilt es dem „Verbleiben in der Familie" der Inobhutnahme vorzuziehen. Weiterhin versucht der Staat die Funktion der Familien, die Abwendung von Gewalt gegen Kinder zu verbessern und eine gute Atmosphäre in Bezug auf die gedeihlichen Entwicklung zu schaffen. Bei der Intervention zur Abwehr von Gefahren des Kindeswohls versuchen die zuständigen SozialarbeiterInnen, die Kommunikation und das Vertrauen zwischen Kind und Eltern zu berücksichtigen. Damit soll der Grundsatz des Datenschutzes eingehalten werden.[361]

11.2 Handlungsverfahren

Das KSZ agiert im Rahmen des Kinderschutzsystem als Delivery-System und begleitet den Prozess vor der Meldungen der Gewalt gegen Kinder, bis zum Abschluss der Hilfemaßnahmen. Die Fallbearbeitung bei Verdacht auf Gewalt gegen Kinder wird in Südkorea in folgende fünf Phasen unterteilt (Abb. 36):

- Phase 1: Meldung von Gewalt gegen Kinder
- Phase 2: Die Untersuchung vor Ort
- Phase 3: Die Einschätzung und Entscheidung über die Maßnahmen

---

[361] Das Ministerium für Gesundheit und Wohlfahrt, 2000. Das Leitprinzip für effektive Durchführung im Kinderschutzsystem. S. 1

- Phase 4: Hilfeprozesse für das Kind, den Jugendlichen und die Familie
- Phase 5: Abschluss der Fallbearbeitung oder follow-up service

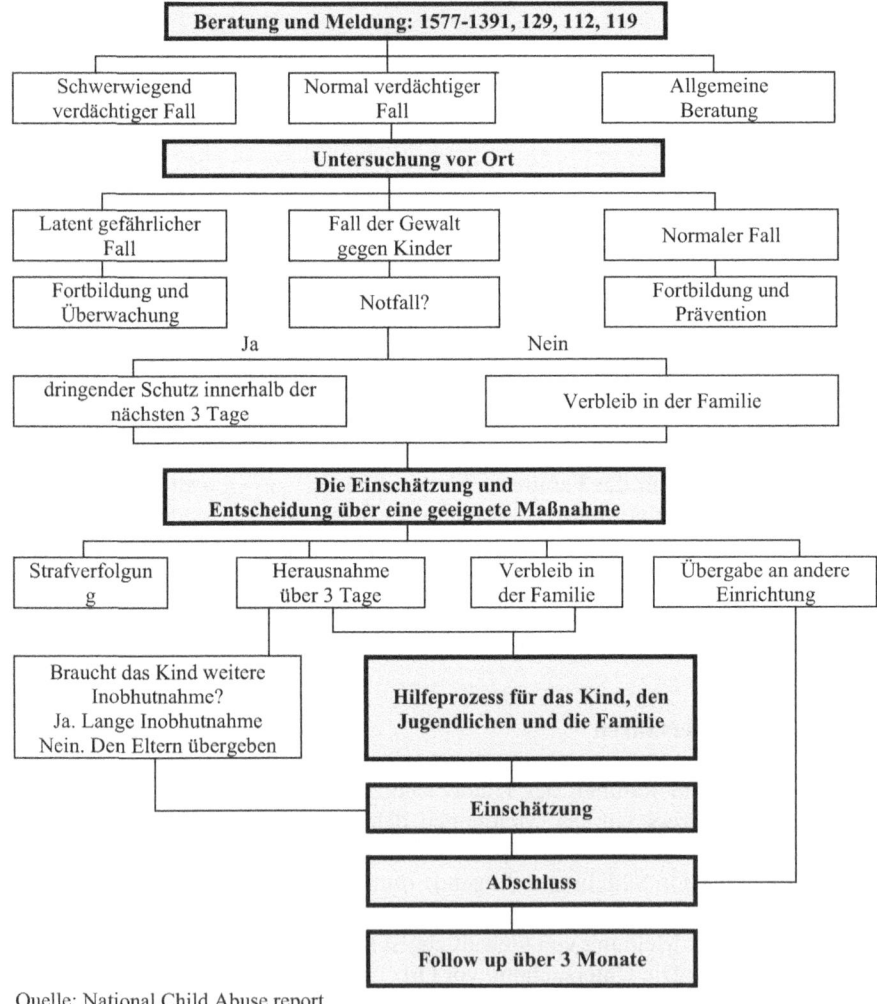

Quelle: National Child Abuse report

Abbildung 36: Handlungsverfahren der KSZ in Südkorea

11.2.1 Die Meldung der Verdachtsfälle bei Gewalt gegen Kinder

Das Kinderschutzsystem in Südkorea kennzeichnet sich über ein Meldungssystem aus. Wer Gewalt gegen Kinder erkennt, sollte das regionale zuständige KSZ bzw. die Polizei benachrichtigen. Seit 2000 gilt die Meldepflicht laut Gesetz, vor allem für die MitarbeiterInnen der Kinder- und Jugendhilfe (§ 26 Abs. 1-2 KWG). Sie sind dazu verpflichtet, in jedem Fall von Gewalt gegen Kinder eine Meldung an die zuständige Instanz zu machen.

Es gibt verschiedene Möglichkeiten der Meldung: die Notrufnummer 1577-1391 des KSZ, das Callcenter 129 des Ministeriums für Gesundheit und Wohlfahrt, auf der Internetseite des KSZ, bei der Polizei 112 und der Feuerwehr 119. Wird dabei, bei einer nicht zuständigen Einrichtung, wie z.B der Feuerwehr ein verdächtiger Fall von Gewalt gegen Kinder gemeldet, sollten diese sofort das zuständige KSZ oder die Polizei informieren, um potentielle Gefährdungen der Kinder und Jugendlichen zu verhindern. Jedoch tragen die zuständigen Instanzen untereinander keine Rücksprachepflicht untereinander. Wird bei der Polizei ein Fall von Kindeswohlgefährdung gemeldet, dann kann sie selbstständig ohne das KSZ über den Fall zu unterrichten tätig werden.

Der nationale Bericht der Statistik von Gewalt gegen Kinder von 2011 beschreibt, auf welche Art und Weise das KSZ die Fälle von Gewalt bei Kindern und Jugendlichen gemeldet wurden. Dabei ergibt sich, dass 9470 (93,3%) Meldungen an die Notrufnummer 1577-1391 des KSZ, 3,8%, an das Callcenter 129 des Ministeriums für Gesundheit und Wohlfahrt gingen. 1,0% wurden über die Internetseite des KSZ und 1,9% durch direkte Meldungen im KSZ gemeldet[362]. Es wird deutlich, dass die meisten Fälle von Gewalt gegen Kinder direkt dem KSZ gemeldet wurden.

Wird den SozialarbeiterInnen des KSZ ein verdächtiger Fall gemeldet, dann werden in drei Typen unterschieden: der schwerwiegende verdächtige Fall, der normal verdächtige Fall und die allgemeine Beratung. Der schwerwiegende verdächtige Fall bedeutet, dass die SozialarbeiterInnen bei Meldung eine akute Situation der Kindeswohlgefährdung erkennen. Die SozialarbeiterInnen haben dann die Aufgabe innerhalb von 12 Stunden für den Schutz des Kindes und Jugendlichen vor Ort zu sorgen. Der normal verdächtige Fall beschreibt, dass kein akutes Gefährdungsrisiko vorliegt und eine Untersuchung vor Ort nötig ist, die innerhalb von 72 Stunden vollzogen werden muss. Die allgemeine Beratung ist vergleichbar mit einer Präventionsmaßnahme. Sie ist dann geboten, wenn ein Fall von Gewalt gegen Kinder gemeldet wurde, die SozialarbeiterInnen aber keine Gefährdung feststellen konnten. In der Regel folgt auf eine solche

---

[362] National Child Protection Agency, 2011. National Child Abuse Report. S. 299

Meldung ein erzieherisches Beratungsgespräch oder eine Weiterleitung an eine andere soziale Einrichtung, womit der Fall abgeschlossen wird. Bei Verdacht auf Gewalt können die SozialarbeiterInnen des KSZ keine Schutzmaßnahmen einleiten und dem Kind keine sichere Umgebung oder Hilfe anbieten. Deshalb spielt es eine große Rolle, wie die SozialarbeiterInnen die erste Meldung bewerten.

11.2.2 Die Untersuchung vor Ort

Nach der Meldung von Verdacht auf Kindeswohlgefährdung, wird der verdächtige Fall an die zuständigen SozialarbeiterInnen für eine Untersuchung ordnungsmäßig übergeben. Die zuständigen SozialarbeiterInnen haben nach der Klassifikation des Falls mit einem Kollegen vor Ort zu erscheinen: bei einem schwerwiegenden verdächtigen Fall innerhalb von 12 Stunden und bei einem normal verdächtigen Fall innerhalb von 72 Stunden (§ 27 Abs.1 KWG). Setzen sich die SozialarbeiterInnen dabei einer Gefährdung durch den Täter aus, z.b. wenn der Täter eine psychische Erkrankung aufweist, alkoholsüchtig oder drogenabhängig ist, können die SozialarbeiterInnen, gemäß § 27 Abs. 1 KWG die Hilfe der Polizei anfordern. Bei der Untersuchung des Falles müssen die SozialarbeiterInnen des KSZ objektive Informationen über den Tatbestand sammeln und im betroffenen Umfeld, z.B. Familie, Nachbarn, LehrerInnen in der Schule oder im Kindergarten, ebenfalls Untersuchungen anstellen (§ 27 Abs. 6). Dabei haben die SozialarbeiterInnen das Recht, bei der obstruierenden Handlung und Durchführung der Aufgaben nicht behindert zu werden (§ 27 Abs. 5). Erweist sich bei der Untersuchung der Verdacht auf Gewalt gegen Kinder als berechtigt und ist der Schutz des Kindes und Jugendlichen nicht gewährleistet, haben die SozialarbeiterInnen eine angemessene Schutzmaßnahme zu ergreifen, wie z.B. eine vorläufige Inobhutnahme oder medizinische Behandlung[363]. Kinder bzw. der Jugendliche unter 18 Jahren können drei Tage ohne Zustimmung der Sorgeberechtigten in Obhut genommen werden. Zusätzlich kann diese Maßnahme um zwei Tage im Rahmen der Verordnung des Präsidenten[364] verlängert werden.

---

[363] Die erste Einschätzung wird den zuständigen SozialarbeiterInnen anvertraut, so dass eine schnelle Entscheidung getroffen werden kann. Deshalb können die SozialarbeiterInnen selbst entscheiden, welche Stufe der Kindeswohlgefährdung vorliegt und müssen erst später die kommunalen zuständigen Behörden benachrichtigen. Dabei beschränkt sich die Befugnis der Sozialarbeiter-Innen des KSZ nur auf die vorläufigen Maßnahmeentscheidungen für das Kind oder den Jugendlichen. Sie dürfen erst handeln, wenn die körperliche und seelische Unversehrtheit des Kindes und Jugendlichen nicht gewährleistet wird.

[364] Die Verordnung des Präsidenten § 25 Abs. 1-2, 23.03.2013: 1. wird an einem Samstag, Sonntag oder Feiertag eine Inobhutnahme durchgeführt, so kann diese um zwei weitere Tage verlängert

11.2.3 Die Einschätzung und die Entscheidung über die Maßnahme

Nach der Untersuchung vor Ort müssen die SozialarbeiterInnen die Evaluation nach dem Risikoabschätzungs- und Screeningsmaßstab durchführen. Es wird evaluiert, ob es sich um einen Fall von Gewalt gegen Kinder handelt bzw. zu welcher Form von Gewalt dieser zuzuordnen ist. Bei Bedarf können innere und externe Entscheidungsausschüsse [365] für die Abschätzung zu Rate gezogen werden und geeignete Maßnahmen bei Gewalt gegen Kinder eingeleitet werden. Dabei sollen die SozialarbeiterInnen bei den gesammelten Informationen, Beweisen und Interviews, die betroffener Personen berücksichtigen.

In Südkorea wird zur Einschätzung der Situation des Kindes und Jugendlichen der Screeningsmaßstab nach Tab. 28 verwendet. Dieser Screeningsmaßstab wird in mehrdimensionalen Aspekte und verschiedenen Faktoren wie Kinder, Eltern, Familie und Umwelt unterteilt. Dieses Instrument ist eine Handreichung zur Entscheidungsfindung, die SozialarbeiterInnen helfen soll, einzuschätzen, ob für das Kind oder den Jugendlichen Schutzmaßnahmen, wie die Inobhutnahmen in Betracht kommen. Die Sicherheitseinschätzung schließt 20 Fragen ein, sieben Fragen beziehen sich auf kindliche-Faktoren, fünf Fragen beziehen sich auf elterliche-Faktoren, vier Fragen wurde für die familiäre Situation formuliert und vier weitere Fragen beziehen sich auf die Lebens- und Umweltsituation. Die Antwort besteht aus ja (1 Punkt), nein (0 Punkte) und nicht identifiziert. Anhand der Punkte haben die SozialarbeiterInnen die Situation abzuschätzen.

- 0-1 Punkt : Latent gefährlicher Fall oder normaler Fall
- 2-4 Punkte : Fall von Gewalt gegen Kinder folgend
  der Maßnahme „Verbleiben bei der Familie"
- 5-9 Punkte : Der Fall von Gewalt gegen Kinder und die
  Maßnahme „Verbleiben bei der Familie oder
  Herausnahme"

---

werden. Gesetzlich geregelt sind 3 Tage der Inobhutnahme, durch einen Antrag wegen Samstag, Sonntag oder Feiertag, ist diese auf 5 Tage verlängerbar. 2. der Bürgermeister kann die Inobhutnahme, durch angeben eines triftigen Grundes, z.B. mehr benötigte Zeit zum bearbeiten des Falles, verlängern.

[365] 1. Der innere Entscheidungsausschuss: Alle SozialarbeiterInnen des KSZ versammeln sich zu einer Besprechung über schwerwiegende Fälle und legen die konkreten Maßnahmen oder Hilfeprozesse, die eingeleitet werden sollen, fest. 2. Der externe Entscheidungsausschuss: 10 Regionale Experten wie Professoren, Rechtsanwälte, Beamte, Ärzte, ErzieherInnen, Polizisten, Leiter des KSZ oder anderer sozialer Einrichtungen, die zu Kommissaren berufen wurden, bilden den externen Entscheidungsausschuss. Sie entscheiden über einen regional schwerwiegenden Fall, und besprechen die einzuleitenden Maßnahmen und Hilfeprozesse. Der externe Entscheidungsausschuss übernimmt schwerwiegende Fälle, die der Innere Entscheidungsausschuss nicht zu bewältigen vermag.

- ### 10-20 Punkte: Der Fall von Gewalt gegen Kinder und die Maßnahme „Herausnahme"

Faktor	Indikator	Ja (1)	Ne in (0)	Nicht identifiziert	Bemerkung
Kindlicher Faktoren	1) Dringende körperliche bzw. psychisch-medizinische Maßnahme wird gebraucht				
	2) Das Verhalten und Sprache des Kindes ist aggressiv bzw. das Kind hat ein Leben auf der Straße erfahren.				
	3) Das Kind wird stark entmutigt und schlecht behandelt				
	4) Der Körper und das Gewicht liegt deutlich unter dem Durchschnitt und auch Körperhygiene ist mengelhaft (Kleidung)				
	5) Symptome von Körperverletzung durch körperliche oder sexuelle Gewalt wurden entdeckt				
	6) Das sexuelle Interesse und Verhalten scheint nicht dem Alter entsprechend				
	7) Abwesenheit in der Schule ohne rechtlichen Grund				
Die Faktoren der Eltern und der Täter	8) Psychische Probleme (Alkohol, Drogen, psychische Erkrankung)				
	9) Weisen unangemessene Erziehungskompetenz auf				
	10) Gewalt gegen Kinder durch die Eltern				
	11) Vermittlung von unsinnigen oder falschen Sachverhalten/ Lebenssituationen				
	12) Dem Täter ist das Kind leicht zugänglich				
Familiärer Faktoren	13) Die Familien haben öfter Konflikte verbunden mit Gewalt				
	14) Die Familien sind isoliert				
	15) Hoher Stress (Akut)				
	16) Ein Familienangehöriger ist arbeitslos oder der Haushalt ist instabil				
Lebens- und Umweltfaktoren	17) Das Lebensumfeld ist unhygienisch und somit ein Risikofaktor				
	18) Die finanziellen Mittel zur Kinderbetreuung sind nicht ausreichend				
	19) Gewalt in der Nachbarschaft oder Gemeinde				
	20) Die Gewalt gegen Kinder ist nicht deutlich sichtbar				
Insgesamt					

Quelle: National Child Protection Agency

Tabelle 28: Sicherheitseinschätzung von Gewalt gegen Kinder

Zur Abschätzung des Gewaltrisikos gegen Kinder wird der Maßstab Tab. 29 (Kim, 2003[366]) verwendet. Er besteht aus insgesamt 66 Fragen und verschiedenen Risikofaktoren. Nach dem Ergebnis können die SozialarbeiterInnen des KSZ entsprechende Maßnahmen ausarbeiten, auch bei Änderungen der Situation sind die SozialarbeiterIhnen verpflichtet, mit dem Bogen zur Sicherheitseinschätzung zu arbeiten.

- 0-9 Punkte: Normaler Fall und Abschluss des Falls
- Über 10 Punkte: die Aufsicht und Beratung von Kind und Familie, Erziehungshilfe für Eltern
- Über 30 Punkte: Die Überlegung und Abwägung der Herausnahme des Kindes
- 50-69 Punkte: Die Anklage des Täters und dessen medizinische Behandlung
- Über 70 Punkte: Eine Strafverfolgung und Behandlung des Täters

Stimmen die Ergebnisse zwischen den Instrumenten und den Maßnahmen für Kinder und Familien nicht überein, müssen die SozialarbeiterInnen den Grund dafür ausführlich beschreiben.

Faktor	Indikator	Kein(0) Niedrig(1) Mittel(2) Hoch(3)	Nicht besti- mmt	Gewicht*
Kindliche Faktoren	1) Das Kind hat eine Körperbehinderung			0-2 Jahre
	2) Das Kind hat eine geistige Behinderung			0-2 Jahre
	3) Das Kind hat körperliche Probleme und ist häufig krank			0-2 Jahre
	4) Das Kind hat eine sprachliche Entwicklungs- verzögerung			0-2 Jahre
	5) Das Kind ist nervös und aggressiv			0-2 Jahre
	6) Das Kind kann nicht schlafen und hat Alpträume			0-2 Jahre
	7) Das Kind ist kleptomanisch			
	8) Das Kind will von zu Hause fliehen			
	9) Das Kind lügt ohne einen Grund			
	10) Das Kind konsumiert Tabak, Alkohol, Drogen oder schnüffelt z.B. Kleber			
	11) Das Kind ist rebellisch und aggressiv gegenüber Eltern, Nachbarn und Verwandten			
	12) Sprache und Verhalten des Kindes ist aggressiv			
	13) Das Kind weist Suizid- und Selbstverletzungs- neigungen auf			

---

[366] Kim, S., Lee, J., Kim, H., 2003. Die Forschung für die Maßstäbe von Gewalt gegen Kinder. Korea Institute for Health and Social Affairs.

	14) Das Kind verwendet sexuelle Begriffe und neigt dazu sexuelle Handlungen sehen zu wollen				
	15) Das Kind führt sexuelle Handlungen aus				
	16) Das Kind masturbiert				Mädchen
	17) Das Kind weist ein geringes Gewicht und Körpergröße auf				0-2 Jahre
	18) Das Kind weist körperliche Schäden auf, die kein Zufall sind				0-2 Jahre
	19) Das Kind hat Verletzungen im Genitalbereich				
	20) Das Kind hat Geschlechtskrankheiten oder ist schwanger				
	21) Das Kind hat Angst vor den Eltern (ohne ersichtlichen Grund)				
	22) Das Kind ist entmutigt, hat eine ausdruckslose Mimik und ist eingeschüchtert				
	23) Das Kind weist einen „Tick" auf				
	24) Das Kind hat Somatisierung (wie Kopfschmerzen)				
	25) Das Kind weist ein Aufmerksamkeits-Defizit-(Hyperaktivitäts-)Syndrom auf				
	26) Das Kind hat schlechte soziale Kontakte				
	27) Das Kind weicht sozialen Kontakten zu anderen Menschen ohne Grund aus				
	28) Die Sauberkeit des Kindes sowie Körper und Kleidung ist ungeeignet für Wetter und Jahreszeit				0-2 Jahre
	29) Bei Bedarf kein Aufsuchen eines Arztes				0-2 Jahre
	30) Das Kind bleibt allein zu Hause bis spät in die Nacht				0-2 Jahre
	31) Die Sorgeberechtigten sind nicht die leiblichen Eltern				
	32) Unerwünschte Schwangerschaft				0-2 Jahre
	33) Das Kind ist unerwünscht nach der Geburt (Aberglaube/Glaube an Unglück)				0-2 Jahre
	34) Die Eltern haben Verletzungen am Körper				
	35) Die Eltern weisen geistige Defizite auf				
Elterliche Faktoren	36) Die Eltern haben chronische/ körperliche Erkrankungen				
	37) Die Eltern konsumieren Alkohol und/oder Drogen				
	38) Die Eltern haben psychische Krankheiten (wie Schizophrenie, Suizidversuche, Depressionen)				
	39) Die Eltern haben keine Kontrolle über ihre Emotionen (z.B. Wut)				
	40) Die Eltern haben eine Gewalttat begangen				
	41) Die Eltern haben ein Sexualverbrechen begangen und wurden verhaftet				
	42) Die Eltern haben in ihrer Kindheit Gewalterfahrungen durch die Eltern erlebt				
	43) Die Eltern haben in der Vergangenheit gegen ihr Kind oder ein anderes Kind Gewalt ausgeübt				

	44) Die Eltern haben unrealistische Erwartungen an das Kind			
	45) Die Eltern zeigen kein Interesse an der Erziehung des Kindes.			
	46) Die Eltern empfinden das Kind als lästig			
	47) Die Eltern gebrauchen körperliche Züchtigung als Erziehungsmittel			
	48) Die Eltern weisen mangelnde Erziehungs- kompetenzen auf			
	49) Die Eltern lehnen die Untersuchung des Falles durch die SozialarbeiterInnen ab			
	50) Die Eltern vermitteln ihrem Kind unsinnige oder falsche Sachverhalte/ Lebensituationen			
	51) Die Eltern verweigern die Hilfeleistung des KSZ			
	52) Die Familie lebt in Trennung			
	53) Die Familie ist isoliert			
	54) Die Familie leidet unter schwerem Stress			
	55) Ein Familienangehöriger ist arbeitslos oder der Haushalt ist instabil			
Familiäre Faktoren	56) Den Familienangehörigen fehlt die Fähigkeit der Stressbewältigung			
	57) Die Familienangehörigen sprechen nicht miteinander			
	58) Die Familie hat Ehekonflikte			
	59) Es gibt häusliche Gewalt			
	60) Die Rollen in der Familie funktionieren nicht			
	61) Das Kind ist dem Täter leicht zugänglich			0-2 Jahre
	62) Das soziale Umfeld trägt das Risiko von Gewalt			
Lebens- und Umwelt- faktoren	63) Das soziale Umfeld wird bestimmt von Aggressivität und Gewalt			
	64) Das soziale Umfeld weist mangelnde Ressourcen im Bezug auf Gewalt gegen Kinder auf			
	65) Das Lebensumfeld ist unhygienisch			
	66) Das Lebensumfeld weist Gefahren im Bezug auf die Absicherung des Kindes auf			

Quelle: National Child Protection Agency
* Gewicht: Wenn es sich auf das Gewicht bezieht, können die SozialarbeiterInnen bei der Einschätzung einen Punkt mehr vergeben, also z.B.(3) Hoch+1.

Tabelle 29:Leitfaden für die Risikoeinschätzung von Gewalt gegen Kinder

Nach der Risikoeinschätzung haben SozialarbeiterInnen zwischen drei Typen zu entscheiden: Fall von Gewalt gegen Kinder, latent gefährlicher Fall oder normaler Fall. Der Fall von Gewalt gegen Kinder bedeutet, dass bereits Gewalt gegen das Kind oder den Jugendlichen mit deutlich ersichtlichen Beweisen aufgetreten ist. Der latent gefährliche Fall definiert, dass Gewalt gegen Kinder im Moment nicht vorkommt, aber die zukünftigen möglichen Risiken zur Gewalt gegen Kinder bekannt sind und die SozialarbeiterInnen daher den Fall weiterhin beaufsichtigen müssen. Schließlich bedeutet der normale Fall, dass keine Gewalt gegen Kinder deutlich und ersichtlich erkennbar ist und keine Gefahr einer Entwicklung von Gewalt gegen Kinder besteht. Dieser Fall wird dann abgeschlossen. Nachdem über den Fall entschieden wurde, müssen die zuständige SozialarbeiterInnen geeignete Maßnahmen für die Kinder bzw. Jugendlichen planen und einleiten. Dabei gibt es vier zentrale Maßnahmen:„die Strafverfolgung gegen Täter", „Herausnahme über drei Tage", „Belassen bei den Eltern" und „die Übergabe an andere Einrichtungen".

11.2.4 Hilfeprozesse für das Kind, den Jugendlichen und die Familie

Die SozialarbeiterInnen des KSZ führen den geplanten Hilfeprozess für das Kind oder den Jugendlichen, die Familie und den Täter durch, dabei arbeiten sie nach dem mehrdimensionalen Ansatz. Sie berücksichtigen bei der Planung und Umsetzung von Interventionen das Individuum, die Familie und das soziale Umfeld. Dabei müssen, sowohl nach kurzfristigen- wie auch nach langfristigen Hilfeprozessen, die Risiko- und Schutzfaktoren berücksichtigt und angemessene Leistungen durch die Kommune, z.B. psychische Therapie, Beratung oder medizinische Handlung, gefördert werden.

11.2.5 Abschluss der Fallbearbeitung und Follow-up Service

Nehmen die Risikofaktoren für das Kind ab oder sind diese beseitigt, kann der Hilfeprozess für die Kinder und deren Familie abgeschlossen werden. Der geeignete Zeitpunkt für den Abschluss ist 1. bei Abnahme von Risikofaktoren, 2. wenn das Opfer das 18te Lebensjahr erreicht hat 3. bei einer Überweisung an eine andere Behörde, 4. wenn nachhaltige Schutzmaßnahmen für das Opfer gewährleistet sind oder 5. bei Tod des Opfers bzw. Täters. Nach Abschluss müssen die SozialarbeiterInnen im Follow-up einmal im Monat einen Hausbesuch oder einen Anruf beim Opfer, über einen Zeitraum von drei Monate, durchführen. [367] Die zuständigen SozialarbeiterInnen nehmen also bedeutende Rollen ein, sie begleiten den Fall von Beginn an und wirken bis zum Abschluss mit. Sie nehmen die Risikoeinschätzung vor und sind an allen Entscheidungsprozessen beteiligt bzw. nehmen dieser selbstständig vor.

11.3 Kooperation und Netzwerkarbeit

Wie oben erwähnt, gibt es im südkoreanischen Gesetz keine Regelungen für die Zusammenarbeit und Gesamtverantwortung der Zusammenarbeit. Dennoch sollte das KSZ mit anderen Behörden kooperieren und Netzwerke aufbauen, denn nur so ist effektives Handeln möglich. Die Leitprinzipien des nationalen Kinderschutzzentrums und dessen Kooperation mit anderen, wird nachfolgend erläutert[368].

11.3.1 Die Behörden

Für den effektiven Kinderschutz sind das KSZ und die Behörden wichtige Partner. Die Behörden sowie die Ministerien und Städte sind zuständig für alle Belange des KSZ, z.B. für direkte Zuschüsse für das KSZ oder die Erlaubnis für den langfristigen Kinderschutz, Überwachung, usw. Das bedeutet einerseits befindet sich das KSZ aus finanziellen- und überamtlichen Gründen in Abhängigkeit von der Kommune, andererseits ist die Behörde für die staatliche Intervention und Leistungen in Bezug auf die Gewalt gegen Kinder völlig vom KSZ abhängig. Jedoch fehlen wegen fehlender Gesetze und mangelnder Verbindlichkeit effektive Kooperationen. Beispielweise kann der Direktor des KSZ eine zuständige Behörde bei Bedarf offiziell um die Identitätserkundigung des Opfers und des Täters, ersuchen. Die durch das KSZ angeforderte Hilfe muss von der entsprechenden Behörde geleistet werden, auch wenn kein rechtlicher Grund vorliegt (§ 25 Verordnung des Präsidenten). Verweigert jedoch die zuständige Behörde die Identitätserkundigung, hat das KSZ keinen Anspruch auf die angeforderten Informationen. Dies löst einen beachtlichen und schwerwiegenden Konflikt zwischen dem KSZ und der Behörde aus, der oft zum Nachteil des KSZ endet.

---

[367] Follow-up § 28 Abs. 1-2 KWG; 1. Es soll nach erbrachter Leistung und Abschluss des Falls durch den Hausbesuch bzw. Anruf überprüft werden, ob noch immer Gewalt gegen Kinder auftritt. 2. Nach Leistungsabschluss muss das KSZ weiterhin geeignete Unterstützung anbieten, um Gewalt gegen Kinder zu vermeiden.

[368] National Child Protection Agency, 2012. Anleitung zur Durchführung von Aufgaben. S. 38-49

1) Das Ministerium für Gesundheit und Wohlfahrt
- Politikplanung für das Kinderschutzgesetz und -system in Bezug auf Gewalt gegen Kinder
- Qualifiziertes Personal und Verwaltung der KSZ
- Staatszuschuss für das nationale KSZ
- Administrative Unterstützung mit anderen betroffenen Ministerien

2) Oberste Landesbehörde und Städte
- Überprüfung und Anordnung für neu beantragte KSZ
- Stellen von Richtlinien und die Überwachung des KSZ
- Administrative Maßnahmen für die Inobhutnahme über drei Tage
- Staatszuschuss für das regionale KSZ
- Öffentlichkeitsarbeit und Förderung des KSZ
- Identitätserkundigungen für Täter und Opfer

11.3.2 Gesetzliches Zentrum sowie Polizei und Gericht

Erwarten die SozialarbeiterInnen des KSZ bei den Untersuchungen Gefährdungen vom Täter, können sie die Hilfe der Polizei anfordern. Dabei soll die Polizei unverzüglich vor Ort erscheinen und mit den SozialarbeiterInnen kooperieren (§ 27 Abs. 1 KWG). Grund für die Information der Polizei ist, dass die SozialarbeiterInnen nicht berechtigt sind, die Täter unter Zwang zu untersuchen. Einige Polizisten haben jedoch eine negative Einstellung gegenüber dem KSZ und sind der Meinung, dass passives Eingreifen bei Gewalt gegen Kinder ausreicht, weil dies eine Frage der Familien sei[369]. Des Weiteren ist es bei einem Eingriff durch die Polizei nicht geregelt, wer vorrangig die Entscheidung betreffend der Maßnahme für die Kinder und Jugendlichen zu treffen hat. Besonders kompliziert ist die Situation, wenn die Meinungen zwischen Polizei und KSZ auseinander gehen.

- Kooperation mit der Polizei einer Intervention im Falle von Gewalt gegen Kinder. z.B Hausbesuch und Inobhutnahme
- Weiterleitung an das KSZ im Fall von Gewalt gegen Kinder und Meldung unter der polizeilichen Notrufnummer 112
- Polizeiliche Ermittlung und familiengerichtiches Verfahren gegen die Täter

---

[369] Kim, H., 2008. Development plans for integrated support system for child abuse prevention. Korean Journal of Clinical Social Work Vol. 5-2, S. 21-40

11.3.3 Medizinische Einrichtungen

In Fällen von Gewalt gegen Kinder oder Jugendliche wird in der Regel mit einer medizinischen Einrichtung kooperiert, die eine Unterschung, Diagnose und Behandlung bei Gewalt gegen Kinder durchführt. Die ärztliche Diagnose oder das ärztliche Gutachten wird als wichtiger Beweis für eine Strafverfolgung oder Intervention benötigt. Jedoch gibt es selten bzw. kaum Kooperationen, die auf Präventionsmaßnahmen ausgerichtet sind, wie z.B. Mitteilungen eines Impftermins. Liegt bei Kindern und Jugendlichen durch eine akute Kindeswohl-gefährung Lebengefahr vor, so dass eine Operation durchgeführt werden müsste, können Ärzte/Ärztinnen entsprechende Eingriffe ohne die Zustimmung der Erziehungsberechtigten, nicht ausführen.

• Meldungen an das KSZ oder Polizei bei Behandlung auffälliger Verletzungen, die auf Gewalt gegen Kinder hindeuten (§ 26 KWG)
• Medizinische Behandlungen bei Gewalt an Kindern
• Medizinische Diagnose ob Gewalt gegen das Kind vorliegt

11.3.4 Erzieherische und soziale Einrichtungen

Wollen die SozialarbeiterInnen des KSZ sich Informationen über einen Verdacht von Gewalt gegen das Kind oder den Jugendlichen in der Schule über LehrerInnen oder Freunde einholen, kann der/die SchulleiterIn die Aussage verweigern[370]. Die Schule ist gesetzlich nicht verpflichtet, zu kooperieren.

• Meldungen an das KSZ oder die Polizei bei Verdacht auf Gewalt gegen Kinder (§ 26 KWG)
• Präventions- und Erziehungsprogramme von Gewalt gegen Kinder (§ 31 KWG)
• Förderung von Therapien für Täter und Opfer

Die Analyse zeigt, dass die Gestaltung der Kooperation und Netzwerkarbeit zum Kinderschutz in Südkorea in Bezug auf Gewalt gegen Kinder durch das zuständige Ministerium und dem nationalen KSZ gut ausgebaut ist. Trotzdem ist die Kooperation und Netzwerkarbeit im praxisbezogenen Kontext teilweise umsetzbar, weil Gesetze bezüglich Vertraulichkeit von Ärzten, Anwälten bzw. der Schule usw. Vorrang gegenüber der Informationsweitergabe an das KSZ bzw.

---

[370] Ebd., S. 21-40

die Polizei bei Kindeswohlgefährdung haben[371]. Es ist deshalb notwendig, dass in Südkorea entsprechende Gesetze im Hinblick auf Kooperation und Netzwerkarbeit bei Kindeswohlgefährdung spezifischer und deutlicher geregelt werden.

---

[371] Park, J., 2008. The Legal Protection for Abused Child. Diss. Korea Uni., S. 98

12 Sozialpädagogische Handlungen und deren Grenzen in Deutschland

12.1 Die Handlungskonzepte sozialpädagogischer Arbeit

In Deutschland sind im § 8a SGB VIII bereits konkrete eigenständige Verfahrensvorschriften bei einer Kindeswohlgefährdung geregelt. Das Jugendamt hat das Gefährdungsrisiko im Zusammenwirken mit mehreren Fachkräften einzuschätzen, wenn gewichtige Anhaltspunkte für die Gefährdung des Wohls eines Kindes oder Jugendlichen vorliegen. Dabei finden die Erziehungsberechtigten, sowie das Kind oder der Jugendliche in der Gefährdungseinschätzung Berücksichtigung (§ 8a Abs. 1 SGB VIII). Sind die Erziehungs-berechtigten nicht bereit oder in der Lage, bei der Abschätzung des Gefährdungsrisikos mitzuwirken, so hat das Jugendamt das Familiengericht anzurufen (§ 8a Abs. 2 SGB VIII) oder andere zuständige Stellen, wie die Polizei oder Einrichtungen der Gesundheitshilfe außerhalb der Kinder- und Jugendhilfe einzuschalten (§ 8a Abs. 3 SGB VIII). Werden einem örtlichen Träger gewichtige Anhaltspunkte für die Gefährdung des Wohls eines Kindes oder eines Jugendlichen bekannt, so müssen diese zunächst eine eigene Gefahren-einschätzung vornehmen, ggf. eine insoweit erfahrene Fachkraft hinzuziehen und wenn es der Fall erfordert, das Jugendamt informieren (§ 8a Abs. 5 SGB VIII). Das Jugendamt muss also dann tätig werden, wenn „gewichtige Anhaltspunkte", die auf eine Gefährdung des Kindeswohls hindeuten, bekannt werden. [372] Im Folgenden sind gewichtige Anhaltspunkte aufgelistet[373]:

- Äußere Erscheinung des Kindes (z.b. massive Verletzungen ohne erklärbare Ursache, starke Unterernährung)
- Verhalten des Kindes (z.b. Übergriffe gegen andere Personen, apathisches, verängstigtes Handeln, Äußerungen des Kindes, Straftaten)

---

[372] Vgl. Jordan, E. (Hrsg.), 2008. Kindeswohlgefährdung. 3. Auflage. Weinheim und München, S. 41-42

[373] Ebd., S. 29

- Verhalten der Eltern oder anderer Erziehungspersonen (z.b. unzureichende Ernährung, Gewalt gegenüber dem Kind, Unterlassung von Krankenbehandlungen, Isolierung des Kindes)
- Familiäre Situation (z.b. Obdachlosigkeit, Einsatz des Kindes zum Betteln)
- Persönliche Situation der Eltern oder sonstigen Erziehungsberechtigten (z.b. häufig unter Alkoholeinfluss, Drogen, verwirrtes Erscheinungsbild)
- Wohnsituation (z.b. „vermüllte" oder verdreckte Wohnung)

12.2 Handlungsverfahren

In Deutschland gibt keine einheitlichen Handlungsverfahren oder Vorgaben zur Fallbearbeitungen. Dies ist unter anderem zurückzuführen auf die unterschiedliche Auslegung von Kindeswohlgefährdung in der Fachliteratur. Dabei kam das Deutsche Jugendinstitut (DJI) zu dem Forschungsergebnis, dass das Handlungsverfahren idealerweisein sechs Phasen erfolgt.[374] (Abb. 37 zeigt das Vorgehen bei Verdacht auf Kindeswohlgefährdung)

- Phase 1: Meldung bzw. Wahrnehmung einer Kindeswohlgefährdung
- Phase 2: Kontaktaufnahme und Informationsgewinnung
- Phase 3: Einschätzung und Bewertung einer Kindeswohlgefährdung
- Phase 4: Hilfeprozesse für das Kind, die Jugendliche und ihre Familie
- Phase 5: Einbezug des Familiengerichts
- Phase 6: Bewertung der Hilfe- und Veränderungsprozesse

---

[374] Vgl. Kindler, H., Lillig, S., Herbert, B., Meysen, T., Werner, A. (Hrsg.), 2006. Handbuch Kindeswohlgefährdung nach § 1666 und Allgemeiner Sozialer Dienst (ASD). München, S. 44-1

1. Eingang der ersten Information(en)
mit (möglicherweise) gewichtigen Anhaltspunkten für eine Kindeswohlgefährdung;
auch anonymen Anrufen (von Nachbarn, Verwandten etc.) ist nachzugehen.

↓

2. Aktivierung des Fachteams: erste Risikoabschätzung (§ 8a Abs. 1 Satz 1 SGB VIII) (→ Nr. 3,7 oder 8)
- Informationssammlung (Welche Tatsachen sind bekannt? Sind bereits Vorgänge im ASD vorhanden?) - Hypothesenbildung (Liegen nach allem, was man weiß, gewichtige Anhaltspunkte für eine Kindeswohlgefährdung vor oder sogar für einen akuten Notfall, der sofortige Maßnahmen erfordert?) - Methodenwahl (Welche Möglichkeiten der Kontaktaufnahme mit der Familie bestehen?)
- Dokumentation der Beratungsergebnisse; Information der Dienstvorgesetzten (evtl. schon früher)

↓

3. Kontaktaufnahme mit der Familie (§ 8a Abs. 1 Satz 2 SGB VIII)
- Daten sind grundsätzlich beim Betroffenen zu erheben (§ 62 Abs. 2) - (Vereinbarter oder unangemeldeter) Hausbesuch; ggf. fallangemessene anderweitige Kontaktaufnahme

↓ ↓ **4. Bei mehrfachem Scheitern einer Kontaktaufnahme oder bei besonderer**
↓ **Gefährdung: (→Nr. 5 oder 6)**
↓ Rechtfertigen die vorliegenden Informationen über die Gefährdungslage die nur ausnahmsweise zulässige
↓ Informationsgewinnung in Kindergarten, Schule, Nachbarschaft etc. (§ 62 Abs. 3 Nr. 2c und d, Nr.4)?
↓ Einholung von Informationen bei Dritten nur
↓ - soweit der Informationsbedarf nicht anders lösbar und
↓ - gewichtige Anhaltspunkte für eine Gefährdung des Kindeswohls vorliegen

↓

5. Hausbesuch und Inaugenscheinnahme (§ 8a Abs. 1 Satz 2 SGB VIII)
- Information der Familie; Klärung der Situation und gemeinsame Gefährdungseinschätzung
- ggf. Anbieten von Jugendhilfeleistungen (§ 8a Abs. 1 Satz 3)
- ggf. Hinwirken auf Inanspruchnahme von ärztlicher oder polizeilicher Unterstützung oder Hilfen anderer Sozialleistungsträger; in akuten Notsituationen Einschaltung anderer Stellen durch das Jugendamt (§ 8a Abs. 4)

↓

6. Bewertung der Situation und des Hilfebedarfs: (erneute) Abschätzung des Gefährdungs-risikos im Fachteam und Hilfeplanung (§ 8a Abs. 1 Satz 1 SGB VIII) (→Nr. 5 oder 7)
- Gewährleistung des Kinderwohls? (Problemakzeptanz? Problemkongruenz? Hilfeakzeptanz?)
- Unterbringung außerhalb der Familie erforderlich? Im Einverständnis mit dem Personensorgeberechtigten möglich? - Anrufung des Familiengerichts erforderlich (§ 8a Abs. 3 Satz 1)? - Vorliegen eines akuten Handlungsbedarfs vor Entscheidung des Famili-engerichts (§ 8a Abs. 3 Satz 2)? - Dokumentation der Beratungs- und Entscheidungsergebnisse

↓ ↓ **7. Kriseninterventen (§ 8a Abs. 3 Satz 2 i.V.m § 42 SGB VIII)**
↓ - Inobhutnahme bei dringender Gefahr für das Wohl des Kindes
↓ - Vorläufige Unterbringung des Kindes/ Jugendlichen
↓ - ggf. unter Hinzuziehung der Polizei (§ 42 Abs. 6)
↓ - Information und Beratung von Kind/ Jugendlichen und Eltern

↓

8. Anrufung des Familiengerichts (§ 8a Abs. 3, § 42 Abs. 3 S. 2 Nr. 2)
- ggf. Eröffnung der Hilfezugänge für Kinder/ Jugendliche durch Einschränkung bzw. Entzug der Personensorge
- Vollstreckung u. U. durch Anwendung unmittelbaren Zwangs (§ 90 Abs. 2 S. 2 FamFG)

Quelle: Fieseler, G., Herborth, R., 2010[375]

Abbildung 37: Vorgehen bei Verdacht auf Kindeswohlgefährdung (§§ 8a, 42 SGB VIII)

12.2.1 Meldung bzw. Wahrnehmung einer Kindeswohlgefährdung

---

[375] Fieseler, G., Herborth, R., 2010. Recht der Familie und Jugendhilfe. 7. Auflage. Köln, S. 96

12.2.1 Meldung bzw. Wahrnehmung einer Kindeswohlgefährdung

Beim ASD können die Kenntnisse über gewichtige Anhaltspunkte wie mögliche Gefährdungssituationen des Kindes oder Jugendlichen auf verschiedenem Weg eingehen. Zunächst als Selbstmeldung der Eltern oder Minderjährigen, die sich zum Erhalt der Hilfe und Unterstützung in einer Gefährdungs-, Konflikt- oder Belastungssituation selbst melden oder als Fremdmeldung, die von Privatpersonen, wie z.b. durch Verwandte, NachbarInnen oder durch MitarbeiterInnen von Institutionen wie Ärzten, Polizei und Schule erfolgen. Schließlich kann der ASD durch den Kontakt mit den Familien selbst die Gefährdungssituation bearbeiten, z.b. bei der Trennungs- und Scheidungsberatung, bei der Erziehungshilfe, usw.[376] Dabei beträgt die Reaktionszeit „Sofort, innerhalb von 24 Stunden, innerhalb einer Woche oder mehr als einer Woche"[377]. Folgende Aspekte müssen im Rahmen einer Meldung fachlich eingeschätzt und entschieden werden[378]:

• Einschätzung der möglichen Kooperation mit der Person, die die Meldung gemacht hat,
• Einschätzung der berichteten Gefährdung,
• Dringlichkeit der weiteren Fallbearbeitung,
• Planung der nächsten Handlungsschritte.

12.2.2 Kontaktaufnahme und Informationsgewinnung

In der Phase der Kontaktaufnahme und Informationsgewinnung geht es um die Sammlung gewichtiger Anhaltspunkte, welche die Gefahren des Kindeswohls bestimmen und um die Kontaktaufnahme mit den Betroffenen. Das Jugendamt versucht zunächst den Kontakt über einen Hausbesuch und Gespräche mit dem betroffenen Kind oder Jugendlichen, den möglichen beteiligten Personen (Familienangehörige, Nachbarn) bzw. Institutionen (Schule, Kindergarten, Arzt etc.) herzustellen. Die Gespräche sollen zeigen, ob bei dem Kind oder Jugendlichen die gegenwärtige Gefährdung tatsächlich vorliegt (§ 8a Abs. 1 Satz 1 und 2 SGB VIII)[379]. Das Jugendamt hat diese Informationsgewinnung gemäß der

---

[376] Kindler, H., Lillig, S., Herbert, B., Meysen, T., Werner, A. (Hrsg.), 2006. Handbuch Kindeswohlgefährdung nach § 1666 und Allgemeiner Sozialer Dienst (ASD). München, S. 44-1
[377] Ebd., S. 47-4
[378] Ebd., S. 47-2
[379] Im demokratischen Rechtsstaat gibt es aber keinen Generalverdacht gegen Eltern und deshalb keine vorbeugende Überwachung nach dem Muster einer Röntgenreihenuntersuchung. Deshalb wird

einschlägigen Datenschutzbestimmungen des SGB VIII (§§ 61ff) zu erfüllen.
Diese fassen sich zusammen aus:

- eigenen Wahrnehmungen aus der Betreuungssituation und den Erzählungen (Berichten) der Kinder/ Jugendlichen,
- Datenerhebungen (Informationsgewinnung) bei den Betroffenen (Personensorgeberechtigten/ Kindern und Jugendlichen) – Vgl. § 62 Abs. 2 Satz 1 SGB VIII – und
- ohne Mitwirkung des/der Betroffenen können Daten erhoben werden, wenn dies zur Wahrnehmung des Schutzauftrages erforderlich ist (§ 62 Abs. 3 Nr. 2d und Nr. 4 SGB VIII). [380]

Der erste Hausbesuch sollte möglichst mit zwei Kollegen erfolgen, wobei der fallzuständige Kollege die Verantwortung trägt und der zweite Kollege die Rolle des Beobachters übernehmen sollte[381]. Weiterhin soll beim ersten Kontakt mit den Betroffenen sowie Kind und Jugendlichen oder Eltern eine Sicherheitseinschätzung vorgenommen werden. Diese soll zeigen, ob das betroffene Kind oder der Jugendliche zumindest bis zum nächsten Treffen in der gegenwärtigen Situation vor erheblichen Gefahren geschützt ist (§ 8a Abs. 1 Satz 2 SGB VIII).[382] Nach der Sicherheitseinschätzung kann das Jugendamt geeignete und notwendige Jugendhilfeleistungen anbieten (§ 8a Abs. 1 Satz 3, §§ 27, 36 SGB VIII) oder notwendige Interventionsmaßnahmen treffen sowie die Inobhutnahme veranlassen bzw. das Familiengericht oder Polizei einschalten, wenn eine akute dringende Gefährdung vorliegt (§ 8a Abs. 3, § 42 SGB VIII, § 1666 BGB).

12.2.3 Einschätzung und Bewertung einer Kindeswohlgefährdung

Liegt bei dem Kind und Jugendlichen akute dringende Gefährdungen vor, spielt die Sicherheitseinschätzung eine große Rolle, diese ist ausschlaggebend um bei Gefahren unverzüglich handeln zu können. Sind dagegen bei dem Kind oder dem

---

auch eine derzeit diskutierte Pflichtuntersuchung nicht mit dem Argument der Vorbeugung vor Gefährdung, sondern nur mit Hinweis auf die Bedeutung der Untersuchung für die gesundheitliche Entwicklung aller Kinder zu rechtfertigen sein. Jordan, E. (Hrsg.), 2008. Kindeswohlgefährdung. 3. Auflage. Weinheim und München, S. 16

[380] Jordan, E. (Hrsg.), 2008. Kindeswohlgefährdung. 3. Auflage. Weinheim und München, S. 30

[381] Janz, A., 2004. Umgang mit Meldungen zum Schutz von Kindern und Jugendlichen. Ein Arbeitspapier der AG der Nordhessischen Jugendämter für eine Vereinheitlichung im Vorgehen. Jugendamt Kassel, S. 9

[382] Kindler, H., Lillig, S., Herbert, B., Meysen, T., Werner, A. (Hrsg.), 2006. Handbuch Kindeswohlgefährdung nach § 1666 und Allgemeiner Sozialer Dienst (ASD), München, S. 44-2

Jugendlichen keine sofortigen Maßnahmen erforderlich, ist die Risiko-einschätzung von Bedeutung.[383] Die Einschätzung der Frage, ob und inwieweit eine Kindeswohlgefährdung vorliegt, ist eine äußerst komplexe und diffizile Aufgabe[384], weil es mit mehreren Faktoren (multifaktoriell) verbunden ist und die Abschätzung hoher fachlicher Kompetenz, Sicherheit und Erfahrung fordert. Weiterhin hat die Risikoeinschätzung für die Kinder oder Jugendlichen und deren Familien unterschiedliche Maßnahmen zur Folge, die Einfluss nehmen auf das weitere Leben.[385] Deswegen soll das fallzuständige ASD des Jugendamts die Abschätzung des Gefährdungsrisikos nicht allein durchführen, vielmehr sind sie bei der Risikoabschätzung gemäß § 8a SGB VIII verpflichtet, den Fall mit anderen Fachkräften zu reflektieren und abzuschätzen. Dabei sollen die Kinder oder Jugendlichen und deren Eltern, mit bei der gemeinsamen Problem-konstruktion einbezogen werden (§ 8a SGB VIII)[386].

Eine Risikoeinschätzung sollte immer folgende Elemente beinhalten[387]: „Zusammenfassend geht es bei der Feststellung der Kindeswohlgefährdung um die fachliche Bewertung beobachtbarer, für das Leben und die Entwicklung von Kindern und Jugendlichen (und damit fachlich) relevanter Sachverhalte und Lebensumstände bezüglich

- möglicher Schädigungen, die die Kinder in ihrer weiteren Entwicklung auf Grund dieser Lebensumstände erfahren können;
- der Erheblichkeit der Gefährdungsmomente (Intensität, Häufigkeit und Dauer des schädigenden Einflusses) bzw. der Erheblichkeit des erwarteten Schadens;
- den Grad der Wahrscheinlichkeit eines Schadenseintritts (Es geht um die Beurteilung zukünftiger Einflüsse, vor denen das Kind zu schützen ist, zurückliegende Ereignisse sind allenfalls Indizien für diese Prognose.);
- der Fähigkeit der Eltern(-teile), die Gefahr abzuwenden bzw. die zur Abwendung der Gefahr erforderlichen Maßnahmen zu treffen;
- die Bereitschaft der Eltern(-teile), die Gefahr abzuwenden bzw. die zur Abwendung der Gefahr erforderlichen Maßnahmen zu treffen;
- der Möglichkeit der öffentlichen Jugendhilfe erforderliche und geeig-

---

[383] Vgl. Jordan, E. (Hrsg.), 2008. Kindeswohlgefährdung. 3. Auflage. Weinheim und München. S. 29

[384] Vgl. Alle, F., 2012. Kindeswohlgefährdung, 2. Auflage. Freiburg, S. 55

[385] Vgl. Ebd., S. 55

[386] Vgl. Meysen, T., 2012. Das Recht zum Schutz von Kindern. In: Institut für Sozialarbeit und Sozial-pädagogik e. V. (ISS) (Hrsg.), Vernachlässigte Kinder besser schützen. Sozialpädagogisches Handeln bei Kindeswohlgefährdung, München. S. 30

[387] Jordan, E. (Hrsg.), 2008. Kindeswohlgefährdung. 3. Auflage. Weinheim und München, S. 200

nete Maßnahmen zur Beendigung der bestehenden Gefährdung einzuleiten und durchzuführen."

In Deutschland wurden die verschiedenen Instrumente[388] zur Risikoeinschätzung auf der Grundlage der beabsichtigten Ziele entwickelt, die auf der einen Seite die allgemeine Befriedigung der kindlichen Bedürfnisse einschätzen und der Einschätzung der Fachkraft obliegen, die dafür eigene Bewertungsskala (z.b. Bewertungsbogen der Stadt Recklinghausen, Prüfbögen des Deutschen Jugendinstituts) anwenden. Auf der anderen Seite wird nach unterschiedlichen Altersstufen unterschieden. Nach dem Orientierungskatalog werden die Situationsbeschreibungen für den Grad der Erfüllung der kindlichen Bedürfnisse durchgeführt (z.b. Stuttgarter Kinderschutzbogen).[389] Diese Instrumente beziehen sich meistens auf die mehrdimensionalen Ansätze, in den Kriterien wird die Entwicklung der Kinder, die Wahrnehmung der kindlichen Bedürfnisse durch die Eltern, die Eltern-Kind-Beziehung, der momentane Stand der Eltern und deren Kooperationsbereitschaft und -fähigkeit berücksichtigt.[390]

Das Deutsche Jugendinstitut (DJI) benennt zur Einschätzung der Sicherheit des Kindes Aspekte aus den Bereichen[391]:

- Erhebliche Besorgnis einer gegenwärtigen Misshandlung, Vernachlässigung oder eines gegenwärtigen sexuellen Missbrauchs
- Augenscheinlich ernsthafte Beeinträchtigungen der Fürsorgefähigkeiten des gegenwärtig betreuenden Elternteils durch psychische Erkrankung, Sucht oder Partnerschaftsgewalt
- Verhalten eines Haushaltsmitglieds mit Zugang zum Kind erscheint

---

[388] Je breiter ein Instrument angelegt ist, desto mehr Fälle geraten ins Visier, die sich bei einer weiteren Überprüfung nicht als Kindeswohlgefährdung herausstellen. Je enger hingegen ein Kriterienkatalog formuliert ist, desto weniger Fälle werden insgesamt erfasst und weiter begutachtet. Auch wenn es ein moralisches Interesse nach einer möglichst breit angelegten Verfahrensweise gibt, muss bedacht werden, dass die personellen und finanziellen Ressourcen der Jugendämter und Hilfeanbieter nicht ausreichend sind, um den Erkenntnissen und den daraus resultierenden Erfordernissen eines breit angelegten Instrumentes nachzugehen. Das heißt, dass unsere Gesellschaft moralisch verlangt, möglichst viele Fälle individuell zu betrachten, dies aber gleichzeitig nicht bereit ist zu finanzieren. In diesem Dilemma zwischen moralischer Verantwortung und knapper Ressourcen befinden sich die Fachleute in einem ständigen Spagat und verbunden mit der permanenten Sorge, dass ihnen etwas entgeht, was doch eigentlich hätte gesehen werden können. Schader, H. (Hrsg.), 2012. Risikoabschätzung bei Kindeswohlgefährdung. Weinheim, S. 42-43

[389] KinderschutzZentrum Berlin e. V. (Hrsg.), 2009. Kindeswohlgefährdung. Erkennen und Helfen. Berlin, S. 92-93

[390] Ebd., S. 92-93

[391] Kindler, H., Lillig, S., Herbert, B., Meysen, T., Werner, A. (Hrsg.), 2006. Handbuch Kindeswohlgefährdung nach § 1666 und Allgemeiner Sozialer Dienst (ASD), München, Anhang A-13

gewalttätig oder in hohem Maße unkontrolliert bzw. es werden glaubhafte Drohungen gegen ein Kind ausgesprochen

* Zugang zum Kind wird verweigert, das Kind ist unauffindbar bzw. es bestehen ernsthafte Hinweise für eine bevorstehende Unterbringung des Kindes in einem nicht kontrollierbaren Bereich

Es gibt beispielweise den Stuttgarter Kinderschutzbogen vom Jugendamt Stuttgart, der nach Altersstufen aufgebaut ist.

Woran zu erkennen?	-2 (sehr schlecht)	-1 (schlecht)	+1 (ausreichend)	+2 (gut)
Körperkontakt	0-3 nur der zwingend notwendige Körperkontakt ist zu beobachten andere Bezugsperson/en .. nimmt keinen Körperkontakt zum Kind auf, ruppiger Pflegeumgang	0-3 ...nimmt das Kind ab und zu auf den Arm andere Bezugsperson/en altersentsprechend gibt es ab und zu zufällige Körperkontakte	0-3 ...immer wieder gezielte Körperkontakte (z.B. Kuss, Streicheln, drücken) andere Bezugsperson/en umarmen, knuffen	Das Kind bekommt regelmäßig altersgemäße und liebevolle Körperkontakte
Blickkontakt	Kein Blickkontakt zum Kind	Ab und zu wird das Kind angeschaut	Immer wieder wird das Kind angeschaut	Im Beisein des Kindes wird ein regelmäßiger Blickkontakt gepflegt
Gefühle für das Kind	Es werden keine oder keine positiven Gefühle zum Kind verbalisiert	Ab und zu werden positive Gefühle für das Kind angesprochen, Ambivalenz dem Kind gegenüber	Immer wieder werden positive Gefühle für das Kind benannt	insgesamt überwiegen die positiven Gefühle aber auch ambivalente oder kritische Gefühle für das Kind werden angesprochen,
Wertschätzung des Kindes	Es gibt keine Wertschätzung für das Kind Es wird nur im negativen Kontext erwähnt	Die negative Haltung dem Kind gegenüber dominiert. Ab und zu werden aber auch positive Seiten des Kindes erwähnt	Trotz Konflikten werden immer wieder auch die Stärken des Kindes angesprochen	Trotz Probleme gibt es eine grundlegende wertschätzende Haltung dem Kind gegenüber
Beziehung mit dem Kind leben	Das Leben des Kindes ist nicht mit dem eigenen verbunden. Die Aktivitäten drehen sich zunächst nicht ums Kind	Das Kind steht am Rand der Familie. Ab und zu ist es in Aktivitäten mit eingebunden	Das Kind gehört dazu, steht aber nicht im Mittelpunkt. Immer wieder ist es in Aktivitäten miteinbezogen	Das Kind gehört dazu. In alle Planungen ist das Kind mit einbezogen. Es werden spezielle Aktivitäten für das Kind entwickelt (Spielplatz, Schwimmen, ..)

Quelle: Jugendamt Stuttgart. Stand: September 2003

Tabelle 30: Exemplarisches Beispiel für den Bereich emotionaler Zuwendung bei 0 bis 3 Jährigen (Der Stuttgarter Kinderschutzbogen)

Waran zu erkennen?	-2 (sehr schlecht)	-1 (schlecht)	+1 (ausreichend)	+2 (gut)
Waschen	Eltern überlassen es ihrem Kind allein, keine Anleitung und Kontrolle, egal	Kind wird von Eltern aufgefordert, aber nicht angeleitet und nicht unterstützt	Kind wird von Eltern aufgefordert und teilweise angeleitet und unterstützt	Eltern halten Kind zum waschen an, unterstützen, überprüfen Kind dabei.
Körpergeruch	Kind hat ständig üblen Körpergeruch	Kind riecht oft schlecht	Kind riecht ab und zu schlecht	Kind riecht frisch
Ungeziefer	Dauerhafter, unbehandelter Ungezieferbefall	Immer wiederkehrender Ungezieferbefall, Behandlung wird nicht vollständig durchgeführt	Immer wiederkehrender Ungezieferbefall, der sofort behandelt wird	Wenn Ungezieferbefall auftritt, wird er sofort und konsequent behandelt
Zähne	Kind putzt die Zähne nicht, den Eltern ist es egal. Zähne sind in schlechtem Zustand: kariös, gezogen, zerstört	Zahnpflege erfolgt überwiegend außerhalb der Familie. Kind wird von Eltern aufgefordert, aber nicht angeleitet und nicht unterstützt.	Kind wird von Eltern zur Zahnpflege aufgefordert und teilweise angeleitet und unterstützt	Regelmäßige Zahnpflege mit Unterstützung und Überprüfung durch die Eltern
Zahnpflege und Ernährung	Ständige Süßigkeitszufuhr	Häufige Süßigkeitszufuhr	Immer wieder Süßigkeitszufuhr	Selten Süßigkeitszufuhr
Sauberkeitserziehung	Kind nässt und kotet ein, ist noch in Windeln, Ursachen sind nicht ärztlich abgeklärt.	Kind nässt oder kotet gelegentlich tags/ nachts ein. Ursachen sind nicht ärztlich abgeklärt	Kind ist überwiegend sauber, nässt gelegentlich nachts ein. Arztbesuch erfolgt.	Kind ist sauber: mit 3,5 Jahren

Quelle: Jugendamt Stuttgart. Stand: September 2003

Tabelle 31: Exemplarisches Beispiel für den Bereich Körperpflege bei 3 bis 6 Jährigen (Der Stuttgarter Kinderschutzbogen)

12.2.4 Hilfeprozesse für das Kind, die Jugendlichen und die Familie

Nach der Risikoeinschätzung folgt die Phase des konkreten Hilfeprozesses, der umfasst einerseits die Beratung, therapeutische Hilfe und Unterstützung für das Kind, die Jugendlichen und deren Familien und andererseits Maßnahmen, welche die Lebenssituation verbessern und die Risikofaktoren in der Familie mildern. Dabei hat das ASD den Hilfeprozess zur Gefährdungsabwehr aus mehrdimensionalen Ansätzen zu organisieren und zu planen. Unterstützung sollte also alle relevanten Hilfsangebote umfassen, z.B. Erziehungsangebote oder wirtschaftliche Hilfe für Eltern, therapeutische und heilpädagogische Hilfe für die Kinder oder Jugendlichen. Werden diese Hilfeangebote erbracht, jedoch von den Sorgeberechtigten nicht angenommen bzw. sind diese nicht oder in der Lage, die Gefährdung des Kindes und Jugendlichen abzuwenden, hat das Jugendamt die Pflicht einzugreifen und ggf. durch Inobhutnahme das Kind bzw. den Jugendlichen vor Gefahren, die das Wohl beeinträchtigen, zu schützen (§ 8a SGB VIII) oder das Familiengericht hinzuzuziehen (§ 1666 BGB).[392]

12.2.5 Bewertung der Hilfe- und Veränderungsprozesse

In dieser Phase geht es um die Bewertung der Hilfe- und Veränderungsprozesse. Es wird geprüft, ob sich das Ziel die Bewältigung der Gefährdungssituation für die Kinder und Jugendlichen innerhalb eines angemessenen Zeitraums positiv entwickelt. Dafür werden die zuständigen Fachkräfte sowie die beteiligten Akteure wie zum Beispiel die Eltern, Kinder usw. gemeinsam eingeschätzt und bewertet. Im Anschluss an die Ergebnisse der Bewertung gibt es entweder eine Weiterführung oder Modifizierung des Hilfeangebots oder eine Beendigung der Hilfen. Zur Beendigung des Falls werden im Hilfeplan die vorher dokumentierten Kriterien überprüft.[393]

---

[392] Vgl. Kindler, H., Lillig, S., Herbert, B., Meysen, T., Werner, A. (Hrsg.), 2006. Handbuch Kindeswohlgefährdung nach § 1666 und Allgemeiner Sozialer Dienst (ASD). München, S. 44-4

[393] Vgl. Ebd., S. 44-4

12.3 Kooperation und Netzwerkarbeit[394] zur Abwendung von Gewalt gegen Kinder

Damit eine effektive Unterstützung von Kindern und ihren Familien gelingen kann, ist eine deckende Kooperation und Netzwerkarbeit entscheidend. Von dieser Kooperation und Vernetzung der Institutionen kann dann ausgegangen werden, wenn sowohl die Hilfsangebote und Maßnahmen, als auch das professionelle Handeln der verschiedenen beteiligten Disziplinen aufeinander abgestimmt sind[395]. Deswegen ist das Ziel der Kooperation, nicht nur das Wohl der Kinder zu sichern oder es wiederherzustellen, sondern auch die Hilfe aufeinander abzustimmen, sich zu ergänzen und zu verzahnen[396]. Je bewusster wir uns diesen Eigenheiten eines Kooperationssystems sind, desto besser können wir einander verstehen und zusammenarbeiten.[397]

Gelingende Zusammenarbeit erfordert ein gemeinsames Problembewusstsein, das heißt:

- ein Interesse an einer gemeinsamen Lösung und Wille zur Kooperation,
- einen absehbaren Gewinn für alle Beteiligten und mindestens mittelfristig eine Arbeitsentlastung,
- Bereitschaft, Kooperation als zeitaufwändigen und langfristigen Prozess zu sehen,
- Bereitschaft, die Aufgaben und den Handlungsrahmen der Kooperationspartner zu akzeptieren.

---

[394] Unter Kooperation verstehen wir eine zeitlich und sachlich abgegrenzte, arbeitsteilig organisierte Zusammenarbeit zu festgelegten Bedingungen mit einem von den Beteiligten abgestimmten Ziel. Vernetzung hingegen ist eine unverbindlichere Form der Zusammenarbeit, die in erster Linie das Ziel verfolgt, Informationen über ein gemeinsames Thema auszutauschen, sich fallunabhängig für den Kinderschutz einzusetzen, sich gegenseitig zu unterstützen und bei Bedarf schnell zu kooperativen Zusammenschlüssen für bestimmte Aufgaben zu kommen. Kooperation und Vernetzung sind also keine Gegensätze, sondern sie ergänzen sich. Für das Thema Kinderschutz ist allerdings entscheidend, dass in der gemeinsamen Bearbeitung von Einzelfällen die Grundsätze der Kooperation gelten müssen. Verbindlichkeit und Zuverlässigkeit, klare Aufgabenteilung und vereinbarte Ziele sind unabdingbare Voraussetzungen für die gemeinsame Arbeit mit Eltern und Kindern bzw. Jugendlichen bei Kindeswohlgefährdung. Dazu ist es notwendig, dass eine Fachkraft bzw. eine Institution die Fallverantwortung übernimmt. Schone, R., Tenhaken, W. (Hrsg.), 2012. Kinder-schutz in Einrichtungen und Diensten der Jugendhilfe. Weinheim, S. 254
[395] Schone, R., Gintzel, U. (Hrsg.), 1997. Kinder in Not. Münster, S. 193
[396] Alle, F., 2012. Kindeswohlgefährdung. 2. Auflage. Freiburg, S. 197
[397] Ebd., S. 196

Für die Prozessgestaltung ist unabdingbar:

- Gegenseitige Information über Leistungen, Möglichkeiten und Grenzen,
- Kooperationskultur aktiv gestalten (Anerkennung von Leistungen, Fairness,
- jeweilige Interessen, Erwartungen, Zugänge der Partner zu kommunizieren,
- Verbindlichkeit der Kooperation (Zeiten, Orte, Beauftragungen),
- Ergebnis- und Lösungsorientierung,
- Aufbau verlässlicher Netze,
- Moderation,
- gemeinsam getragene Veranstaltungen.[398]

12.3.1 Kooperation zwischen öffentlichen und freien Trägern

Nach § 8a Abs. 2 Satz 1 SGB VIII muss seit dem 1. Oktober 2005 eine verbindliche Zusammenarbeit mit unterschiedlichen Aufgaben und Kompetenzen zwischen den öffentlichen Trägern der Jugendhilfe und den freien Trägern von Einrichtung und Diensten zum Schutz des Kindes und Jugendlichen aufgebaut werden, das bedeutet, z.b. dass bei der Gefährdungseinschätzung mehrere Fachkräfte zusammenwirken. Dabei sind die freien und öffentlichen Träger gleichberechtigte Partner, auch wenn sie unterschiedliche Aufgaben erfüllen[399].

- Die Kita kann mit den Betroffenen Kontakt aufnehmen, ihnen eigene Hilfen anbieten oder sie an andere Institutionen weitervermitteln.
- Das Jugendamt ist darüber hinaus in der Lage, den Eltern Hilfen zur Erziehung anzubieten und kann Inobhutnahme veranlassen.
- Dem Familiengericht allein obliegt es, in das Elternrecht einzugreifen und das Jugendamt rechtlich zu überprüfen.

---

[398] Bundesministerium für Bildung, Jugend und Sport, (Hrsg.), 2004. Empfehlungen zum Umgang und zur Zusammenarbeit bei Kindesvernachlässigung und Kindesmisshandlung sowie bei entsprechenden Verdachtsfällen. S. 23-24

[399] Schone, R., Tenhaken, W. (Hrsg.), 2012. Kinderschutz in Einrichtungen und Diensten der Jugendhilfe. Weinheim, S. 260

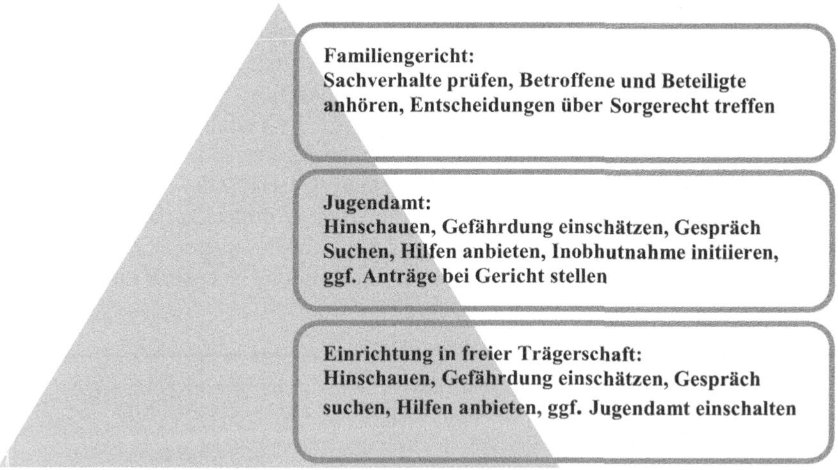

Familiengericht:
Sachverhalte prüfen, Betroffene und Beteiligte anhören, Entscheidungen über Sorgerecht treffen

Jugendamt:
Hinschauen, Gefährdung einschätzen, Gespräch Suchen, Hilfen anbieten, Inobhutnahme initiieren, ggf. Anträge bei Gericht stellen

Einrichtung in freier Trägerschaft:
Hinschauen, Gefährdung einschätzen, Gespräch suchen, Hilfen anbieten, ggf. Jugendamt einschalten

Wichtig für die Kooperation:
Aus der Unterschiedlichkeit der Aufgaben und Entscheidungskompetenzen ergibt sich keine Über- oder Unterordnung und damit auch keine Weisungsbefugnis zwischen den drei institutionellen Ebenen.

Quelle: Schone, R., Tenhaken, W., 2012 [400]

Abbildung 38: Kooperation in Entscheidungshierarchien

12.3.2 Verbindliche Netzwerke

Weiterhin wurde am 01.01.2012 im Bundeskinderschutzgesetz (BkiSchG) § 3 das Gesetz[401] zur Kooperation und Information im Kinderschutz (KKG) und

---

[400] Ebd., S. 261

[401] „Gesetz zur Kooperation und Information im Kinderschutz (KKG)"
§ 3 Rahmenbedingungen für verbindliche Netzwerkstrukturen im Kinderschutz
(1) In den Ländern werden insbesondere im Bereich früher Hilfen flächendeckend verbindliche Strukturen der Zusammenarbeit der zuständigen Leistungsträger und Institutionen im Kinderschutz mit dem Ziel aufgebaut und weiterentwickelt, sich gegenseitig über das jeweilige Angebots- und Aufgabenspektrum zu informieren, strukturelle Fragen der Angebotsgestaltung und -entwicklung zu klären sowie Verfahren im Kinderschutz aufeinander abzustimmen.
(2) In das Netzwerk sollen insbesondere Einrichtungen und Dienste der öffentlichen und freien Jugendhilfe, Einrichtungen und Dienste, mit denen Verträge nach § 75 Absatz 3 des Zwölften Buches Sozialgesetzbuch bestehen, Gesundheitsämter, Sozialämter, gemeinsame Servicestellen, Schulen, Polizei- und Ordnungsbehörden, Agenturen für Arbeit, Krankenhäuser, Sozialpädiatrische Zentren, Frühförderstellen, Beratungsstellen für soziale Problemlagen, Beratungsstellen

darin enthalten, die „Rahmenbedingungen für verbindliche Netzwerkstrukturen im Kinderschutz" verabschiedet. Dadurch sind mehrere Stellen verbindlich verpflichtet, Netzwerkstrukturen zum Kinderschutz und zur frühen Hilfe zu schaffen. Werden dabei den verschiedenen Fachkräften in Ausübung ihrer beruflichen Tätigkeit gewichtige Anhaltspunkte für die Gefährdung des Wohls eines Kindes oder Jugendlichen bekannt, müssen sie dem zuständigen Jugendamt die Situation des Kindes und Jugendlichen gemäß § 4 BkiSchG (Beratung und Übermittlung von Information durch Geheimnisträger) mitteilen. Bathke stellte in seiner Forschung fest, dass nach § 3 Abs. 2 KKG insbesondere Einrichtungen und Dienste der öffentlichen und freien Jugendhilfe in das Netzwerk einbezogen werden sollen.[402]

Öffentliche Jugendhilfe	Freie Träger der Jugendhilfe	Einrichtungen/ Dienste § 75 SGB XII
Gesundheits-ämter	Sozialämter	Gemeinsame Sevicestellen
Schulen	Polizei-/ Ordnungsbehörden	Agenturen für Arbeit
Krankenhäuser	Sozialpädiatrische Zentren	Interdisziplinäre Frühförderstellen
Schwangerschafts- und Beratungsstellen für soziale Problemlagen	Einrichtungen/ Dienste zur Müttergenesung	Einrichtungen/ Dienste zum Schutz gegen Gewalt in engen sozialen Beziehungen
Familienbildungs-stätten	Familiengerichte	Angehörige der Heilberufe

Quelle: Bathke, S., 2011

Abbildung 39: Netzwerkpartner im KKG

---

nach den §§ 3 und 8 des Schwangerschaftskonfliktgesetzes, Einrichtungen und Dienste zur Müttergenesung sowie zum Schutz gegen Gewalt in engen sozialen Beziehungen, Familien-bildungsstätten, Familiengerichte und Angehörige der Heilberufe einbezogen werden.

[402] Bathke, S., 2011. Entwurf eines Gesetzes zur Stärkung eines aktiven Schutzes von Kindern und Jugendlichen Bundeskinderschutzgesetz (BkiSchG): Vortrag im Rahmen der Fachtagung „Kinderschutz in gemeinsamer Verantwortung von Schule und Jugendhilfe - Zwischenbilanz und Perspektiven am 18.10.2011 in Münster, Institut für soziale Arbeit e.V. S. 2

12.3.2.1 Kooperation mit der Gesundheitshilfe

Die Kooperation mit der Gesundheitshilfe spielt für den Kinderschutz eine große Rolle. Insbesondere bei der Einschätzung der Gesundheit von Säuglingen und Kleinkindern ist sie wesentlich, da diese in der Regel ausschließlich von den Eltern bzw. Sorgeberechtigten betreut werden. Die Gesundheitshilfe wie z.b. Frauenärzte, Entbindungskliniken, Hebammen und Kinderärzte etc. können die gewichtigen Anhaltspunkte bei Gefahren des Kindeswohls durch Diagnosen feststellen, d.h. finden Ärztinnen/Ärzte, Hebammen/Geburtshelfer, EntbindungspflegerInnen und Angehörige eines anderen Heilberufes in Ausübung ihrer beruflichen Tätigkeit gewichtige Anhaltspunkte für die Gefährdung des Wohls eines Kindes oder eines Jugendlichen, sollen sie mit dem Kind oder Jugendlichen und dem Sorgeberechtigten die Situation erörtern und auf die Inanspruchnahme von Hilfen hinwirken, soweit dies das Wohl des Kindes oder Jugendlichen nicht in Frage stellt (§ 4 Abs. 1 KKG).

Einige Landesregelungen sehen regelmäßige Untersuchungen zur Früherkennung vor, so bestimmen das brandenburgischen Gesundheitsdienstgesetz (BbgGDG) und die Kinder- und Jugendgesundheitsdienstverordung (KJGDV) der Landkreise und kreisfreien Städte regelmäßige Untersuchungen zur Früherkennung von Kinder und Jugendliche vor um diese vor Krankheiten, Behinderungen und Entwicklungsstörungen zu schützen und um möglichst frühzeitig erforderliche Maßnahmen einleiten zu können. Folgende Untersuchungen werden für eine kommunale Versorgungsplanung zusammengefasst:[403]

- Kindergarten/Tagespflege – einmal jährlich (§ 2 Abs. 1 KJGDV).
- Schuleingangsuntersuchung vor Beginn der Schulpflicht (§ 2 Abs. 2 KJGDV).
- Schuluntersuchung in der fünften, sechsten und zehnten Klasse beim Übergang in die gymnasiale Oberstufe (§ 2 Abs. 3 KJGDV).
- Schulabgangsuntersuchung (zehnte Klasse) zusammen mit der Erstuntersuchung nach § 32 Jugendarbeitsschutzgesetz (§ 2 Abs. 4 KJGDV).
- Förderschulen – alle zwei Jahre (§ 2 Abs. 3 KJGDV).

Um gewichtiger Anhaltspunkte erkennen und einschätzen zu können, sind Beratungen mit einem erfahrenen Kollegen oder einer entsprechend spezialisierten

---

[403] Bundesministerium für Bildung, Jugend und Sport, (Hrsg.), 2004. Empfehlungen zum Umgang und zur Zusammenarbeit bei Kindesvernachlässigung und Kindesmisshandlung sowie bei entsprechenden Verdachtsfällen. S. 14

Fachkraft notwendig.[404] Diese können bei einer Kindeswohlgefährdung die Kinder bzw. Jugendlichen als auch deren Familien angemenssen unterstützen und fördern. Stoßen sie dabei jedoch an ihre Grenzen, sind sie trotz des Berufsgeheimnisses befugt, zur Abwendung der Gefährdung die erforderlichen Informationen an das Jugendamt weiterzugeben (§ 4 Abs. 3 KKG).[405]

Meysen stellte in seiner Forschung fest, dass die Ärzte im Kinderschutz niedrigschwellige Partner brauchen, die sie beim Abbau der Hemmschwellen unterstützen:[406]

- So können für Frauenärzte Schwangerschafts(konflikt)beratungsstellen wichtige Anlaufstellen sein, zu denen sie die Schwangeren und die werdenden Väter vermitteln.
- So können Geburtskliniken ihren ärztlichen Einfluss und Kontakt zu den Familien über eine Zusammenarbeit mit Hebammen verlängern.
- So bietet sich für Kinderärzte eine enge Kooperation mit Kinderschutz- und Erziehungsberatungsstellen an.

---

[404] Vgl. Meysen, T., 2012. Das Recht zum Schutz von Kindern. In: Institut für Sozialarbeit und Sozialpädagogik e. V. (ISS) (Hrsg.), Vernachlässigte Kinder besser schützen. Sozialpädagogisches Handeln bei Kindeswohlgefährdung. München, S. 41-43

[405] Vgl. Ebd., S. 45; Seitens behandelnder Ärzte ist zu beachten, dass zunächst grundsätzlich die ärztliche Schweigepflicht gemäß § 203 StGB gilt. Diese darf aber im Sinne einer sorgfältigen Güterabwägung bei drohender Gefahr für ein Rechtsgut von hohem Rang gebrochen werden. Das gefährdete Kindeswohl ist in dieser Abwägung das höhere Rechtsgut. Als rechtliches Instrument dient hierzu der rechtfertigende Notstand gemäß § 34 StGB. Bei begründetem Verdacht auf eine Kindesmisshandlung ist wegen der nicht ausschließbaren Wiederholungsgefahr eine Durchbrechung der ärztlichen Schweigepflicht möglich. Dies kann z.B. gegenüber dem Jugendamt erfolgen, dass seinen im SGB VIII verankerten Pflichten zur Hilfeleistung bzw. Abschätzung der Kindeswohlgefährdung (§ 8a SGB VIII) nachkommen muss. Gegebenenfalls hat das Jugendamt Entscheidungen des Familiengerichts herbei zu führen. Eine gesetzliche Verpflichtung zur Strafanzeige gemäß § 138 StGB besteht nicht. Deutsche Akademie für Kinder- und Jugendmedizin e.V. 2012. Vorgehen bei Kindesmisshandlung und -vernachlässigung Empfehlungen für Kinderschutz an Kliniken. Kassel, S. 9

[406] Meysen, T., Schönecker, L., Kindler, H., 2008. Frühe Hilfe im Kinderschutz. Rechtliche Rahmenbedingungen und Risikodiagnostik in der Kooperation von Gesundheits- und Jugendhilfe. Weinheim und München, S. 84

Konzeption
Die Vorgehensweise umfasst medizinische, psychologische, sozialarbeiterische und lebensweltliche Perspektiven im Umgang mit misshandelten Kindern und Jugendlichen sowie ihren Familien. Zweck der Kooperation ist ein effektives Zusammenwirken zur Sicherung des Kindeswohls und zur Unterstützung der Familien, das Vermeiden institutioneller Konflikte und eine bessere Ergebniskontrolle.

↓

Verdachtsdiagnose „Kindesmisshandlung": Erste Vorstellung in der Kinderklinik"
Verdachtsdiagnose Kindesmisshandlung bei der Vorstellung in der Kinderklinik
Ziele: 1. Schutz des Kindes 2. Entlastung der Familie
* Klinikinternes medizinisch-psychologisches Interventions-Team wird informiert und einbezogen
* Wenn möglich stationäre Aufnahme des Patienten in die Kinderklinik
* Diagnosesicherung und Dokumentation der Misshandlungsmerkmale

↓

Wenn die Eltern nicht kooperativ sind
In jedem Fall Einbeziehung des Jugendamtes, nötigenfalls Familiengericht oder Polizei
* Jugendamt übernimmt Gesamtverantwortung für die individuellen Hilfeprozesse

↓

Im stationären Bereich:
Wenn der Verdacht bestätigt beziehungsweise nicht ausgeräumt werden konnte
(1) Bewertung der Verdachtsmomente im klinikinternen Interventions-Team
(2) Beziehungsaufbau zu dem misshandelten Kind (Verhaltensbeobachtung, Gespräche; Aufbau einer Arbeitsbeziehung mit den Eltern, Motto „Helfen statt Strafen"
(3) Soziale Anamnese: Überblick über die Problemlage der Eltern und Familienmitglieder
(4) weitere Abklärung des Misshandlungsgeschehens
* Konfrontation der Eltern/des sozialen Umfeldes mit dem Misshandlungsverdacht
* Bestätigung/Entkräftung des Verdachts
(5) Information und Einbeziehung des Jugendamtes
* Jugendamt übernimmt Gesamtverantwortung für die individuellen Hilfeprozesse

↓

Im stationären Bereich: Gemeinsame Fallarbeit von Kinderklinik und Jugendamt
(1) Klärung der Motivation der Eltern zur Mitarbeit und Veränderung
(2) Bewertung von Ressourcen und Belastungen der Familie
(3) Information der Eltern über mögliche Hilfen, Maßnahmen und deren Konsequenzen
(4) Einverständniserklärung der Eltern zur Schweigepflichtsentbindung und eventuell zur Einbeziehung weiterer professioneller Helfer
(5) Vorläufige Prognose
* Feststellung des Hilfebedarfs
Erstellung des ersten Hilfeplans für die stationäre Phase

↓

Im stationären Bereich: Kooperation mit ambulanten Fachdiensten
(1) Gegebenenfalls Einbeziehung spezifischer ambulanter Fachdienste mit erster Kontaktaufnahme in der Kinderklinik (zum Beispiel Kinderschutzzentrum, Familienhilfe, Ergotherapie, Frühförderung)
* Kooperation bei Formulierung des Hilfeplans
(2) Berücksichtigung der Arbeitsbedingungen der Fachdienste vor Entlassung aus der Kinderklinik
* Modalitäten und Zeitpläne

$\downarrow$

Im stationären Bereich: Formulierung des zweiten Hilfeplans
Gemeinsame Formulierung des zweiten Hilfeplans für die Zeit nach der Entlassung
Keine akute Gefährdung; Frühwarnsystem bei Rückfällen; Therapie; Feedback

$\downarrow$

Im außerstationären Bereich:
Gemeinsame Fallarbeit von Kinderklinik und Jugendamt
Fallspezifischer Informationsaustausch
* „akut" bei Abweichungen vom Hilfeplan
* „ritualisiert" bei Helferkonferenz und Hilfeplanfortschreibung

$\downarrow$

Aufgaben des Jugendamtes im außerstationären Bereich
(1) Gesamtverantwortung für den ambulanten Bereich
* Steuerung von Hilfeprozessen
* Koordination und Begleitung der Hilfe
(2) Wächteramt: Förderung und Schutz des Kindeswohls
(3) Fortschreibung des Hilfeplans; Einberufung der Helferkonferenzen
(4) Fachgerechte Beendigung der Hilfe

$\downarrow$

Aufgaben der Kinderklinik im ambulanten Bereich gemäß Hilfeplan
(1) medizinische und (entwicklungs-) psychologische Untersuchung und Beratung
(2) katamnestische Beobachtung und Nachuntersuchung der misshandelten Kinder

$\downarrow$

Ambulante Kooperationsaufgaben aller Fachdienste
(1) fachlicher Informationsaustausch
(2) Teilnahme an Sitzungen des Arbeitskreises Kooperation
* Systematische Reflexion der Misshandlungsfälle
* Netzwerkarbeit

Quelle: Armbruster, M., 2000[407]

Abbildung 40: Exemplarisches Schema der Kooperation im Bereich Medizin
und Jugendhilfe in Heidelberg

12.3.2.2 Kooperation mit der Schule

Die Kinder und Jugendlichen verbringen täglich mehrere Stunden im direkten
Kontakt mit ihren LehrerInnen in der Schule. Ebenfalls steht sie möglicherweise
für die Eltern als Vertrauensort zur Verfügung. Deswegen ist die Schule ein
geeigneter Ort um möglichst effektiven und präventiven Kinderschutz aufzubauen, dort kann einer guten Atmosphäre sowie ein „Vertrauens-
klimas" geschaffen werden. Damit die Schule diesem Anspruch gerecht werden
kann, benötigt sie häufig weitere Unterstützung und Förderung. Die Partner-

---

[407] Armbruster, M. (Hrsg.), 2000. Misshandeltes Kind. Hilfe durch Kooperation. Freiburg, S. 41- 45

schaft zwischen Schule und Jugendhilfe ist deshalb wichtig und unverzichtbar.[408] In Deutschland legen landesrechtliche Regelungen hierzu unterschiedliche Formulierungen fest, da das Schulwesen in der Verantwortung der Bundesländer liegt. Die Tabelle 32 ist eine Übersicht über Regelungen zum Kinderschutz in den Schulgesetzen.

Hinweise auf Schutz des Kindeswohls	Regelung von Verfahrensabläufe zum Schutz des Kindeswohls	Keine Nennung eines Schutzauftrages für Schulen
Saarland: § 33, Abs. 1	Baden-Württemberg: § 85, Abs. 3 und 4	Berlin
	Bayern: Art. 31, Abs. 1	Bremen
	Brandenburg: §§ 4 Abs. 1 und 63, Abs. 3	Hamburg
	Nordrhein-Westfalen: § 42, Abs. 6	Hessen
	Rheinland-Pfalz: § 3, Abs. 2	Mecklenburg-Vorpommern
	Sachsen: § 50a, Abs. 1	Niedersachsen
	Thüringen: § 55, Abs. 2	Sachsen-Anhalt
		Schleswig-Holstein

Quelle: Fischer, J., Buchholz, T., Merten, R. (Hrsg.), 2011

Tabelle 32: Übersicht über Regelungen zum Kinderschutz in den Schulgesetzen (Stand: August 2009)[409]

Liegen bei Kindern oder Jugendlichen gewichtige Anhaltspunkte für eine Gefährdung des Wohls vor, nehmen die KlassenlehrerInnen bzw. die Schulleitung oder die SchulsozialarbeiterInnen unverzüglich eine Gefährdungs-

---

[408] Fischer, J., Buchholz, T., Merten, R. (Hrsg.), 2011. Kinderschutz in gemeinsamer Verantwortung von Jugendhilfe und Schule. Wiesbaden, S. 102

[409] Ein Überblick über die Schulgesetze zeigt, dass sich nicht in allen Schulgesetzen der Bundesländer Regelungen zum Tätigwerden bei Bekanntwerden gewichtiger „Anhaltspunkte für die Gefährdung des Wohls einer Schülerin" (§ 3 Abs. 2 Rheinland-Pfalz SchulG) finden. Regelungen zum Schutzauftrag bei Verdacht auf Kindeswohlgefährdung sind bisher in den Schulgesetzen der Länder Baden-Württemberg, Bayern, Brandenburg, Nordrhein-Westfalen, Sachsen und Rheinland-Pfalz verankert. Seit Dezember 2008 enthält auch das Thüringer Schulgesetz eine entsprechende gesetzliche Normierung. Fischer, J., Buchholz, T., Merten, R. (Hrsg.), 2011. Kinderschutz in gemeinsamer Verantwortung von Jugendhilfe und Schule. Wiesbaden, S. 102

einschätzung vor. Weiterhin nimmt die Schule Kontakt mit den Eltern oder sonstigen Personensorgeberechtigten auf. Nach der Risikoeinschätzung und Gesprächen mit den Eltern versucht die Schule die Auffälligkeiten bzw. die sozialen Probleme bei einem Schüler oder Schülerin zunächst durch eigene Ressourcen, z.b. Klassenwechsel, Hausaufgabenhilfe, Förderunterricht usw. abzuwenden. Dabei kann die Schule bei Bedarf die anonymisierte Fachberatung des ASD bzw. Beratung durch erfahrene Kollegen, erhalten. Verdichtet sich aufgrund gewichtiger Anhaltspunkte ein Verdacht oder erweisen sich die durch die Schule eingeleiteten Maßnahmen als nicht erfolgreich, so dass das Wohl eines Schülers ernsthaft gefährdet oder beeinträchtigt ist, muss die Schule das Jugendamt informieren. Dabei erbringt der ASD des Jugendamtes bei Bedarf folgende Leistungen: anonyme Beratung, ein gemeinsames Gespräch zwischen Kind/Eltern, KlassenlehrerInnen und zuständige MitarbeiterInnen, erzieherische Hilfe und eine unverzügliche Prüfung der Situation bei Verdacht auf eine Kindeswohlgefährdung.[410] Ein exemplarische Flussdiagramm zeigt die mögliche Zusammenarbeit von Schule und Jugendamt:

---

[410] Vgl. Landeshauptstadt Hannover, 2011. Zusammenarbeit im Kinderschutz. http://www.kinder-schutz-niedersachsen.de/doc/doc_download.cfm?uuid=8CBBEB9EF-84C8587E3-BC96E0304B-184F: 21.11.2013. S. 12

Quelle: Senatsverwaltung für Bildung, Wissenschaft und Forschung, 2009[411]

Abbildung 41: Exemplarisches Flussdiagramm zur Zusammenarbeit von Schule und Jugendamt bei Verdacht auf Kindeswohlgefährdung (§ 8a SGB VIII)

---

[411] Senatsverwaltung für Bildung, Wissenschaft und Forschung, 2009. Bildung für Berlin. Zusammenarbeit zwischen Schulen und bezirklichem Jugendamt im Kinderschutz: Handlungsleitfaden. Berlin, S. 16

Grundvoraussetzung für eine gelungene Kooperation zwischen Schule und Jugendamt, ist eine Kommunikations- und Kooperationsstruktur, die „auf gleicher Augenhöhe" basiert. Zudem gilt der Grundsatz „Kinderschutz vor Datenschutz". Im Rahmen der Risikoeinschätzung sind die Institutionen verpflichtet, personenbezogene Daten auszutauschen.[412] Die günstigen Faktoren für eine gelungene Kooperation zwischen Schule und Jugendhilfe sind folgende:[413]

- Regelmäßige Teilnahme an den Sozialraumkonferenzen.
- Aufbau von zielgruppenorientierten und themenspezifischen Angeboten, z.b.: präventive Mittel, Kooperation mit den ambulanten Hilfezentren
- Sozialräume im Rahmen der fallunabhängigen Arbeit.
- Gemeinsame Veranstaltungen mit Eltern, Kindern, Schule und Jugendhilfe.
- Bei Bedarf auch institutionalisierte Kontakte in Form von Sprechstunden, regelmäßige Kooperationsgespräche.
- Einbeziehung der BeratungslehrerInnen.
- Einbeziehung der SchulpsychologenInnen.

12.3.2.3 Kooperation mit der Polizei

Neben den oben bereits erwähnten Kooperation mit der Gesundheitshilfe und Schule spielt die Polizei als unverzichtbarer Partner im Kinderschutz eine große Rolle, sie übernimmt die Verantwortung für die angemessen Maßnahmen sowohl bei der Strafverfolgung als auch der Gefahrenabwehr im Kinderschutz[414].

Erlangt die Polizei die Erkenntnisse über die Gefährdung von Kindern oder Jugendlichen bzw. über schwerwiegende Straftaten, ist sie gesetzlich dazu verpflichtet, die Ermittlungen aufzunehmen und Strafanzeige zu erstatten. Liegt bei Kindern oder Jugendlichen akute Gefahren vor, hat die Polizei das Familiengericht bzw. das Jugendamt einzuschalten, um die Inobhutnahme einzu-leiten. Dabei kann die Polizei Vollzugshilfe für das Jugendamt (z.B. Inobhutnahme eines Kindes gegen den Willen des Sorgeberechtigten) leisten. Ebenfalls muss

---

[412] Vgl. Jugendamt der Stadt Bochum, Kooperationsvereinbarung zwischen den Schulen im Stadtgebiet Bochum und dem Sozialen Dienst des Jugendamtes des Stadt Bochum. http://-bochum.paritaet-nrw.org/progs/kia/kg/04bochum/content/e706/e1178-/e1179/e136-0/V3SchuleundJugendhilfeKooperationsvertrag2008Dez.08.pdf: 21.11.2013. S. 5

[413] Jugendamt der Stadt Bochum, Kooperationsvereinbarung zwischen den Schulen im Stadtgebiet Bochum und dem Sozialen Dienst des Jugendamtes der Stadt Bochum, S. 5

[414] Vgl. Thüringer Ministerium für Soziales, Familie und Gesundheit. 2012. Kinderschutz in Thüringer Schulen. S. 53

bei einem medizinischen Behandlungsbedarf die Polizei zusammen mit dem Krankenhaussozialdienst bzw. der zuständigen Kinderschutzgruppe des Jugendamts kooperieren. Dagegen soll die Polizei, wenn kein akuter Handlungsbedarf besteht, die betroffenen Personen an eine zuständige Beratungsstellen weiterleiten, um bestmögliche Hilfen zu Erziehung anzubieten. [415]

Die Polizei unterliegt damit der Strafverfolgung nach den polizeilichen Leitprinzipien und Grundsätzen, die Meysen in seiner Literatur konkret feststellte:[416]

- Nach dem Legalitätsprinzip ist die Polizei aufgefordert einzuschreiten, wenn das Gesetz es fordert. Insbesondere ist sie nach § 163 Strafprozessordnung (StPO) verpflichtet, jedem Anfangsverdacht für eine Straftat nachzugehen und die zur Aufklärung der Straftat erforderlichen Maßnahmen zu treffen (Strafverfolgungszwang).
- Im Bereich der Gefahrenabwehr ist der Polizei ein pflichtgemäß auszuübendes Ermessen eingeräumt, zu entscheiden, ob sie einschreiten will oder nicht (Opportunitätsprinzip).
- Stehen mehrere mögliche und geeignete Maßnahmen zur Verfügung, um etwas aufzuklären oder eine Gefahr abzuwenden, hat die Polizei diejenige zu wählen, die den Einzelnen und die Allgemeinheit am wenigsten beeinträchtigt (Grundsatz der Verhältnismäßigkeit).

Ebenfalls findet die Kinder- und Jugendhilfe in personalen Hilfebeziehungen statt, die ganz andere Anforderungen an die Aufgabenwahrnehmung stellt:[417]

- Für alle Arbeitsfelder der Kinder- und Jugendhilfe ist der Vertrauensschutz verbindliche Arbeitsgrundlage. Die Vertrauensbeziehung zwischen Klient und Beratungsperson wird durch das Recht umfassend geschützt, denn die Adressaten müssen wissen und darauf vertrauen können, dass die Informationen, die ihre Person betreffen, grundsätzlich nicht an Dritte weitergegeben werden.
- In der Regel basiert die Hilfe nach dem SGB VIII auf dem Prinzip der Freiwilligkeit. Auch wenn die Voraussetzungen vorliegen, entscheiden die Klienten selbst, ob sie Leistungen in Anspruch nehmen. Und wenn sie von diesem Recht Gebrauch machen, haben sie ein Wunsch- und Wahlrecht hinsichtlich des Leistungserbringers.

---

[415] Vgl. Mertens, B., Pankofer, S., 2011. Kindesmisshandlung. Körperliche Gewalt in der Familie. Paderborn, S. 146
[416] Meysen, T., 2012. Das Recht zum Schutz von Kindern. In: Institut für Sozialarbeit und Sozialpädagogik e. V. (ISS) (Hrsg.), Vernachlässigte Kinder besser schützen. Sozialpädagogisches Handeln bei Kindeswohlgefährdung. München, S. 47-48
[417] Ebd., S. 47-48

Hierbei sollte die Polizei mit den Jugendämtern eng und kooperativ zusammenarbeiten. Jedoch funktioniert die effektive Kooperation zwischen Polizei und Kinder- und Jugendhilfe nur, wenn das Legalitätsprinzip und der Vertrauensschutz vom jeweils anderen akzeptiert wird und gemeinsame Absprachen getroffen werden.[418] Weiterhin ist die Polizei in den Polizeigesetzen der Länder befugt, von sich aus personenbezogene Daten an andere öffentliche Stellen sowie an das Jugendamt zu übermitteln, wenn es zur Abwehr einer schwerwiegenden Beeinträchtigung der Kinder oder Jugendlichen oder zur Erfüllung der Aufgaben beiträgt.[419]

12.3.2.4 Rollen und Aufgaben der anderen Netzwerkpartner

Sonstige Netzwerkpartner übernehmen ebenfalls wichtige Rollen und Aufgaben. Nachfolgend werden die häufigsten Angebote zusammengefasst:[420]

a) Kinder- und Jugendschutzdienste
- Handlungen im Auftrag des Jugendamtes sowie Hilfe und Unterstützung von Kindern und Jugendlichen, die von Misshandlung, Missbrauch, schwerer Vernachlässigung betroffen oder davon bedroht sind Hilfe und Unterstützung bei der Verarbeitung ihrer individuellen Problemlagen,
- Sensibilisierung und Information im Rahmen der präventiven Arbeit von Eltern, ErzieherInnen und sonstigen pädagogisch Verantwortlichen, um Gewaltanwendungen rechtzeitig zu verhindern bzw. deren Symptome zu erkennen

b) Erziehungs-, Ehe-, Familien- und Lebensberatungsstellen
- Psychologische und sozialpädagogische Beratung bei Erziehungsschwierigkeiten, Verhaltensproblemen und bei familiären Krisen,
- Ansprechpartner für Kinder, Jugendliche und Erwachsene,
- Unterstützung bei der Suche nach möglichen Ursachen für Krisen und bei der Alltagsbewältigung,
- Anregung der Hilfe zur Selbsthilfe.

---

[418] Vgl. Ebd., S. 49
[419] Vgl. Bund Deutscher Kriminalbeamter. 2010. Kindesmisshandlung. Berlin, S. 45
[420] Vgl. Thüringer Ministerium für Soziales, Familie und Gesundheit. 2012. Kinderschutz in Thüringer Schulen. S. 54-55

c) Frauenzentren
- Beratung von Frauen, die seelischer oder körperlicher Gewalt erleiden oder davon bedroht sind,
- Gewährleistung von Zuflucht für Frauen und Kindern in akuten Krisensituationen,
- Vermittlung von Kontakten und Unterstützung durch Behörden.

d) Suchtberatungsstellen
- Beratung der Menschen, die Probleme mit verschiedenen Formen von Süchten haben (Alkohol, Medikamente, illegale Drogen, suchtmäßiges Spielverhalten, Essstörungen u. a.) und deren Angehörige,
- Vermittlung der Selbsthilfegruppen und Therapiemöglichkeiten,
- Unterstützung durch Nachsorge nach einem stationären Aufenthalt und bei der Wahrnehmung sozialer Rechte,
- Durchführung von Präventionsveranstaltungen.

e) Schwangerschaftskonfliktberatungsstellen
- Beratung zu gesundheitlichen, sozialen, juristischen und psychischen Aspekten bei Schwangerschaft und Geburt bzw. bei Schwangerschaftsabbruch,
- Information über Möglichkeiten der Familienplanung und familienfördernde Leistungen,
- Unterstützung durch Vermittlung und Begleitung zu Ämtern und Behörden.

f) Der Weiße Ring
- Bitte der Zuwendung, Beistand und Beratung für Opfer einer Straftat,
- Unterstützung sowohl materiell (z. B. Übernahme von Kosten für einen Rechtsbeistand) als auch beim Umgang mit Behörden. Die Kooperation mit dem lokalen Netzwerk entwickelt sich und wird vor Ort gelebt. Nachhaltigkeit kann nur erreicht werden, wenn diese Kooperation nicht ausschließlich dem Engagement einzelner Personen unterliegt, sondern strukturell verankert wird. Gute Beispiele zeigen, dass von gemeinsamen Fortbildungen verschiedener Professionen, der Mitwirkung im Arbeitskreis und/oder dem regelmäßigen fachlichen Austausch positive Effekte ausgehen.

13 Vergleich[421]

Dieses Kapitel beschäftigt sich mit einem direkten Vergleich von deutschen Jugendämtern und südkoreanischen KSZ und deren intervenierenden Handlungsverfahren und Instrumenten der Risikoeinschätzung. Dafür gilt es die Kooperation und Vernetzung zu erörtern. Das allgemeine Bearbeitungsverfahren im jeweiligen Land ist ähnlich, jedoch gibt es unterschiedliche Konzepte und Bearbeitungsansätze.

1. Wie oben erwähnt, wurde das Kinderschutzsystem in Südkorea durch das Meldungssystem zentriert entwickelt, die allgemeinen Prozesse sind folgende:

- Meldungsannahme unter den Nummern 1577-1391 bzw. 129, 119, 112
- Nach einem Leitfaden wird evaluiert, ob es sich um einen verdächtigen Fall handelt. Ist dies gegeben, wird dieser als ein Fall von Gewalt gegen Kinder weiter bearbeitet.
- Der Fall wird dem/der zuständigen SozialarbeiterIn zugeteilt und vor Ort untersucht.
- Basierend auf den Ergebnissen der Untersuchung vor Ort, wird der Fall von Gewalt gegen Kinder mit dem einheitlichen Instrument der Risikoeinschätzung bearbeitet.
- Der Hilfeprozess und die Maßnahme wird geplant und ausgeführt. Nach der Risikoeinschätzung wird der Fall abgeschlossen und für drei Monate überwacht.

Das südkoreanische Kinderschutzsystem startet mit dem Zeitpunkt der Meldung. Nach der Meldung im KSZ wird meistens mit Hilfsangeboten und Förderungen im Rahmen von Gewalt gegen Kinder reagiert. Auf Basis der Untersuchung vor Ort müssen die SozialarbeiterInnen entscheiden, welcher Schweregrad der Gefährdung vorliegt, entweder bestätigt sich die Gewalt oder es liegt ein latent gefährlichen Fall bzw. ein normaler Fall, ohne weitere Folgen vor. Entsprechend dem Fall bieten die SozialarbeiterInnen den Kindern bzw. Jugendlichen und

---

[421] Vgl. Kap. V

deren Familien Hilfe und Förderung an [422]. Wird der Fall als latent gefährlicher Fall eingestuft, wird keine Unterstützung und Förderung angeboten, sondern wird der Fall nur über eine eventuelle Gefährdung des Kindes beaufsichtigt. Dieser latent gefährliche Fall bedeutet, dass keine auffällig großen Risikofaktoren und eindeutigen Beweise von Gewalt gegen Kinder vorliegen. Es besteht jedoch das Risiko, das Gewalt gegen Kinder in den Familien aufkommt oder verschiedene soziale- und ökologische Konflikte und Probleme koexistieren. Deswegen sollten dieser Gruppe Angebote unterbreitet werden, welche die vermeindlichen Risikofaktoren beseitigen. Dabei gibt es jedoch das Problem, dass die meisten Eltern Unterstützung, Förderung und Beratung im Rahmen der Erziehungshilfe durch das KSZ erhalten wollen, jedoch diese gesetzlich nicht möglich sind. Hilfe und Unterstützung wird erst dann erbracht, wenn Gewalthandlungen nachgewiesen werden können. Dagegen werden in Deutschland vor der Entscheidung über eine potentielle Kindeswohlgefährdungen erzieherische Hilfeangebote und Unterstützungen durch das Jugendamt gemäß §§ 16-35 SGB VIII gestellt.

2. Im Weiteren wird das südkoreanische Meldungssystem betrachtet. Hier muss von einer doppelten Struktur ausgegangen werden, weil das KSZ und die Polizei nicht miteinander intervernieren können. Die Meldungen, die über verschiedene Notrufnummern eingehen können (1577-1391, 129, 119, 112), sollen an beide zuständigen Instanzen, die Polizei und das KSZ, weitergeleitet werden. Dabei reagieren die beiden Instanzen mit unterschiedlichen Gesetzen und Vorgehensweisen, das KSZ arbeitet auf der Grundlage des KWG und die Polizei handelt nach den Gesetzen des GfBhG oder KWG. Wird ein Notfall der Polizei gemeldet, dann hat sie zunächst die Aufgabe die Situation vor Ort sicher zu stellen und zu klären, ob das Kind bzw. der Jugendliche Gewalt ausgesetzt ist. Dabei hat die Polizei keine Meldepflicht gegenüber dem KSZ. Diese fehlende Verpflichtung bringt die Gefahr das Kind bzw. den Jugendlichen einer ständigen Bedrohung des Kindeswohls auszusetzen. PolizeibeamtenInnen verfügen weder über die notwendige Fort- und Ausbildung noch über qualifizierten Kenntnisse, die notwenig sind, um eine Risikoeinschätzung vornehmen zu können. In diesem Fall kann es teilweise zu einer sehr gefährlichen Lage für Kinder und Familien kommen, in der die PolizeibeamtenInnen selbstständig vor Ort über das Gefährdungsrisiko für die Kinder und Familien entscheiden, wobei sie jedoch keine qualifizierten Kenntnisse und ebenfalls keine Fort- und Ausbildungen über professionelle Risikoeinschätzungen absolviert haben. Informiert die Polizei das KSZ, können diese zusammen den Fall einschätzen und den Fall untersuchen.

---

[422] Yoon, H., 2011. Die Überlegungen zur Entwicklung der Kinderschutzsystem, Prävention und Maßnahmen gegen Kindesmisshandlung der letzten und nächsten 10 Jahre: National Child Protection Agency und Ministerium für Gesundheit und Wohlfahrt, S. 39-40

Allerdings bleibt auch dann die Situation schwierig, denn es bleibt weiter unklar, wer die Risikoeinschätzung und Entscheidung über die Herausnahme trägt oder wessen Entscheidung vorrangig ist und wie vorgegangen wird, wenn beide Instanzen in ihren jeweiligen Standpunkten verschiedene Meinung haben. Darüber hinaus gibt es keine gesetzlichen Vorschirften, welche die Situation regeln würden. Deswegen ist die Wahrscheinlichkeit groß, dass die Polizei nicht mit den SozialarbeiterInnen kooperiert. Im Gegensatz dazu gibt es in Deutschland keine spezifische Meldungstelefonnummer auf Landesebene, jedes Bundesland verfügt über eine eigene Notfallnummer. Lediglich die Polizei-notrufnummer 110, um Gewalt gegen Kinder zu melden, ist landesweit einheitlich. Die Polizei ist verpflichtet, das Jugendamt in Sachen Kindes-wohlgefährdung zu informieren. Weiterhin trägt das Jugendamt als zuständige Institution die Gesamtverantwortung über die Maßnahmen und Entscheidungen zur Abwehr der Kindeswohlgefährdung.

3. Bei der Risikoeinschätzung ist in Deutschland nach § 8a SGB VIII ausdrücklich geregelt, dass das Jugendamt das Gefährdungsrisiko im Zusammen-wirken mehrerer Fachkräfte einzuschätzen hat und dass die betroffenen Kinder oder Jugendlichen sowie die Eltern berücksichtigt werden müssen. Sind die Eltern nicht in der Lage oder gewillt ihren Pflichten nachzukommen, muss entweder das Familiengericht eingeschalten werden, oder eine andere Stelle der Kinder- und Jugendhilfe einbezogen werden. Dagegen können die Sozial-arbeiterInnen in Südkorea selbstständig eine Risikoeinschätzung vornehmen und verantworten den gesamten Hilfeprozess genauso an anderer Stelle. Dagegen konzentriert sich das ASD im Jugendamt auf die Meldung, die Untersuchung vor Ort, die Risikoeinschätzung und den Hilfeprozess. Die meisten Dienstleistungen für Kinder und Jugendliche werden von freien Trägern übernommen. Das bedeutet die Fallbearbeitung wird durch den öffentlichen Träger eingeleitet und die Leistungserbringung, wie zum Beispiel die Beratung erfolgt durch den freien Träger.

4. Eine weitere Beobachtung ist, dass die Meldungspflicht verbunden ist mit Schwierigkeiten. Die jährliche Meldungsrate von Kindeswohlgefährdungen in Südkorea ist sehr gering. Gemäß § 25 Abs. 2 KWG soll der Meldungspflichtige den Verdacht von Gewalt gegen Kinder alsbald dem KSZ bzw. der Polizei melden. Jedoch ist dies auf den Dienst des Meldungspflichtigen beschränkt, d.h. wenn sie zufällig außerhalb der Dienstzeit eine solchen Fall feststellen, sind sie nicht verpflichtet, diesen an das KSZ weiterzuleiten. Zudem ist der Zeitraum für die Meldung nicht vorgeschrieben. Wird der beobachtete Fall nicht sofort gemeldet, sondern erst lange Zeit später, ist dies nicht strafbar[423]. Glücklicher-

---

[423] Lee, H., 2006. The Status of Child Maltreatment und Legal Limitations with Ways of Reform. The Korean Society of Family Law Vol. 20-1, S. 178

weise wurde dies in einer neuen Überarbeitung des KWG 2012 ergänzt (Straf-
bestimmung der Meldungspflichtigen), welches leider bisher noch nicht durch-
weg funktioniert. Der Hauptgrund dafür könnte ein mangelndes Selbstbewusstsein und Stigmatisierungen am Arbeitsplatz der Meldungspflichtigen
sein[424].
5. In Deutschland wurden gemäß § 8a Abs. 2 Satz 1 SGB VIII und § 3
BkiSchG verbindliche Vorgaben geschaffen, die das Zusammenwirken, sowie
die unterschiedlichen Aufgaben und Kompetenzen zwischen öffentlichen und
freien Trägern regeln. Dagegen gibt es in Südkorea keine Bestimmungen, die zur
verbindlichen Kooperation und Netzwerkarbeit zwischen öffentlichen und freien
Trägern verpflichten. Bezieht das KSZ andere Einrichtungen oder Institutionen,
z.b. Schulen oder staatliche Behörden, bei Untersuchungen oder bei der
Informationsgewinnung mit ein, können die Einrichtungen autonom entscheiden,
ob sie kooperieren wollen oder nicht. Verweigern diese eine Kooperation, gibt es
keine gewichtigen Anhaltspunkte um einen Tatbestand, im Falle von Gewalt
gegen Kinder, zu beweisen.

---

[424] Ebd., S. 178

Teil Fünf: Kinderschutz in der Praxis

14 Kinderschutzzentrum Goodneighbors in der Stadt Iksan[425], Südkorea

Der freie Träger „Goodneighbors" wurde im Jahr 1991 in Südkorea gegründet und entwickelte seit 1996 eine Vielzahl an Angeboten in Bezug auf Prävention und Kinderschutz. Mit der Überarbeitung des Kindeswohlfahrtgesetzes 2000, erhielt der freie Träger Goodneighbors vom Staat bzw. von den Kommunen fünf KSZ, einschließlich des nationalen KSZ. Inzwischen hat „Goodneighbors" vom Staat insgesamt 26 Kinderschutzzentren übernommen. Seit dem Juli 2004 gibt in der Stadt Iksan ein KSZ, ebenfalls unter Führung des freien Trägers „Goodneighbors", das sich nach der hilfe- und maßnahmeorientierten Praxis der Kinder- und Jugendhilfe bei Kindesmisshandlungen und Vernachlässigungen bzw. sexualisierte Gewalt richtet. Die finanzielle Unterstützung zur Erhaltung des KSZ in Iksans erfolgt durch die Bezirksregierung der Jellabukdo-Provinz. Wie die Abb. 42 zeigt hat das KSZ Iksan seine Schutzbereiche zur Kinderschutzarbeit in den Städten Kimje (0-18 Jahre: 15719/ Gesamtbevölkerung 91365), Buan (9742/ 58070), Stadt Gunsan (63016/ 278517) und der Stadt Iksan (69753/ 306845), in der insgesamt 158230 der Kinder und Jugendlichen unter 18 Jahren alt sind[426], ausgeweitet.

---

[425] Es ist schwer die Bedingungen und Voraussetzungen in beiden Ländern zu vergleichen, da in beiden Ländern ganz unterschiedliche gesetzgeberische Verordnungen und organisatorische Strukturen herrschen. In der Tat gibt es in Südkorea verschiedene Arten von KSZ, von denen zehn von freien Trägern geleitet werden und ganz unterschiedliche Aktivitäten als Aufgaben haben. Der freien Träger „Goodneighbors" hat die Aufgabe des Kinderschutzes in der Jellabukdo-Provinz, bei dem ich über 3 Jahre beschäftigt war und so umfassendes Wissen über diesen Träger erlangte. Auch mit dem Kasseler Jugendamt führte ich einige Interviews und holte dort einiges an Erkundigungen ein.

[426] Statistisches Amt, www.kosis.kr, 3.12.2013

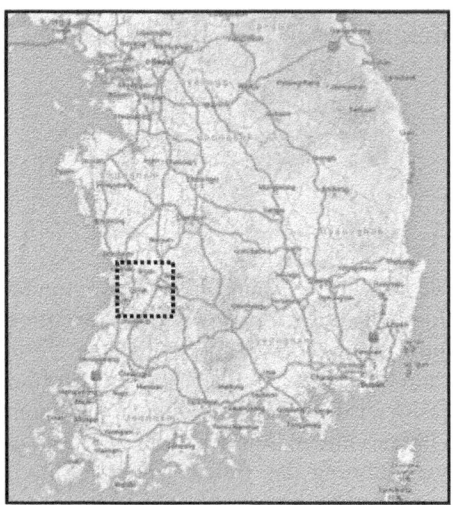

Quelle: Google maps.

Abbildung 42: Der regionale Bereich des Kinderschutzes des KSZ der Stadt
Iksan

14.1 Die Struktur im regionalen KSZ der Stadt Iksan und die Leistungen der SozialarbeiterInnen

Das KSZ Iksan besteht aus 3 Abteilungen, der Abteilung für Ausbildung und Öffentlichkeitsarbeit (3 SozialarbeiterInnen), der Abteilung für Haushalt und Beratung (3 SozialarbeiterInnen, 1 TherapeutIn) und der Einrichtung für einen vorübergehenden Kinderschutz (2 SozialarbeiterInnen im Kinderheim) sowie einer LeiterIn des KSZ. Insgesamt sind es also 10 Fachkräfte des regionalen KSZ. Die Aufgaben des KSZ sind in zwei Teile aufgeteilt: Auf der einen Seite die vom Staat übernommenen Leistungen zum Kinderschutz, auf der anderen Seite die Aufgaben des freien Trägers Goodneighbors, der sich auf den Kinderschutz und die Prävention sowie die Erziehung und Fortbildung verschiedener Berufsgruppen in den Institutionen oder der Eltern konzentriert. Die sechs SozialarbeiterInnen – ohne TherapeutIn, Fachkräfte in den Kinderheimen und LeiterIn – leisten allgemeine Aufgaben zum Kinderschutz, sowie das Aufnehmen von Notrufen gemäß § 46 KWG sowie der Fallbearbeitung, die Hausbesuchen, der Erstellung von Hilfsplänen, Beratungen und Fortbildungen der meldeverpflichteten Berufsgruppen. Außerdem beschäftigen sie sich mit den Aufgaben des freien Trägern, die meistens Erziehungsaktivitäten in der Schule oder anderen Institutionen umfasst (konkrete Beschreibung folgt im nächsten Kapitel). Zusätzlich übernehmen die sechs SozialarbeiterInnen Führungs- und Managementaufgaben, Verwaltungsaufgaben, Budgetverwaltung und die Sachbearbeitung sowie weitere Büroaufgaben. Abb. 43 und Tab. 33 zeigen die Aufgaben und Strukturen des KSZ der Stadt Iksan.

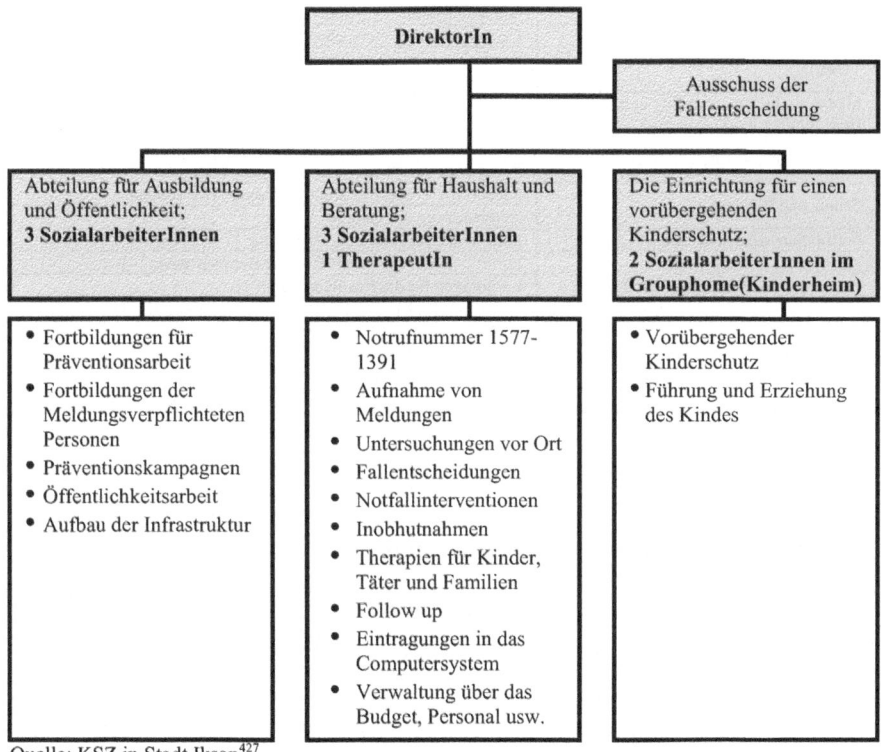

Quelle: KSZ in Stadt Iksan[427]

Abbildung 43: Struktur des regionalen Kinderschutzzentrums Stadt Iksan

---

[427] http://korea1391.org

Aufgaben	Konkrete Aufgaben
Aufnahme der Meldung von Gewalt gegen Kinder und Untersuchung vor Ort	Aufnahme der Meldung von Gewalt gegen Kinder
	Untersuchung vor Ort
Professionelle Beratung	Innere Konferenz zum Fall der Gewalt gegen Kinder
	Externe Konferenz zum Fall der Gewalt gegen Kinder
	Konferenz zum Fall mit anderen Einrichtungen
	Beratung für Kinder und Jugendliche, Eltern und Familie
	Gruppenberatung für Kinder und Jugendliche
Psychologische Untersuchung und Therapie	Psychologische Untersuchung der Kinder und Jugendlichen
	Psychologische Einzeltherapie für Opfer
	Psychologische Gruppentherapie für Opfer
Medizinische Untersuchung und Behandlung	Ärztliche Untersuchung und Behandlung der Opfer
Untersuchung und Behandlung der Täter	Psychologische Untersuchung der Täter
	Psychologische Therapie für Gruppen vonTätern
Schutz und Förderung	Kinderschutz: bei Notfallinobhutnahme, Herausnahme
	Unterstützung der Familie
Fortbildung der Fachkräfte	Fortbildung für Beratung, Erziehung
Präventionsaktivität von Gewalt gegen Kinder	Fortbildung für meldeverpflichtete Berufsgruppen
	Fortbildung für die Bevölkerung
	Programm für Risikogruppen von Gewalt gegen Kinder
	Mentoringsaktivität für Opfer bzw. Risikogruppen
Workshops bzw. Seminare	Workshops oder Seminare in der Kommune
Öffentlichkeitsarbeit	Öffentlichkeitsarbeit in der Kommune
Kooperation und Netzwerkarbeit	Vertrag mit betroffenen Institutionen bzw. sozialen Einrichtungen

Quelle: KSZ der Stadt Iksan

Tabelle 33: Die Aufgaben des KSZ der Stadt Iksan

14.2 Aktivitäten und Präventionsprogramme

Nach dem staatlichen Bericht des nationalen KSZ gab es im KSZ der Stadt Iksan im Zeitraum von 2004 bis 2012 insgesamt 1063 gemeldete Fälle, die Gewalt gegen Kinder aufwiesen, davon wurden 92 Fälle abgeschlossen, wie Tab. 34 zeigt (ein SozialarbeiterIn ist für durchschnittlich 177 Fälle zuständig). Im Jahr 2011 lag die Gefährdungsmitteilung bei 217 Fällen, die durch 83 melde-verpflichtete Personen, 195 nicht-meldeverpflichtete Personen und in etwa 1577-1391 (über 90%) über Notrufnummern getätigt wurden. Davon wurden 141 als Fall von Gewalt gegen Kinder eingestuft, davon wurden in 50 Fällen betroffene Kinder und Jugendliche (36.5%) aus der Familie genommen, in 91 Fällen (64.5%) wurden sie ohne weitere Maßnahmen in der Familie belassen und in insgesamt 6253 Fällen wurden Dienstleistungen abgeboten, sowie Therapien ausgeführt. Das KSZ in Iksan hat eine Kinderschutzrate von etwa 1.13 von 1000 im Jahr 2011.

	2004	2005	2006	2007	2008	2009	2010	2011	2012	Insgesamt
Die Zahl der Fälle	91	96	103	105	133	122	147	125	141	1063
Abschluss der Fälle					1	8	33	30	20	92

Quelle: National Child Abuse report 2004-2012

Tabelle 34: Die Entwicklung derMeldungszahlen von Gewalt gegen Kinder und den Fallabschlüssen des KSZ der Stadt Iksan

Angebot	Zielgruppe	Institution
Puppenspiel als Prävention zur Aufklärung von sexueller Gewalt gegen Kinder	4-7 8-10	Kindergarten Schule
CES: Child Empowering Service	6-7	Kindergarten
CRA: Child Rights Awareness	8-10	Schule
PAPCM:Participatory Activity for the Prevention of Child Maltreatment	10-12	Schule
Präventionsveranstaltung zur Vermeidung von schulischer Gewalt	10-12	Schule
Erziehungskurse für werdende Eltern	19	Gymnasium, Realschule usw.
Erziehungskurse für Eltern	Eltern	Schule
Erziehungskurse für LehrerInnen	LehrerInnen	Schule
Kampagnen als Prävention von Gewalt gegen Kinder	Bevölkerung	Öffentliche Plätze
Netzwerkarbeit in der Region z.B. Gremien für Kindergärten, Gremien für Schule, Gremien für Gymnasium		Einmal in 3 Monaten

Quelle: KSZ der Stadt Iksan

Tabelle 35: Die Präventionsprogramme des KSZ der Stadt Iksan

Das Präventionsprogramm richtet sich an verschiedene Zielgruppen. Das Kinderschutzzentrum Iksan organisiert verschiedene Veranstaltungen und Kampagnen und betreibt Netzwerkarbeit, um über Gewalt gegen Kinder aufzuklären. Damit soll verbeugend informiert und Lösungsvorschläge angeboten werden, wie Tab. 35 zeigt.

Die zuständigen SozialarbeiterInnen müssen, bevor sie das Programm für ein Jahr durchführen, an einer Fortbildung teilnehmen. Meistens müssen die zuständigen Fachkräfte freiwillige Dienste suchen, um dieses Präventionsprogramm zu ermöglichen. Nach regelmäßigen Fortbildungen und Gruppentreffen mit den Fachkräften können die Freiwilligen in Schulen oder Kindergärten als ErzieherInnen aktiv werden. Um die Fortbildung für Eltern der Kinder/ Jugendlichen und LehrerInnen, müssen sich die SozialarbeiterInnen selbst kümmern. Es ist festgelegt, dass die SozialarbeiterInnen ebenfalls Netzwerkarbeit in der Region und in Gremien für Kindergärten, Schulen und Gymnasien organisieren und einmal im Quartal regelmäßig zum Kinderschutz und Präventionsprogramm beitragen müssen. So werden beispielsweise die Schüler (im Alter von 10-12) durch die Teilnahme am PAPCM Programm geschult, ihre Bewältigungsfähigkeit zu verbessern. Sie lernen durch das PAPCM-Programm, durch Geschichts- und Rechtskarten, dass sie ein Recht auf eine angemessene Absicherung und ein gedeihliches Aufwachsen haben. Des weiteren können die Eltern der Kinder und Jugendlichen sowie die LehrerInnen die Fortbildung gemeinsam besuchen. Die Eltern erhalten durch erzieherische Beratung ein Verständnis über Gewalt Kindern, um diese verhindern zu können. Zudem wird das CRA-Programm mit den SchülerInnen (im Alter von 8-10) in der Schule durchgeführt, dabei werden ihnen Wissen über das Recht des Kindes, basieren auf der UN-Konvention vermittelt. Diese Themen werden veranschaulicht durch Videos und Situationsnachstellungen.

Nach dem nationalen Bericht hat das KSZ Iksan im Jahr 2011 17476 Kindern und Jugendlichen, 683 Eltern, 242 BeamtenInnen, 97 LehrerInnen in der Schule, 1587 SozialarbeiterInnen in sozialen Einrichtungen, 846 ErzieherInnen in Kindergärten, also insgesamt 20931 Personen, die Fortbildung zur Prävention von Gewalt gegen Kinder ermöglicht.

Quelle: KSZ der Stadt Iksan

Abbildung44: Exemplarisches Karteninstrument (PAPCM-Programm)

15 Das Jugendamt in Kassel[428]

15.1 Der Allgemeine Soziale Dienst (ASD) des Jugendamtes Kassel

Die MitarbeiterInnen des ASD (Allgemeiner Sozialer Dienst) des Jugendamtes Kassel bieten nach dem Kinder- und Jugendhilfegesetz und anderen Sozialleistungsgesetzen angemessene Beratung und Hilfe an. Der ASD richtet sich mit seinem Angebot an junge Menschen und ihre Eltern, Alleinerziehende, Familien, Einzelpersonen und an ältere Menschen. (Stadt Kassel ca. 196000 Einwohner, davon 49000 unter 24 Jahren -25,1%[429]). Zu den Aufgaben des Jugendamtes Kassel zählen unter anderem:

- Beratung in Fragen der Erziehung und Entwicklung junger Menschen (§ 16 KJHG)
- Beratung und Unterstützung bei der Ausübung der Personensorge bei Müttern und Vätern, die allein für ein Kind zu sorgen haben (§ 18 KJHG)
- Einleitung, Begleitung und Steuerung von gemeinsamen Wohnformen für Mütter/Väter und Kinder gemäß § 19 KJHG
- Beratung in Fragen der Partnerschaft, Trennung, Scheidung und des Umgangsrechts (§ 17 KJHG)
- Hilfen an Kinder und Jugendliche in Krisen- und Konfliktsituationen (§ 8 KJHG)
- Niedrigschwellige Beratung und Betreuung von Familien
- Beratung, Vermittlung und Betreuung von Hilfen für Kinder in Notsituationen (§ 20 KJHG)
- Einleitung und Begleitung von Jugendberufshilfen (§ 13 KJHG)
- Vermittlung von Tagespflege (§ 23 KJHG) und Beratung der Tagesmütter/ -väter

---

[428] Dieses Kapitel basiert auf dem erhaltenen Material und der Mithilfe von Frau Ulrike Prueß und Herrn Dr. George von Soest des Jugendamtes Kassel.

[429] Stadt Kassel. 2013. Kassel Daten. http://www.serviceportal-kassel.de/imperia/md/-/content/cm-s01/07rathaus-info/statistik/kassel_daten_2013_version_2_barrierefre-i.pdf: 30.01.2014, S. 7

- Inobhutnahme und Herausnahme von Kindern und Jugendlichen in Krisensituationen (§§ 42-43 KJHG)
- Mitwirkung im familiengerichtlichen Verfahren (§ 50 KJHG i.v. mit §§ 49 und 49a FamFG)
- Anrufung des Familiengerichts bei Gefährdung des Kindeswohls gemäß § 1666 und § 1666a BGB i.v. mit § 50 KJHG (Ausübung des staatlichen Wächteramts)

Durch den ASD[430] soll sichergestellt werden, dass Kinder und Jugendliche vor Gefahren geschützt werden und eine ganzheitlich präventive Hilfe angeboten wird. Im Hinblick auf Gewalt gegen Kinder sind folgende Aufgaben des ASD wichtig:

- Die Unterstützung und Entlastung von Eltern bei den Aufgaben der Versorgung der Kinder.
- Der Schutz des Kindes vor Gefahren durch präventive Angebote.
- Die Realisierung der Wünsche für die Eltern vorrangig durch Entlastung, Unterstützung und Hilfe zum Schutz der Kinder. Das heißt, die Eltern müssen das Vertrauen haben können, dass im Rahmen von Hilfe und Entlastung nicht Hinweise und Begründungen für Eingriffe gesammelt werden.
- Die Beurteilung für die Verantwortung und Verpflichtung zum Kinderschutz, ob nur durch Eingriffe des Familiengerichts der Schutz des Kindeswohls im konkreten Fall gewährleistet werden kann (siehe § 50 Abs. 3 SGB VIII)

Der ASD erfüllt eine Doppelfunktion: Es arbeitet zum einen nach dem Präventionsansatz, in dem es ein freiwilliges soziales Beratungsangebot und Unterstützung anbietet, anderseits ist es eine Kontrollinstanz, die zum Schutz des Kindes in das elterliche Sorgerecht eingreifen kann. Vor der Entscheidung über eine Inanspruchnahme der Hilfe zur Erziehung sind Eltern, Kinder und Jugendliche zu beraten und auf mögliche Folgen für die Entwicklung des Kindes und Jugendlichen hinzuweisen. Über die Gewährung, die Dauer, die Art und den Umfang der Hilfe zur Erziehung, einer Hilfe für junge Volljährige oder einer

---

[430] Der ASD hat Clearing- und Koordinationsfunktionen. Das bedeutet, dass die Ursachen der Problemlagen durch Zuhören und genaues Hinsehen abgeklärt werden. Der ASD klärt hilfesuchende Familien fachkundig auf und sorgt in Absprache mit allen Beteiligten für die passende Hilfe. Der ASD sieht den Menschen in seinem gesamten Beziehungsgeflecht, hat biographische Aspekte, familiäre Beziehungen und das soziale Umfeld ebenso im Blick wie den Schutz von Kinder und Jugendlichen. Siehe: Informationspapier des Jugendamtes Kassel.

Eingliederungshilfe, entscheidet die Erziehungskonferenz des Jugendamtes Kassel.

In Kassel arbeiten ca. 40 Fachkräfte des ASD aus unterschiedlichen Disziplinen und mit spezifischen Aufgabenbereichen zusammen. Diese beinhalten die umfassende Bearbeitung von Gefährdungsmitteilungen, Erziehungs-, Trennungs- und Scheidungsberatung sowie das Einleiten von erzieherischen Hilfen (HzE). Alle SozialarbeiterInnen sind Fachkräfte, darunter können ca. 16 MitarbeiterInnen mit Zusatzausbildungen nachweisen, sodass diese als besonders qualifizierte Fachkräfte angesehen werden.

Sie beraten zusätzlich andere Kolleginnen und Kollegen des ASD, die mit Kindeswohlgefährdungen konfrontiert sind. Regelmäßig finden für alle MitarbeiterInnen des ASD Fallkonferenzen zur Kindeswohlgefährdung statt. Der ASD arbeitet in Arbeitskreisen mit der Polizei, Krankenhäusern, Ärzten und Juristen zusammen. Darüber hinaus besuchen sie Schulen, Kindergärten und Kindertage-stätten, um über Kindeswohlgefährdung zu informieren.

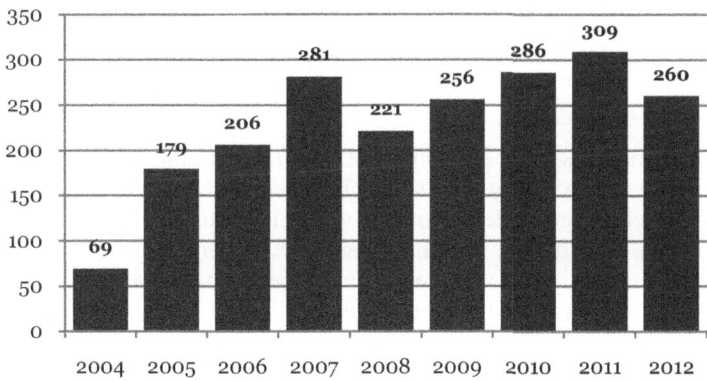

Quelle: Gefährdungsmeldungen beim Jugendamt Kassel 2012

Abbildung 45: Gefährdungsmeldungen beim Jugendamt Kassel 2012

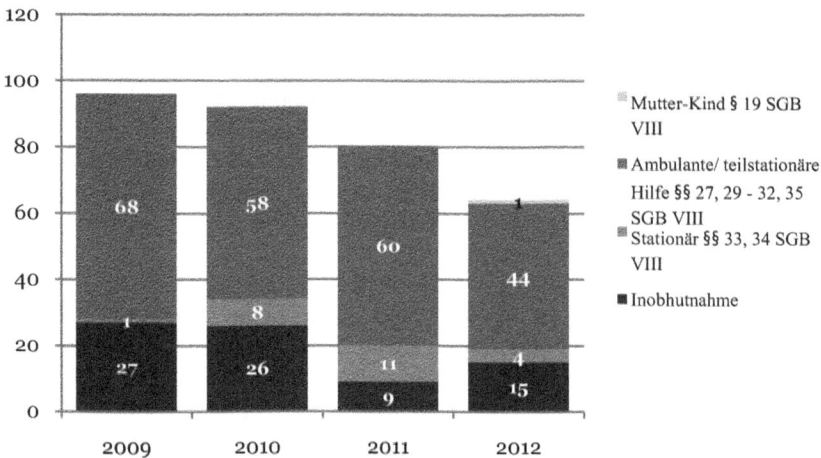

Quelle: Gefährdungsmeldungen beim Jugendamt Kassel 2012

Abbildung 46: Vom ASD eingeleitete Hilfemaßnahmen nach einer festgestellten
Gefährdung (2012, Jugendamt Kassel)

Das Jugendamt Kassel hat im Jahr 2012, 260 Gefährdungsmeldungen erhalten,
wobei die meisten (65 Fälle) von staatlichen Behörden wie Polizei, Gericht, und
Staatsanwaltschaft gemeldet wurden. 41 Fälle wurden von medizinischen
Einrichtungen, Hebammen, Ärzten/Ärztinnen, Kliniken und Nachbarn (39 Fälle)
gemeldet. Die Fachkräfte bearbeiteten durchschnittlich 6,5 Fälle im Jahr 2012. In
ingesamt 64 Fällen wurden Hilfeleistungen bzw. eine Inobhutnahme eingeleitet.

15.2 Vorgehensweise des Allgemeinen Sozialen Dienstes des Jugendamtes Kassel[431]

Die Vorgehensweise mit festem Ablaufschemata und Meldebögen für den Umgang mit Meldungen von Kindeswohlgefährdung trat für das Jugendamt Kassel
zum 01. September 2004 in Kraft. Bei Verdacht auf eine Kindeswohl-gefährdung
hat der ASD durch die Polizei, Fachdienste, Krankenhäuser, Kindergärten,

---

[431] Vgl. Janz, A., 2004. Umgang mit Meldungen zum Schutz von Kindern und Jugendlichen. Ein
Arbeitspapier der AG der Nordhessischen Jugendämter für eine Vereinheitlichung im Vorgehen.
Jugendamt Kassel; Vgl. Präventionsrat der Stadt Kassel, 2013. Kinder im Klima häuslicher
Gewalt. Maßnahmen zum Schutz gefährdeter Kinder. Kassel.

Schulen oder Privatpersonen schriftliche oder telefonische Informationen einzuholen. Bei Meldungen über Kindeswohlgefährdungen muss der ASD Näheres erfragen, um möglichst viele Informationen und Details zu erhalten. Die Aufgabe des Kinderschutzes ist vorrangig vor allen anderen Aufgaben. Dannach muss der ASD den Kontakt zu anderen Institutionen und Behörden aufnehmen, um ergänzende Angaben, Einschätzungen und Wahrnehmungen einzuholen. In diesen drei Arbeitsschritten der kollegialen Beratung muss der ASD weitere Vorgehensweisen bzw. Beratungen anbieten. Nach der Phase der Informationssammlung muss der ASD Kontakt zur betroffenen Familie in schriftlicher, telefonischer oder persönlicher Form aufnehmen. Die Art und Weise der Kontaktaufnahme steht in Abhängigkeit zu der Situation und Dringlichkeit. Hat dabei der ASD den Eindruck, dass das Wohl des Kindes oder Jugendlichen in Gefahr ist, hat der ASD, die Polizei, das Amtsgericht oder den Gerichtsvollzieher umgehend einzuschalten. Bei der Risikoeinschätzung oder beim Maßnahmenbeschluss sowie bei der Auswahl einer geeigneten Pflegestelle oder der Einrichtung müssen alle beteiligt werden. Der Wahl und den Wünschen des Leistungsberechtigten ist zu entsprechen, sofern sie nicht mit unverhältnismäßigen Mehrkosten verbunden sind (§ 5 Abs. 2 SGB VIII).

Ist nach der Einschätzung das Wohl des Kindes und Jugendlichen nicht gefährdet (Grundbedürfnisse der Kinder und Jugendlichen werden erfüllt), besteht keine Notwendigkeit erzieherischer Hilfestellungen. Schildern die Eltern ihr Problem, zeigen sich einsichtig, erkennen den Hilfebedarf und wünschen externe Hilfen, werden in weiteren Beratungsgesprächen zwischen den ASD-MitarbeiterInnen und den betroffenen Familien entsprechende Vereinbarungen getroffen und die Eltern erhalten entsprechende Unterstützung. Erkennen die Eltern keinen Hilfebedarf, lehnen externe Hilfe ab und liegt keine akute Gefährdung des Kindeswohls vor, stehen die MitarbeiterInnen des Jugendamtes auch weiterhin als Ansprechpartner zur Verfügung und begleiten die betroffene Familie weiterhin. Liegt hingegen aber eine akute Gefährdung des Kindeswohls vor, hat der ASD die Pflicht das Kind oder den Jugendlichen im Sinne einer Kriseninterventation zur Entlastung der Familie aus der Familie zu nehmen. Diese erfolgt entweder im Einvernehmen der Eltern oder infolge einer Inobhutnhame nach dem § 42 SGB VIII. Um die kollegiale Beratung und Entscheidung des Jugendamtes Kassel zu verdeutlichen, ist der Arbeitsablauf in Tab. 36 abgebildet.

Inhalte		Moderationsaufgaben
1. Fallvorstellung ca. 5 Min.	Vorstellung anhand a) der Daten und Fakten (möglichst schematisiert) z.b. Genogramm, b) des aktuellen Beziehungserleben zu den beteiligten Personen	Darauf achten, dass die Fallvorstellung ungestört von Zwischenfragen erfolgen kann.
2. Beratungsfrage ca. 5 Min.	Die fallvorstellende Fachkraft formuliert ihr Problem, Anliegen zu dem sie beraten werden will.	Die Beratungsfrage muss bearbeitbar sein und vom Team akzeptiert werden.
3. Rückfragen ca. 5 Min.	Die TeilnehmerInnen formulieren Informationsfragen, um die Beratungsfrage bearbeiten zu können.	Informationsfragen dürfen keine Interpretationen, vorzeitige Lösungsvorschläge oder verdeckte fachliche Angriffe sein.
4. dentifikatons- runde ca.15 Min.	Die Teilnehmer übernehmen jeweils eine Rolle aus dem betroffenen System und beschreiben aus dieser Rolle heraus das derzeitige Erleben der Einzelnen.	Die zu identifizierenden Personen werden benannt und die Rollen verteilt, am Ende der Runde fragt die Moderation nach spontanen Antworten, Erwiderungen untereinander, achtet darauf, dass jeder zu Wort kommt, fragt die Wünsche der Beteiligten ab.
5. Sammeln von Bildern, Stimmungen, Eindrücken während der Identifikations- runde, ca.10Min.	Die aufgetauchten Gefühle, Befindlichkeiten, Begriffe, Bilder etc. werden genannt, die z.Zt. herrschende Atmosphäre im Team beschrieben, Assoziationen zusammengetragen. Rückmeldung der Fachkraft	Die Begriffe und Einfälle werden aufgeschrieben, keine Diskussion, alles ist wichtig, am Ende Rückfrage an die fallvorstellende Fachkraft zu ihren Eindrücken und ihrer Befindlichkeit.
6. Was wird gebraucht? ca. 10 Min.	Einfälle werden zusammengetragen, die noch keine konkreten Lösungsschritte sein sollen.	Einfälle und Wünsche werden zusammengetragen, die noch keine konkreten Lösungsschritte sein sollen.
7. Wie kann ein erster Schritt aussehen? ca. 10 Min.	Mögliche erste Schritte in der weiteren Fallbearbeitung werden zusammengetragen, die fallzuständige Fachkraft entscheidet, welchen Schritt sie machen will.	Einfälle der Gruppe aufschreiben und die fallzuständige Fachkraft fragen, wie sie sich entscheiden will und ob das Team diese Entscheidung mittragen will, bei gegensätzlichen Lösungsschritten nach Verbindungen suchen, Diskussionen unterbinden.
8. Reflexion ca. 10 Min.	Wie hat sich das Team in seiner Beratungskompetenz erlebt, wurde die Beratungsfrage zufriedenstellend beantwortet, wie war die Arbeitsatmosphäre, welche Probleme in der Zusammenarbeit, der Institution, den Rahmenbedingungen sind aufgetaucht, wie können sie angegangen werden?	Darauf achten, dass diese Punkte nicht verloren gehen und sorgfältig bearbeitet werden.

Quelle: Universtität Koblenz-Landau[432]

Tabelle 36: Exemplarischer Arbeitsablauf der kollegialen Beratung und Entscheidungsfindung des Jugendamtes Kassel (Dauer ca. 60-90 Min.)

---

[432]   Universität Koblenz-Landau, Vom Falleingang bis zur Kollegialen Beratung – Grundsätze und Arbeitshilfen, Bundesmodellprojekt „Hilfeplanung als Kontaktmanagement?" Modellstandort Düsseldorf. S. 22

Zusammenfassend lässt sich das Verfahren nach § 1666 BGB mit folgendem Verlauf, beispielsweise an dem Jugendamt Kassel, verdeutlichen[433]:

1. Das Jugendamt erlangt Kenntnis von einer Kindeswohlgefährdung (z.b. durch den anonymen Anruf eines Nachbarn)
2. Das Jugendamt ermittelt die Situation
3. Das Jugendamt kommt zu einer eigenen Entscheidung
   - Kann das Kind in seiner Familie bleiben; welche öffentlichen Hilfen reichen ggf. aus?
   - Muss das Kind aus seiner Familie herausgenommen werden?;
   - Kann dies ggf. mit Einverständnis der Personensorgeberechtigten geschehen?
4. Das Jugendamt klärt, ob eine geeignete Unterbringungsmöglichkeit vorhanden ist
   - Kontaktaufnahme mit geeigneter Pflegefamilie
   - Aufnahmebereitschaft eines geeigneten Heims
   - Klärung der Kontingenzfrage
5. Das Jugendamt leitet eine familiengerichtliche Maßnahme ein (bei „Gefahr im Verzug" auf vorläufige)
   - Entzug des Sorgerechts (bzw. des Aufenthaltsbestimmungsrechtes)
   - Übertragung des Sorgerechts (bzw. des Aufenthaltsbestimmungsrechtes) auf das Jugendamt als Pfleger
6. Familiengericht entscheidet über die Einleitung eines Verfahrens nach § 1666 BGB
   - es lehnt die Einleitung ab
   - es eröffnet das Verfahren
7. Familiengericht ermittelt von Amts wegen (§ 12 FamFG)
   - zieht Akten ein
   - vernimmt Zeugen
   - holt Gutachten ein
   - beauftragt das Jugendamt mit (weiteren) Ermittlungen
   - hört das Kind (§ 50b FamFG), seine Eltern (§ 50a FamFG)
   - (ggf.) Pflegepersonen (§ 50 c FamFG) an
   - hört das Jugendamt an (§ 49 Abs. 1 Nr. 1 f FamFG)

---

[433] Janz, A., 2004. Umgang mit Meldungen zum Schutz von Kindern und Jugendlichen. Ein Arbeitspapier der AG der Nordhessischen Jugendämter für eine Vereinheitlichung im Vorgehen. Jugendamt Kassel, S. 16

8. Familiengericht entscheidet durch Beschluss
   hier entsprechend dem Vorschlag des Jugendamtes
9. Beschluss wird mit der Bekanntmachung wirksam (§ 16 FamFG)
10. Jugendamt nimmt das Kind aus seiner Familie heraus und bringt es in
    eine Pflegefamilie oder einem Heim unter
11. Wenn sich Eltern weigern, das Kind herauszugeben, erwirkt das
    Jugendamt beim Familiengericht eine Vollstreckungsanordnung
12. Gerichtsvollzieher nimmt den Eltern das Kind – notfalls mit Gewalt –
    weg
13. Jugendamt schafft Kontakt zu Pflegeeltern, Heim und Eltern (Vgl. §
    37 SGB VIII)
14. Jugendamt überprüft die Notwendigkeit der Fortdauer der familien-
    gerichtlichen Maßnahme (Vgl. § 1696 Abs. 2 V. m. § 50 Abs. 1 SGB
    VIII)
15. Der Vormund berichtet dem Vormundschaftsgericht „in angeme-
    ssenen Zeitabständen" (Vgl. § 1696 Abs. 3 GBG i.V.m. § 50 Abs. 2
    SGB VIII)

15.3 Modellprojekte von Gewalt gegen Kinder in Deutschland[434]

15.3.1 Modellprojekt „Pro Kind"(2007-2012)

„Pro Kind – Wir begleiten junge Familien", ein Modellprojekt zur frühen Prävention durch ausgerichtete Hausbesuchsprogramme in Niedersachsen, Bremen
und Sachsen, ist in insgesamt 14 Kommunen tätig und wurde nach dem Vorbild
des evidenzbasierten Programms Nurse-Family-Partnership (NFP[435]) konzipiert,
welches in den USA bereits seit fast 30 Jahren erfolgreich für risikobelastete
Frauen und ihre Familien etabliert ist.[436]

Das theoretische Konzept des Modellprojekts wird durch Erkenntnisse und
Hypothesen der ökologischen Theorie, der Selbstwirksamkeitstheorie und der

---

[434] Als Alternativen zu den nachträglichen Interventionen des Jugendamtes werden die Modellprojekte
PROKIND und STEEP betrachtet und anaylisiert. Diese Präventionsangebote für Kinder unter
drei Jahren, werden durch vielfältige staatliche Projektmodelle umgesetzt, um so die Gruppe der
Risikogefährdeten zu verringen und um Angebote gegen Gewalt an Kindern und Jugendlichen
verstärkt zu etablieren.

[435] http://www.nursefamilypartnership.org

[436] Vgl. Jungmann, T., 2010. Das Hausbesuchsprogramm des Modellprojekts „Pro Kind". In: Kißgen,
R., Heinen, N. (Hrsg.), Frühe Risiken und Frühe Hilfen. Stuttgart, S. 183-193

Bindungstheorie begründet.[437] Ein zentrales Ziel von „Pro Kind" ist die Prävention von Kindeswohlgefährdung durch die Stärkung der elterlichen Erziehungskompetenzen, Informationsvermittlung und Förderung von Kommunikationskompetenz.[438] Während der Schwangerschaft soll ein gesundes Leben der werdenden Mütter und Kinder ermöglicht werden. Nach der Geburt sollen Mutter und Kind früh gefördert werden, damit eine gesunde Ernährung, angemessene Pflege und liebevolle Betreuung des Kindes sicher gestellt ist. Weiterhin soll die elterliche Erziehungskompetenz und Alltagsbewältigung gefördert werden. Die erlernten Fähigkeiten sollen in folgenden Themenbereichen angewandt werden und sich verfestigen: [439]

- Persönliche Gesundheit von Mutter und Kind: gesunde Ernährung, Stillen, Verzicht bzw. Reduktion von Rauchen, Alkohol und anderen Drogen.
- Gesunde, sichere Umgebung: Themen sind zum Beispiel Sicherheit in Haushalt und Nachbarschaft, Vermeidung von passivem Rauchen.
- Lebensplanung und -gestaltung: Planung von Schulabschluss, Berufsausbildung, Berufstätigkeit und Familienplanung.
- Mutterrolle, Elternrolle: Mutter-Kind-Bindung wird gefördert, Eltern erlernen, wie sie ihr Kind am besten fördern und erziehen können, Vernachlässigung und Missbrauch wird vorgebeugt.
- Familien- und Freundeskreis: Nutzung der persönlichen Beziehungen zur Unterstützung der Kinderversorgung und des eigenen Lebens, Kompetenzerwerb bei Beziehungsfragen.
- Soziale Dienste und Gesundheitsversorgung: Nutzung vorhandener Unterstützungsangebote.

Zielgruppe des Projekts sind erstgebärende Frauen in der 12. bis 28. Schwangerschaftswoche, die sich in einer finanziellen Problemlage befinden und mindestens einem weiteren sozialen oder persönlichen Belastungsfaktor (z.B. Minderjährigkeit, keinen Schulabschluss, alleinerziehend, soziale Isolation, eigene Misshandlungs- oder Vernachlässigungserfahrung) ausgesetzt sind.[440]

---

[437] Vgl. Brand, T., Jungmann, T. (Hrsg.), 2013. Kinder schützen, Familien stärken. Erfahrungen und Empfehlungen für die Ausgestaltung Früher Hilfen aus der „Pro Kind" Weinheim, S. 29-30
[438] Vgl. Deutsches Jugendinstitut e.V. 2010. Kinderschutz und Frühe Hilfen: IzKK-Nachrichten. Heft 1, S. 22
[439] Stiftung Pro Kind. http://www.bertelsmann-stiftung.de/cps/rde/xbcr/SID-E18476369105757811/-bst/E14_Modellprojekt_Pro-Kind.pdf: 06.11.2013
[440] Felsenweg-Institut der Karl Kübel Stiftung. 2012. Projektbericht Landesprojekt „Pro Kind Sachsen", S. 3

- Besondere finanzielle Notlage (ALG II oder vergleichbares Einkommen),
- Besondere soziale/ persönliche Belastung (sozial isoliert, minderjährig, Drogen/Alkohol-Problematik, Gewalterfahrung, keine abgeschlossene Schule bzw.: Ausbildung oder Sonstiges),
- Wohnort in Modellkommunen,
- Gesicherter Aufenthaltsstatus.[441]

Die Hausbesuche werden durch FamilienbegleiterInnen – Hebammen und SozialpädagogInnen – von der Schwangerschaft, bis zum 2. Lebensjahrs des Kindes kontinuierlich begleitet. Dadurch kann eine stigmatisierende Wirkung vermieden werden und stattdessen die Hilfe mit einem natürlichen, lebensweltorientierten Kontext verbunden werden. In der Anfangsphase werden sie wöchentlich zu Hause besucht, danach erfolgt eine vierzehntägige Besuchsperiode bis zum 21. Lebensmonat des Kindes. In der letzten Phase werden die Treffen auf drei Mal pro Monat reduziert. Ein Hausbesuch dauert etwa 90 Minuten.[442]

15.3.2 Modellprojekt „STEEP™" (2007-2009)

Wie das Projekt „Pro Kind" ist auch das Modellprojekt „STEEP™" ein frühes Präventionsprogramm zur Stärkung der Bindung und der Beziehungsfähigkeit der Mütter bzw. Eltern zu ihren Kindern im Zeitraum der Schwangerschaft bis zum 3. Lebensjahr. STEEP™ bedeutet „Steps Towards Effective and Enjoyable Parenting", d.h. „Schritte in eine gelingende und Freude bereitende Elternschaft".[443]

Es wurde 1986 in den USA von Martha Erickson und Byron Egeland entwickelt und ist seit Jahren sehr erfolgreich. Das Programm unterstützt Mütter in belastenden, risikoreichen Lebenssituationen bei einer gelingenden Bindung/ Beziehung zum Kind. Das praktische Vorgehen und die methodische Umsetzung basiert auf bindungstheoretischen Erkenntnissen. Damit sollen die Gefahren von

---

[441] Stiftung Pro Kind. http://www.bertelsmann-stiftung.de/cps/rde/xbcr/SID-E184763691057811/bs-t/E14_Modellprojekt_Pro-Kind.pdf: 06.11.2013

[442] Vgl. Felsenweg-Institut der Karl Kübel Stiftung. 2012. Projektbericht Landesprojekt „Pro Kind Sachsen", S. 3-4

[443] Nationales Zentrum Frühe Hilfe. 2008. Frühe Hilfen Modellprojekte in den Ländern. Köln, S. 18-21

Gewalt gegen Kinder und Jugendlichen zu Hause verringert und ein angemessener Umgang der Eltern mit ihren Kindern gefördert werden.[444]

Zielgruppe sind Schwangere in den letzten Monaten oder Mütter kurz nach der Entbindung, deren Lebensbedingungen, durch eine Kumulation von Risikofaktoren gekennzeichnet sind. Die Kriterien sind wie folgt:[445]

- Alter der Mütter bis 25 Jahre,
- kein höherer Schulabschluss als Hauptschulabschluss,
- aktueller Bezug von staatlichen Transferleistungen,
- Erfüllen der Leistungsvoraussetzungen zur Hilfe von Erziehung.

STEEP zielt darauf ab, die Risikofaktoren die Gewalt in der Familie zu verringern, stark belastete Familien mit ihren Kleinkindern, früh zu unterstützen und zu fördern. Der Fokus liegt dabei auf der Eltern-Kind-Beziehung:[446]

- die Entwicklung von Eltern und Kind begleiten,
- die Eltern-Kind-Bindung stärken,
- eine entwicklungspsychologisch gesunde Entwicklung des Kindes ermöglichen
- und Fehlentwicklungen präventiv verhindern,
- Resilienz fördern und
- Kindesmisshandlung und -vernachlässigung verhindern.

Die Hausbesuche finden 14-tägig durch STEEP-BeraterInnen statt. Dabei kommt eine wichtige Methode, die Videointervention, „Seeing is believing", zum Einsatz. Während der Hausbesuche wird eine Videoaufnahme (ca. 19 Min.) der Mutter im Umgang mit ihren Kind erstellt sowie Interaktionen zwischen Mutter und Kind z.B. die Alltagssituationen wie Essen geben, Wickeln oder Spielen gefördert, um so eine Sensibilisierung für entsprechende Signale des Kindes zu fördern und um die Mutter-Kind-Interaktion zu analysieren.[447] Dann leitet der/die BeraterIn die gemeinsame Beobachtung des Videomaterials mit der Mutter bzw. den Eltern ein. Die Fragen des/der BeraterIn ermöglichen den Eltern durch offene Fragen, ihre Sensibilität für die Bedürfnisse des Kindes zu schärfen,

---

[444] Vgl. Sterzing, D., 2011. Präventive Programme für sozial benachteiligte Familien mit Kindern von 0-6 Jahren: Deutsches Jugendinstitut. München, S. 120

[445] Ebd., S. 120

[446] Ebd., S. 120

[447] Vgl. Suess, G., 2010. Schritte zu einer effektiven, Freunde bereitenden Elternschaft. Das STEEP Programm. In: Kißgen, R., Heinen, N. (Hrsg.), Frühe Risiken und Frühe Hilfen. Stuttgart, S. 197

ihre Fähigkeiten und Stärken zu erkennen und ihre eigenen Kompetenzen im Umgang mit dem Kind wahrzunehmen. [448]

Neben den Hausbesuchen und der Videoarbeit finden Gruppenangebote statt, die 14-tägig, ca. 3 Treffen in einer Eltern-Kind-Gruppe, umfassen. Sie bestehen aus drei Elementen: der Interaktionsteil, gemeinsame Unternehmungen, freies Spiel oder Singen, gemeinsame Mahlzeiten, der Austausche über persönliche Erfahrungen, Probleme und Aktivitäten mit dem Kind in der Mutterrunde. Weiterhin finden in der Gruppenkostellation, regelmäßige Treffen, sprich Familienunternehmungen für die ganze Familie statt. [449]

---

[448] Vgl. Sterzing, D., 2011. Präventive Programme für sozial benachteiligte Familien mit Kindern von 0-6 Jahren: Deutsches Jugendinstitut. München, S. 121
[449] Vgl. Suess, G., Hammer, W. (Hrsg.), 2010. Kinderschutz. Stuttgart, S. 205

16 Vergleich[450]

In der Kinderschutzarbeit des Jugendamts Kassel und des KSZ Iksan finden sich Gemeinsamkeiten aber auch Unterschiede. Sieh stehen vor gleichen Herausforderungen und Aufgaben, greifen jedoch auf unterschiedliche Intervention zurück. Zudem fällt eine ausführliche Beschreibung der Präventionsprogramme wegen vertraulich zu handhabenden Interviews schwer.

1. Ein erster Unterschied ist, dass das KSZ Iksan den Auftrag zur Bewältigung von Gewalt gegen Kinder vom Staat zugeteilt bekam, die Leistungskosten werden von den Kommunen finanziert und diese werden im Verhältnis von ca. 7:3 von den freien Trägern „Goodneighbors" unterstützt. Die SozialarbeiterInnen des KSZ haben nicht nur die Arbeit den Kinderschutz und die Präventionsprogrammen zu leisten, sondern auch administrative Tätigkeiten und Beihilfearbeit zu bewältigen. Aus diesem Grund haben sie vielfältige unterschiedliche Arbeitsbereiche, die sich schwer auf die Kinderschutzarbeit reduzieren lassen. Dagegen wird das Jugendamt Kassel, als öffentlicher Träger, durch die staatlichen Finanzierungen getragen. Die Aufgaben des ASD befassen sich mit der Sicherstellung, die Kinder und Jugendlichen vor Gefahren zu schützen und ganzheitliche, präventive Hilfen anzubieten. Der ASD des Jugendamtes Kassel beschäftigt sich zielgerichtet mit der Aufgabe des Kinderschutzarbeit, welche im KJHG geregelt ist.

2. Im KSZ Iksan beträgt die Zahl der SozialarbeiterInnen insgesamt 10 Fachkräfte, sechs davon Arbeiten für den Kinderschutz. Von 2004 bis 2011 lagen insgesamt 1063 Fälle von Gewalt gegen Kinder beim KSZ Iksan vor und jährlich kommen über 100 Fälle hinzu. Dagegen liegt die Anzahl der MitarbeiterInnen des ASD in Kassel bei ca. 40 Fachkräften, die für die folgende Aufgabenbereiche zuständig sind: die Bearbeitung von Gefährdungsmitteilungen in Bezug auf Kinder und Jugendliche, Erziehungs-, Trennungs- und Scheidungsberatung, Einleitung von erzieherischen Hilfen etc. Im Jahr 2012 bearbeiteten

---

[450] Vgl. Kap. VI

sie 260 Fälle von Gefährdungsmeldungen und insgesamt 64 Fälle nach einer festgestellten Gefährdung.

3. Das KSZ Iksan hat vielfältige Programme zur Prävention des Kinderschutzes erstellt, die nach Alter des Kindes und Jugendlichen unterteilt sind und in verschiedenen Institutionen und sozialen Einrichtungen sowie Schulen und staatlichen Behörden durchgeführt werden. Neben der Präventionsaktivität, wird aktive Netzwerkarbeit betrieben, unter dem Fokus des Kinderschutzes finden regelmäßige Konferenz mit Experten und Fachkräften in Institutionen statt. Diese Präventionstätigkeiten sind kontinuierlich stabil und aktiv. Sie sind jedoch nicht für die Gruppe der Risikogefährdeten gedacht, sondern werden je nach regionalem KSZ und freiem Träger unterschiedlich für alle Interessierten angeboten. Dagegen leistet das Jugendamt Kassel sehr passive und statische Präventionsaktivitäten. In Deutschland werden diese Präventionsaktivitäten bei Kindern unter drei Jahren und deren Familien, durch staatlich vielfältige Projektmodelle durchgeführt, um die Gruppe der Risikogefährdeten zu verringern und Prävention von Gewalt gegen Kinder verstärkt zu etablieren. Verstärkte Netzwerkarbeit spielt auch hier eine große Rolle.

17 Diskussion und Ausblick

Die vorliegende Studie stellt eine vergleichende Untersuchung über Gewalt gegen Kinder und die Schutzsysteme in Deutschland und Südkorea dar. Im Rahmen der Studie wurde zunächst die gesellschaftliche und kulturelle bzw. historische Lage von Kindern und Jugendlichen in beiden Ländern offen gelegt. Zudem wurden die unterschiedlichen Definitionen und Formen von Gewalt gegen Kinder untersucht, statistische Analysen durchgeführt sowie Risikofaktoren und Folgen von Gewalt gegen Kinder betrachtet. Zudem wurden in einem Rechtsvergleich die Gesetze in Bezug auf Gewalt gegen Kinder und die jeweiligen Instanzen beider Länder, der Entzug und die Einschränkung der elterlichen Sorge sowie strafrechtliche Aspekte betrachtet. Überdies wurden Handlungsverfahren bei Kindeswohlgefährdungen, Risikoeinschätzungen und die Kooperations- und Netzwerkarbeit analysiert. Abschließend fand eine Rekonstruktion und ein Vergleich der Praxis des Kinderschutzzentrums Stadt Iksan in Südkorea und des Jugendamtes Kassel in Deutschland statt. Als zentrale Aspekte wurden die nachfolgenden Aspekte notiert (Tab. 37):

1. Das *Child Protection System* in Südkorea ist ein gefährdungsfokussiertes Kinderschutzsystem, das in Gefährdungsfällen mit Interventionen reagiert und sich auf Meldungen durch freie Träger stützt. Im Gegensatz dazu gibt es im *Family Service System* in Deutschland zwei Möglichkeiten der Intervention: einerseits eine präventionsfokussierte Familienhilfe und andererseits gefährdungsfokussierte Ansätze als Kinderschutzmodell.[451] Beide Ansätze verfolgen das Ziel, Gewalt gegenüber Kindern zu vermeiden oder zu verhindern, indem die entsprechenden Institutionen zum Beispiel Aufklärungsarbeit in Form von Beratung und Begleitung von Eltern anbieten bzw. die Untersuchung und Intervention bei einem Verdacht auf Kindeswohlgefährdung durchführen.

2. In Südkorea reagiert nicht nur das Kinderwohlfahrtgesetz auf alle Formen der Gewalt gegen Kinder, sondern auch das Strafgesetz, das bei schwerwiegender körperlicher und sexueller Gewalt greift. Die Gesetze für besondere Fälle zur Bestrafung von Verbrechen von häuslicher Gewalt und der Prävention sowie zum Schutz der Opfer bestimmen, wie bei häuslicher Gewalt verfahren wird. Das Jugendschutzgesetz, welches das Verfahren jugendlicher Misshandlung regelt

---

[451] Vgl. Müller, R., Nüsken, D. (Hrsg.), 2010. Child Protection in Europe. Münster, S. 31

und schließlich das Bürgerliche Gesetzbuch, das die elterliche Sorge behandelt. Obgleich mehrere Gesetze existieren und diese Gesetze auch zu den besonderen Rechten und allgemeinen Pflichten von Eltern und staatlichen Institutionen gehören, lassen sie in der Regel wenig Möglichkeiten, um bei Gewalt gegen Kindern zu intervenieren. Dies liegt vor allem daran, dass diese unterschiedlichen Gesetze durch unterschiedlich zuständige Instanzen und Ministerien bewertet werden und entsprechend auch interveniert wird. Es könnte sich zudem eine überlappende und unsynthetische Interventionsstruktur entwickeln, die in der fachlichen Praxis zur Verwirrung führt.

In Deutschland sind die präventiven Hilfeleistungen und Eingriffsmöglichkeiten bei einer drohenden oder bereits eingetretenen Kindeswohlgefährdung im SGB VIII geregelt und die Einschränkung der elterlichen Sorge und familiengerichtlichen Maßnahmen im BGB festgelegt. Liegt eine Gefährdung des Wohls des Kindes oder des Jugendlichen vor, greift sowohl das SGB VIII als auch das BGB, beide regeln das Vorgehen bei Gewalt gegen Kinder. Das StGB regelt die Vorgehensweise bei körperlicher Gewalt, sexuellem Missbrauch und bei Vernachlässigung sowie Verletzung der Fürsoge- oder Erziehungspflicht durch Eltern oder Dritte. Zudem legt das BkiSchG eine verbindliche Kooperation und einen Informationsaustausch im Kinderschutz fest. Es verpflichtet mehrere Stellen öffentlicher und freier Träger zusammenzuarbeiten und bei drohender Kindeswohlgefährdung rechtzeitig einzugreifen.

3. Das Kinderschutzsystem in Südkorea funktioniert durch die Meldungsaufnahme des KSZ während präventive Aktivitäten nur als Beratungsangebot gelten. Liegt kein Verdacht auf Gewalt gegen Kinder bei der Meldungsaufnahme vor, wird der Fall unverzüglich an andere Institutionen übergeben. Das Jugendamt in Deutschland kann dagegen gemäß den §§ 11-32 KJHG die Erziehungsberechtigten bzw. Eltern bei der Erziehung der Kinder und Jugendlichen mit abgestuften Leistungsangeboten unterstützen. Es wird deutlich, dass der Weg für präventive Interventionen und Dienstleistungen durch den Gesetzgeber eröffnet wird. Das Jugendamt und andere Institutionen bzw. soziale Einrichtungen können dadurch Risikofaktoren vor dem Auftreten von Gewalt erkennen und durch Unterstützung und Beratung dazu beitragen, dass Kinder in einer sicheren Umgebung aufwachsen.

4. Das KSS in Südkorea liegt in der Verantwortung der freien Träger. Diese sind verantwortlich für den gesamten Prozess bei drohender oder bereits bestehender Gewalt gegen Kinder. In akuten Fällen von Gewalt gegen Kinder oder Jugendlichen bestehen direkte Handlungsmöglichkeiten. Als Beispiel gibt es die bis zu drei Tage andauernde Inobhutnahme, auch ohne elterliche Zustimmung. Bei Bedarf einer Inobhutnahme des Kindes oder Jugendlichen über drei Tage hinaus muss das KSZ einen Antrag bei der zuständigen staatlichen

Behörde, oder Kommune stellen. Mit der Genehmigung der zuständigen Behörde können Kinder und Jugendliche dann auch mehr als drei Tage in einer sicheren Umgebung oder einer medizinischen Einrichtungen betreut werden. Dabei ist die Fremdunterbringung unabhängig von familiengerichtilichen Bestimmungen, d.h. staatliche Entscheidungen erfolgen autonom. Jedoch gilt hier bei einer Maßnahme zum Kinderschutz über drei Tage hinaus, dass das Sorgerecht bei den Sorgeberechtigten bleibt. Dies gilt auch dann, wenn die Eltern als Täter in Frage kommen könnten und gegen die Entscheidung des KSZ ein Veto einlegen bzw. ihre Kinder wieder zurück haben wollen. Das bedeutet, dass das KSZ nicht befugt ist, nötige Maßnahmen ohne die Zustimmung der Eltern einzuleiten. Das KSZ ist verpflichtet, die Kinder und Jugendlichen unverzüglich an die sorge-berechtigten Eltern zurückzugeben, egal ob die Kinder oder Jugendlichen weiterhin einem Risiko von Kindeswohlgefährdung ausgesetzt sind. Mit dieser Struktur kann das Kinderschutzsystem, das mit staatlich hoheitlicher Kompetenz gegen Gewalt an Kindern vorgeht, in das Sorgerecht nicht eingreifen. Eine Einschränkung oder ein Entzug des Sorgerechts ist erst möglich, wenn ein gerichtliches Verfahren beim Familiengericht eingeleitet wurde. Jedoch ist ein solches Verfahren aufgrund der gegenwärtigen gerichtlichen Struktur schwierig, da es wenige Präzedenzfälle gibt und es oft zu lange braucht (ca. drei Monate), um ein gerichtliches Verfahren einzuleiten. Aus diesen Gründen erscheint das Eingreifen sowie die Maßnahme der familiengerichtlichen Struktur als nicht ausreichend. Weiterhin ist ein polizeiliches Eingreifen aufgrund eines Tatverdachts nur begrenzt möglich, da im südkoreanischen Recht meistens nur schwerwiegende körperliche und sexuelle Gewalt als ein Grund kriminellen Handelns angesehen werden.

In Deutschland übertrug der Gesetzgeber dem Jugendamt die gesetzliche Gesamtverantwortung über den Kinderschutz und soll so die Kinderschutzarbeit neben anderen öffentlichen und freien Trägern leisten. Droht seitens der Eltern eine besonderes aktue Gefährdung des Wohls des Kindes oder Jugendlichen, ist das Jugendamt verpflichtet, Maßnahmen auch gegen die Zustimmung der Sorgeberechtigten auszuüben. Jedoch ist es nicht befugt, endgültige Entschei-dungen und Maßnahmen für einen andauernden Kinderschutz zu treffen. In diesem Fall hat das Familiengericht die Entscheidungsbefugnis über den Kinderschutz, um mögliche Maßnahmen gegen die Eltern einzuleiten. Dieses Verfahren hat zum Ziel, die Balance zwischen staatlicher Macht und Sorgerecht aufrechtzuerhalten. Dem Familiengericht kommen dabei zwei Funktionen zu: Zum einen die Kontrolle, die dann ausgeübt wird, wenn über einen Missbrauchs-fall entschieden wird, zum anderen die Überprüfung der Angemessenheit von Maßnahmen, die von der Exekutivgewalt durchgeführt wird.

5. Eine Risikoeinschätzung und Bewertung von Gewalt gegen Kinder und Jugendlichen zu treffen, ist sehr wichtig, da diese für die Betroffene, sowie deren Familien unterschiedliche Maßnahmen zur Folge haben kann. In Südkorea entscheidet ein/e SozialarbeiterIn im KSZ über das gesamte Verfahren, d.h. der Prozess von der Aufnahme und der Einschätzung des Gefährdungspotenzials, die mögliche Maßnahme bis hin zum Abschluss entscheidet und verantwortet eine einzelne Fachkraft. Dabei helfen Instrumente zur Risikoeinschätzung, um den Prozess professionell zu gestalten, zudem aber auch ein innerer und äußerer Ausschuss der gemeinsam über einzelne Einschätzungen berät. Jedoch gibt es im Gesetz keine verbindlichen Vorgaben zum Vorgehen, das heißt z.B. das Risiko-einschätzung mit mehreren Fachkräften oder auch Beratungen in Ausschüssen nirgends verbindlich festgelegt werden müssen. Deswegen birgt diese Struktur die Gefahr, dass ein einzelner zuständiger MitarbeiterIn im KSZ wichtige Prozesse und Entscheidungen alleine treffen muss und so Fehler gemacht werden könnten. In Deutschland fallen solche Risikofaktoren bei der Risikoeinschätzung niedriger aus, da die fallzuständige Fachkraft des ASD im Jugendamt die Gefährdungseinschätzung nicht alleine durchführt und stattdessen gemäß § 8a SGB VIII mit anderen Fachkräften den Fall reflektieren. Zudem hat das Jugend-amt das Familiengericht anzurufen, wenn die Eltern den Entscheidungen und Maßnahmen des Jugendamtes nicht zustimmen, wobei es eine große Rolle für das Kinderschutzsystem spielt, dass die familiengerichtlichen Maßnahmen für Eltern oder Täter verbindlich sind.

6. In Südkorea gibt es solche verbindlichen Gesetze nicht, die zur Kooperation und Netzwerkarbeit zwischen verschiedenen Institutionen und sozialen Ein-richtungen in öffentlicher- und freier Trägerschaft führen. Erkennen die verschie-denen Fachkräfte in der Ausübung ihrer beruflichen Tätigkeiten gewichtige Anhaltspunkte für eine Gefährdung des Wohls eines Kindes oder Jugendlichen, dann hat ihre berufliche Schweigepflicht Vorrang vor der Übermittlung von Informationen an andere zuständige Instanzen. Dazu kommt, dass die Sozial-arbeiterInnen, neben der fehlenden Befugnis, auch keinerlei Verpflichtung haben, die Informationen weiterzuleiten. Deswegen gestaltet sich die Aufgabe der SozialarbeiterInnen bei Kooperationen und Netzwerkarbeit mit verschiedenen Institutionen oder sozialen Einrichtungen schwierig.

In Deutschland ist das verbindliche Zusammenwirken bei unterschiedlichen Aufgaben und Befugnissen zwischen öffentlichen- und freien Trägern gemäß § 8a Abs. 2 Satz 1 SGB VIII und § 3 BkiSchG geregelt. Besteht ein Verdacht auf Kindeswohlgefährdung, sind die Institutionen oder sozialen Einrichtungen mit den zuständigen Personen, z.B. SozialarbeiterInnen in der Schule oder medizi-nischen Einrichtungen, verpflichtet, zunächst selbstständig einzuschätzen, ob ein Gefährdungsfall vorliegt. Dabei werden sie von erfahrenen Fachkräften oder der zuständigen Kinder- und Jugendhilfe (z.B. dem Jugendamt) unterstützt. Wenn nun also verschiedene Fachkräfte wichtige Anhaltspunkte zur Gefahr des Kindeswohles erkennen, haben sie die Pflicht mit dem Jugendamt die Situation des Kindes und Jugendlichen gemäß § 4 BkiSchG einzuschätzen.

Merkmale	Südkorea	Deutschland
Fokus	Gefährdungsfokussierter Kinderschutz	Präventivfokussierte Familienhilfe, Gefährdungsfokussiert bei Kindeswohlfährdung
Gesetze	Kinderwohlfahrtgesetz (KWG), Gesetz für besondere Fälle zur Bestrafung von Verbrechen von häuslicher Gewalt (GfBhG), Gesetz für die Prävention von häuslicher Gewalt und zum Schutz der Opfer (GPhGS), Jugendschutzgesetz (JSG) Zivilrecht (ZR), Strafrecht (StGB)	Kinder- und Jugendhilfegesetz (Sozialgesetzbuch Achtes Buch – SGB VIII) Bürgerliches Gesetzbuch (BGB) Bundeskinderschutzgesetz (BkiSchG) Strafrecht (StGB) Gesetz über das Verfahren in Familiensachen und in den Angelegenheiten der freiwilligen Gerichtsbarkeit (FamFG)
Reaktions-möglichkeit	Nach der Meldung innerhalb von 2 Jahren Intervention	Andauernde präventive Hilfe und Unterstützung, ggf. Eingriff bei Kindeswohlgefährdung
Form	Freier Träger im Auftrag (Für alle Prozesse)	Gesamtverantwortung: Jugendamt (hoheitliche Intervention und Einschätzung) Freie Träger im Auftrag für Dienstleistungen und Maßnahmen
Instrument der Einschätzung	Standardisiert	Unterschiedlich in den Bundesländern
Kinderschutz	Vorübergehender Kinderschutz – Innerhalb von 3 Tage durch KSZ Nachhaltiger Kinderschutz – Staatliche Behörde	Vorübergehender Kinderschutz – Jugendamt Nachhaltiger Kinderschutz Elterliche Maßnahme – Familiengericht
Entzug und Einschrän-kung des Sorgerechts	Familiengericht, aber langes Verfahren ca. 3 Monate (KSZ→Kommune→Familiengericht)	Familiengericht Jugendamt hat direkt anzurufen Familiengericht reagiert sofort
Strafrecht-licher Aspekt	Strafgericht Nur schwerwiegende körperliche Gewalt und sexuelle Gewalt	Strafgericht Körperlich, sexuelle Gewalt und Vernachlässigung
Instanz und Mitarbeiter	45 Kinderschutzzentren, 312 MitarbeiterInnen	Ca. 619 Jugendämter
Meldung	Notrufnummer 1577-1391, 129, 112 Meldungspflichtig	Nummer 110 (Polizei) Jugendamt und Polizei sind anzeigepflichtig Sorgetelefon in Deutschland z.B. 09001-445330 Kommunales Sorgentelefon Kassel 0800-2244144

Tabelle 37: Charakteristiken des Kinderschutzsystems im Hinblick auf Gewalt gegen Kinder in Südkorea und Deutschland

Die Zusammenfassung der Ergebnisse führt zu der eingangs gestellten Frage, ob durch die hier vorgelegte Studie Möglichkeiten aufgezeigt werden, die empfehlen, einzelne Aspekte aus beiden Ländern zu übernehmen, um ein effektives Kinderschutzsysem aufzubauen und zu verbessern.

Zunächst einmal gibt es zwischen Südkorea und Deutschland ein Spannungsverhältnis in Bezug auf die Einschätzung einer Kindeswohlgefährdung durch die zuständigen Instanzen. Dieses Spannungfeld also zwischen dem Jugendamt und dem Kinderschutzzentrum, entsteht bei den Unterschieden in Sachen Mithilfe, Unterstützung und Förderung der Kinder und Jugendlichen bzw. Familien. Das Kinderschutzsystem in Deutschland bietet vor der Meldung einer Kindeswohlgefährdung präventive Förderung und Unterstützung an, um Risikofaktoren von Gewalt gegen Kinder zu reduzieren. Durch diese präventive Förderung und Unterstützung kann das Gefährdungspotenzial minimiert bzw. neutralisiert werden. D.h. bevor Gewalt gegen Kinder überhaupt auftritt, können durch verschiedene Arten der präventiven Förderung und Unterstützung die Risikofaktoren gesenkt werden und zur Abwehr der Kindeswohlgefährdung in der Familie führen.

Jedoch ist es schwer einzuschätzen, ob die soziale Leistungen, welche die Familien unterstützen und fördern sollen, ein ausreichendes Kindeswohl gewährleisten, oder ein Auftreten von Gewalt in der Familie durch diesen Förderungsprozess gar verstärkt wird. Darüber hinaus ist es wahrscheinlich, dass die präventive Unterstützung, sowie frühe Hilfe aus einem universellen und totalitären Aspekt, z.B. aufgrund eines genau bestimmten Budgets, oder durch mangelnde Kooperation bzw. fehlende Handlungsmöglichkeiten der Fachkräfte eingeschränkt wird. Die direkte und intensive Intervention und Förderung von Familien, in denen bereits Kindeswohlgefährdung vorliegt, kann dadurch eventuell nicht erfolgen, bzw. falsch behandelt werden. Trotzdem führt diese Art der präventiven Förderung und Unterstützung in Deutschland zu vielfältigen Diskussionen im Vergleich mit dem Kinderschutzsystem in Südkorea.

In Südkorea muss mit dem Zeitpunkt der Entscheidung der Kindeswohlgefährdung durch die zuständige Instanz eine angemessene Intervention und Unterstützung der Betroffenen bzw. Eltern durchgeführt werden. Auch muss durch die zuständige Instanz untersucht und geprüft werden, ob von den Betroffenen, Mitgliedern der Familie und Dritten (z.B. Verwandten, Nachbarn etc.) ausreichend Information eingeholt wurden. Eine Problematik hierbei ist, dass durch diesen laufenden Untersuchungsprozess soziale Stigmatisierungen (Ausgrenzungen z.b) und emotionale Schwierigkeiten entstehen können. D.h. dass im südkoreanischen KSS die gemeldeten Betroffenen und die sie umgebenden Personen durch die zuständige Instanz untersucht werden müssen und es nur so möglich ist, die Unterstützung und Förderung, nach geltenden

Leitprinzipien von Meldungen, Untersuchungen und Entscheidungen bis hin zu den Interventionen durchzuführen.

Schließlich ist dieser Schwerpunkt der Intervention mit der Definition von Gewalt gegen Kinder, welche die Formen und den Umfang von Gewalt auch in Bezug auf soziale Sensibilisierung und Wahrnehmung bzw. Gesetze mit einschließt, eng verzahnt. Der Staat und die Gesellschaft entscheiden darüber, wie auf das Problem von Gewalt gegen Kinder reagiert wird. Hierbei werden entweder universelle oder individuelle Maßnahmen und Methoden verwendet, die sich dann. zusammen mit dem Wohlfahrtstaatsmodell, sowie der sozialen, kulturellen und geschichtlichen Identität des Landes zum eigenen Kinderschutz-modell entwickeln. Im Gegensatz zu Deutschland, wo sich die Soziale Arbeit kontinuierlich und allumfassend weiterentwickelt, ist in Südkorea nur eine teilweise Wandlung zu beobachten. Jedoch können Wissenstransferprozesse, die auf vergleichende Analysen basieren, dazu beitragen, dass das KSS in Südkorea Anregungen zur Prävention von Gewalt und zur Sicherung des Kindeswohls erhält. Im südkoreanischen KSS sollte mit intensiven Post-Interventionen, Präventionen sowie Unterstützungen und Förderungen vor dem Auftreten von Gewalt gegen Kinder und für das Wohl des Kindes und Jugendlichen gesorgt werden.

Des Weiteren kommen im präventiven Ansatz noch weitere Spannungs-verhältnisse vor. Hier stellt sich die Frage nach der Dauer der präventiven Unter-stützung und ab wann eine Intervention im Hinblick auf das KSS eingeleitet werden soll. Bei dem in Deutschland betrachteten KSS wird diese Aufgabe durch das Doppelmandat von Prävention und Intervention, sowie Hilfe und Kontrolle durch die zuständige Instanz gelöst. Jedoch bleibt offen bis zu welchem Zeitpunkt die Förderung und Unterstützung als Prävention geleistet und ab wann der Kinderschutz als Intervention behandelt wird. Dieser Schwerpunkt liegt beim ASD der Jugendämter, die für die jeweiligen Einzelfälle verantwortlich sind, es jedoch schwer ist, einen genauen Maßstab für eine Trennung zwischen Präven-tion und Intervention festzusetzen. Zwischen den einzelnen Bundesländern unterscheiden sich die Risikoeinschätzungen und Instrumente stark. Schließlich spielt in Deutschland nicht nur der Aufbau eines systematischen Kinderschutz-systems eine wichtige Rolle, sondern auch die kontinuierliche Qualifizierung und Ausbildung zuständiger Fachkräfte in den Jugendämtern. Entscheidet sich der ASD durch die Risikoeinschätzung für eine milde Maßnahme, so wird ein enger Kinderschutz eingeleitet. Wird das Risiko dagegen als sehr hoch bewertet, entscheidet sich der ASD für weitreichende Intervention durch den Staat. Aus diesem Aspekt wird deutlich, wie bedeutsam es ist, einheitliche Risikoeinschät-zungen einzuführen und die zuständigen Fachkräfte mit vielfältigen Fortbildung, kollegialen Beratungen und dem Training von Kommunikationsfähigkeit in Team zu qualifizieren.

In Südkorea wäre dieses Spannungsverhältnis zwischen Prävention und Intervention vermeidbar, wenn bei der Meldung einer Kindeswohlgefährdung, gleichzeitig interveniert werden würde. Jedoch sucht das KSS in Südkorea nach einer Lösung, welche dem Gedanken einer intensiven Intervention im Zeitraum von zwei bis drei Jahren verfolgt. In diesen Jahren soll die Familie unterstützt oder in schwerwiegenden Fällen eine Inobhutnahme der Kinder und Jugendlichen stattfinden. Jedoch ist dies problematisch, da bereits geschädigte Betroffene, die der Gewalt über mehrere Jahre ausgesetzt waren, einer langfristigen Intervention/ Therapie benötigen, der vorgegebene Zeitraum somit schlicht und ergreifend zu kurz ist. Die gegenwärtigen familiären Probleme sind nicht mehr als Problem des Einzelnen anzusehen, sondern entstehen durch verschiedene komplizierte Phänomene aus vielfältigen Konflikten. Gleichzeitig muss diese hohe Anzahl an Risikoeinschätzungen und Hilfeprozessen langfristig analysiert und reguliert werden. Das heißt also, dass sich die Anzahl jener Familien die nicht nur kurzfristige Maßnahmen, sondern vor allem langfristige Unterstützung und Therapien benötigen, kontinuierlich erhöht (z.B. Eltern mit psychischen Erkrankungen, Suchterkrankungen, Delinquenz, Erziehungsunfähigkeit usw.). Dieses Phänomen lässt sich durch den sukzessiven Anstieg der Rückfälle im Bericht des nationalen KSZ in Südkorea belegen.

Drittens ist das Spannungssverhältnis zwischen öffentlichen und freien Trägern deutlich zu machen. Es ergibt sich die Frage, wer für die Gesamtverantworung geeignet ist, da doch die Auflösung dieses Verhältnisses zu einem funktional und kommunikativ besseren KSS führen würde. Die Stärke der öffentlichen Träger kann in Deutschland mit der Sozialpolitik und dem damit verbundenen Budget relativ stabil gehalten werden. Zudem werden Unterstützungen und Interventionen als Gesamtverantwortungsmaßnahmen durchgeführt und mit hoheitlichen Aufgaben in betroffenen Familien interveniert. Allerdings zeigt dies eine Schwachstelle auf, welche dazu führt, dass die öffentlichen Träger vor Ort unflexibel sind, es ihnen an Anpassungsfähigkeit mangelt bzw. relativ langsame Risikoeinschätzungen und Entscheidungen zum Kinderschutz deutlich werden. Ein möglicher Lösungsansatz wäre eine schnellere Reaktion beim Verdacht einer Kindeswohlgefährdung und ein schnelleres Wahrnehmen der erforderlichen Schutzmaßnahmen.

Um dem Problem zu entgehen, könnten sich die öffentlichen Träger in Deutschland ein Beispiel am flexibleren Denken und den vielfältigen Initiativen südkoreanischer freier Träger nehmen. Jedoch sind die freien Träger in Südkorea nicht unabhänigig von der staatlichen Politik und deren Budget. So ist die tatsächliche hoheitliche Intervention für die betroffenen Familie eingeschränkt und begrenzt. Aus diesen Gründen müssen die Stärken und Schwächen der öffentlichen und freien Träger berücksichtigt werden, sodass bei Interventionen der öffentlichen Träger rasche Entscheidungen getroffen werden können, die Flexibilität vor Ort verbessert wird und die Qualifizierung sowie die Risikoeinschätzung der Fachkräfte verstärkt wird.

Kinderschutzverfahren in Bezug auf die elterliche Sorge, eingeleitet durch das KSZ, Polizei, Staatsanwaltschaft, sollten in Südkorea ebenfalls direkt mit dem Familiengericht verbunden sein, wie es in Deutschland der Fall ist. Das Jugendamt könnte bei einer solchen Kooperation direkt das Familiengericht über eine Kindeswohlgefährdung informieren oder sofort Maßnahmen einleiten, wenn sich Erziehungsberechtigte bzw. Eltern nicht kooperativ zeigen. Bei einem solchen Vorgehen kann das Jugendamt noch vor der Intervention mit dem Familiengericht zusammenarbeiten und Einfluss auf den weiteren Hilfeprozessen nehmen.

Ein viertes Spannungsverhältnis ergibt sich aus der zentralen kommunikativen und entscheidenden Instanz der Gesamtverantwortung zum Kinderschutz. Wird in Südkorea ein Fall von Kindeswohlgefährdung bei der Polizei gemeldet, muss sie vor Ort reagieren und kann nach eigenem Ermessen mit SozialarbeiterInnen des KSZ zusammenwirken. Jedoch ist diffus, wer letztendlich die Entscheidungen über weitere Maßnahmen zum Wohl des Kindes trifft, insbesondere wenn die Einschätzung der Polizei und der Fachkraft des KSZ auseinander gehen. Das Spannungsverhältnis ergibt sich hierbei aus der Frage, wer in der jewiligen Situation die prioritäre Beschlusskraft besitzt.

In Südkorea wurde in über 80% der Fälle Gewalt gegen Kinder durch deren eigene Eltern ausgeübt, dabei ergibt sich folgende Diskrepanz: die Justizgewalt durch die Polizei verlangt eine Bestrafung, während das KSZ Interventionsprogramme für Eltern vorsieht. Ideal wäre, wenn die Befugnis einer familiären Intervention der Polizei obliegen würde, (z.B. zwingende, gerichtlich, festgelegte Hausbesuche) während Interventionen, die die Kinder und Jugendlichen betreffen, (z.B. in Form von Therapien) zur Zuständigkeit des KSZ gehören sollte. Dabei müsste das KSZ bei Verfahren, die das elterliche Sorgerecht betreffen oder bei der Bestimmung von Maßnahmen eng mit dem Familiengericht zusammenarbeiten. Da sich gegenwärtig die Definition von Gewalt gegen Kinder langsam, jedoch kontinuierlich verändert und diese nicht nur äußere, körperliche Spuren, sondern auch potentielle Gefährdungen psychischer Art berücksichtigt, ist eine Verbesserung des gesamten planenerischen Sicherungssystems zu erkennen.

Zusammenfassend ist festzustellen, dass das KSS in Südkorea aus geschichtlicher Perspektive noch immer in Kinderschuhen steckt, da die südkoreanische Gesellschaft meist auf die Post-Intervention im sozialen Entwicklungsprozess konzentriert ist. Ebenfalls spielt das südkoreanische KSS eine wichtige Rolle und wird mehr als häufig diskutiert, da nach dem Auftreten von Gewalt gegen Kinder die Maßnahmen gegen Eltern, als auch das effektivere systematische Verfahren in Bezug auf Gewalt gegen Kinder oft in der Kritik steht. Doch kann der Staat anstatt der Eltern die Rechte und Pflichten dieser übernehmen, wenn die Ansichten nicht auf einer guten Kinderschutzprävention beruhen, sondern lediglich Maßnahmen zur Post-Intervention durchgeführt werden?

Das KSS sollte nicht nur Inobhutnahmen, elterliche Maßnahmen, kurzfristige Hilfeprozesse und die Entwicklung sowie die Therapie von Kindern und Jugendlichen überwachen, sondern auch beständig die langfristige Infrastruktur und familiäre Unterstützung und Förderung planen und leisten. Bevor jedoch von Gefahr des Kindeswohls die Rede sein kann, sollte die staatliche Förderung präventiver Ansätze verstärkt werden. Zudem sollten die Gesetze ausführliche Definitionen enthalten, die den Umfang von Gewalt gegen Kinder bzw. die Gesamtverantworung der Instanz und die verbindliche Kooperationen festlegen. Ebenfalls sollte die Gesellschaft auch kleinere Gewalttaten als nicht akzeptabel anerkennen, damit auch diese vermieden werden können.

Nachdem diese Dissertation eingereicht wurde, traten am 29. September, 2014 in Südkorea neue besondere Gesetze zum Umgang mit Gewalt gegen Kinder in Kraft. Der Hauptgrund dafür waren häufig eingetroffene Kindstode durch die Gewalt von Eltern und die Veröffentlichung von Fallzahlen, welche die südkoreanische Gesellschaft sehr schockierten. Ein dafür etablierter neuer Ausschuss zur Untersuchung dieser Fälle schlug neue Gesetzesvorlagen vor. Nach langen Diskussionsdebatten wurden diese Gesetze nun endlich verabschiedet und traten am 29. September 2014 in Kraft. Jedoch werden diese zu Zeit bei der Umsetzung in der Praxis heftig diskutiert und neue Prozess zur Überarbeitung der Gesetze werden in die Wege geleitet. Eine weiterhin geforderte Überwachungsmaßnahme ist der Ausbau von Überwachungskameras in allen Kindergärten oder ähnlichen Einrichtungen. Zudem zeigten mehrere Berichte und Aufsätze, dass das neue Gesetz zur Gewalt gegen Kinder nur eine Zusammenfassung der bereits bestehenden Gesetze bildet. Aus diesen Gründen verändert sich das KSS in Südkorea nicht umfassend genug und verbleibt noch immer bei den grundlegenden, bestehenden Strukturen und Verfahrensweisen. Was jedoch als grundlegende Änderung durch die Verabschiedung des neuen Gesetzes genannt werden kann, ist, dass es nun eine einheitliche Telefonnummer für Notrufe an die Polizei gehen. Dadurch wird eine einfachere Erreichbarkeit gewährleistet. Darüber hinaus verlangt das neue Gesetz eine direkte Einschaltung der Polizei, die dazu verpflichtet ist, den Fall an die Staatsanwaltschaft weiterzuleiten, im Gegensatz zum Verfahren vor dem alten Gesetz, wo Fälle von Gewalt von einer staatlichen Behörde bearbeitet wurden. Zudem ist nun ein zeitlicher Rahmen gesetzt worden, den jede Instanz bei der Meldung einer

Kindeswohlgefährdung einzuhalten hat. Noch immer ist eine langfristige Herausnahme aus der Familie und der Entzug der elterlichen Sorge ein schwieriges und langes Verfahren von KSZ, Polizei, Staatsanwaltschaft und Familiengericht, welches über mehrere Instanzen laufen muss, um überhaupt eingeleitet werden zu können. Die im Folgenden beschriebenen Aspekte sollten in Südkorea und Deutschland in Zukunft einer größeren Bedeutung erhalten.

- Weiterentwicklung des Kinderschutzes in Südkorea

1. Aufbau präventiver Ansätze
Das Kinderschutzsystem in Südkrorea sollte vor dem Auftritt von Gewalt gegen Kinder angemessene präventive Förderungen oder erzieherische Hilfen anbieten, um Eltern bei der Bewältigung von Erziehungsproblemen zu unterstützen oder um künftige Gefährdungen vorzubeugen. Besonders bei Kindern unter drei Jahren liegt ein großer Risikofaktor vor, weshalb eine frühe Hilfe für unter Dreijährige stark forciert werden sollte. Weiterhin braucht das Monitoringsystem einen stärkeren Fokus in Bezug auf frühe Erkennung, um ein schnelleres Mitwirken der anderen Institutionen oder sozialen Einrichtungen für die Kinder und Jugendlichen zu erreichen. Das Monitoringssystem der Kinder- und Jugendhilfe in Deutschland kann beispielsweise Mithilfe von medizinischen Einrichtungen und Hebammen, durch die abgestuften Impfungen oder Hausbesuche überwacht werden. Zudem kann das Jugendamt bei Bedarf anonyme erzieherische Beratung und Förderung für die Eltern anbieten, um diese präventiv zu unterstützen. In Südkorea sollte diese Art der Förderung und Unterstützung ausgebaut, in dem Ressourcen verstärkt, Gesetze überarbeitet und MitarbeiterInnen besser qualifiziert werden.

2. Entscheidung über Kinderschutz und elterliche Maßnahmen durch das Familiengericht
in Südkorea sollte der langfristige Kinderschutz, z.B. die Inobhutnahme durch das Familiengericht bei Kindeswohlgefährdung eindeutiger geregelt werden. Dafür müssten die genauen Rollen und Aufgaben bzw. die Kooperationen zwischen KSZ, staatlicher Behörde und Familiengericht erneut ausgearbeitet werden. Ebenfalls sollten auch über Maßnahmen, welche das elterliche Sorgerecht betreffen, (z.B. zwingende medizinische Handlungen) oder die Einschränkung des Sorgerechts, neu ausgerichtet werden. Dies ist vor allem relevant, da die Gewalt an Kindern bei über 80% von Eltern und/oder Verwandten ausgeübt wird. Es wäre notwendig, dass Täter an verschiedenen Programmen, (z.B. Begleitung oder Überwachung der Erziehung) Besuch von Seminaren oder an einer medizinischen- bzw. therapeutischen Behandlung

teilnehmen. Darüber hinaus sollten Täter im Hinblick auf kindliche Erziehung geschult werden. Wie in der deutschen Struktur, sollte das KSZ das Familiengericht über bestehenden Verdachtsfall informieren, damit dieses von Amts wegen die Gewalt gegen Kinder untersuchen kann. Darauf sollten angemessene Maßnahmen erfolgen, die z.b. den Entzug oder die Einschränkung des elterlichen Sorgerechts beinhalten könnten. Zudem sollte bei der Rückkehr der/des Betroffenen nach Hause das Familiengericht erneut prüfen, ob die Risikofaktoren gesunken sind.

3. Verbindliche Kooperation und Netzwerkarbeit
In Südkorea sollte verbindlich festgelegt werden, wie die Aufgaben und Befugnisse zwischen öffentlichen und freien Trägern verteilt werden. Für die Übermittlung von Informationen müssten verbindliche Rahmenbedingungen eingeführt werden, die sowohl den Datenschutz als auch eine Verpflichtung zum Datenaustausch beinhalten. Die verschiedenen Stellen müssten verpflichtet werden auch präventiv zu handeln.

4. Die persönliche Sicherheit der SozialarbeiterInnen im KSZ und das Problem von Burnout
Viele SozialarbeiterInnen des KSZ begeben sich wegen gewaltbereiten Täter-Innen in eine gefährliche Lage, welches ein Eingreifen enorm erschwert. Zudem haben die SozialarbeiterInnen des KSZ neben der Kinderschutzarbeit zusätzlich verwaltungstechnische sowie andere Aufgaben von freien Trägern zu bearbeiten, sodass dies eine Mehrfachbelastung darstellt und somit von der Kinder-schutzarbeit ablenkt. Diese Kombination führt zu einer ineffizienten Wahr-nehmung der Interessen und führt nicht selten zu einem Burnout Syndrom bei den MitarbeiterInnen, welches oftmals schlechte Qualität des Kinderschutzes in Südkorea begründet. Daher sollte auch die Organistations- und Verwaltungs-struktur der freien Träger geändert und an die Anforderungen angepasst werden, um die SozialarbeiterInnen zu entlasten.

• Weiterentwicklung des Kinderschutzes in Deutschland

1. Ausweitung vorbeugender Maßnahmen und Aktivitäten zur Prävention
In Deutschland stellen die Frühen Hilfen ein relativ junges Handlungsfeld dar. Der weitere, auch interdisziplinäre Ausbau, ist sicherlich zu empfehlen. In Südkorea gibt es beispielsweise je nach Altersgruppe des Kindes und Jugendlichen vielfältige präventive Aktivitäten. BeamtenInnen und LehrerInnen sowie andere Berufsgruppen sind verpflichtet, an Fortbildungen zur Prävention der Gewalt gegen Kinder teilzunehmen.

2. Schaffung einer einheitlichen Einschätzung zur Kindeswohlgefährdung und eines zentralen Datenlagesystems in allen Bundesländern
In der Bundesrepublik Deutschland sind die Instrumente bei der Einschätzung der Kindeswohlgefährdung in allen Bundesländern unterschiedlich. Wird die soziale Diagnostik mit unterschiedlichen Instrumenten bei der Kindeswohlgefährdung eingesetzt, könnte dies möglicherweise dazu führen, dass Kindeswohlgefährdung uneinheitlich bewertet bzw. eingeschätzt wird. Es ist schwer zu sagen, wann der richtige Zeitpunkt für ein staatliches Eingreifen ist.

Im Vergleich dazu gibt es in Südkorea ein einheitliches Instrument bei der Einschätzung von Kindeswohlgefährdung, das alle SozialarbeiterInnen verwenden. Nach dem Leitprinzip dieses Instrumentes ist die Sicherheits- und Risikoeinschätzung vorzunehmen. Ferner sollten alle Verfahren und Prozesse in Bezug auf Gewalt gegen Kinder im nationalen Computersystem registriert werden. Für die Leistungen des regionalen KSZ sollte das nationale KSZ einmal pro Jahr überprüfen, welche KSZ die besten Leistungen erbracht haben.

3. Regelmäßige Teilnahme an gleichwertigen Fortbildungen und engere Kooperation und Netzwerkarbeit
In Zukunft wird die regelmäßige Teilnahme an angemessenen Fortbildungen, Qualifizierung der Fachkräfte des ASD und vermehrt engere Kooperationen und Netzwerkarbeit, bei der Kinderschutzarbeit in Deutschland zunehmend an Bedeutung gewinnen.

• Aufgaben der Wissenschaft in beiden Ländern

Bevor in Südkorea und Deutschland Empfehlungen und Vorschläge anderer Systeme reflektiert bzw. übernommen werden können, müssen fachliche und disziplinäre Auseinandersetzungen in Bezug auf die unterschiedlichen Wohlfahrtsstaats- und Kinderschutzmodelle, sowie die Eingriffsorientierung und Familienzentrierung bzw. die ethischen Rechtfertigungen stattfinden.

Neben Forschungen auf der Makroebene ist es erforderlich, die praxisbezogene Mikroebene durch verschiedene Designs qualitativ und quantitativ zu untersuchen. Hier bieten sich vor allem qualitative Fallrekonstruktionen an, die auf Basis von Interviews, Gruppendiskussionen oder ethnografischen Daten ein tieferes Verständnis der Thematik ermöglichen. Zusammen mit quantitativen Studien in mixed-method-Designs könnten diese Analysen zu neuen Erkenntnissen in der Kinderschutzforschung führen und dazu beitragen, dass Kinder in Südkorea, Deutschland und auch weltweit in Zukunft sicherer und vor Gewalt geschützt aufwachsen können.

Literaturverzeichnis

Albert, I., 2008. Innerfamiliäre Gewalt gegen Kinder. Eine kriminologische und rechtiliche Betrachtung der Erscheinungsformen, Ursachen und Möglichkeiten der Bekämpfung, Frankfurt am Main.

Alexandre, D., Riché, P., 2007. Das Leben der Kinder im Mittelalter. München.

Alle, F., 2012. Kindeswohlgefährdung. 2. Auflage. Freiburg.

Armbruster, M. (Hrsg.), 2000. Misshandeltes Kind. Hilfe durch Kooperation. Freiburg.

Baier, D., Pfeiffer, C., Simonson, J., Rabold, S., 2009. Jugendliche in Deutschland als Opfer und Täter von Gewalt, Hannover: Kriminologisches Forschungsinstitut Niedersachsen.

Bange, D., 2002. Definitionen und Begriffe, In: Bange, D., Körner, W. (Hrsg.), Handwörterbuch Sexueller Missbrauch. Göttingen, S. 47-52

Bange, D., 2005. Gewalt gegen Kinder in der Geschichte. In: Deegener, G., Körner, W. (Hrsg.), Kindermisshandlung und Vernachlässigung. Göttingen, S. 13-18

Bathke, S., 2011. Entwurf eines Gesetz zur Stärkung eines aktiven Schutzes von Kindern und Jugendlichen Bundeskinderschutzgesetz (BkiSchG): Vortrag im Rahmen der Fachtagung „Kinderschutz in gemeinsamer Verantwortung von Schule und Jugendhilfe. Zwischenbilanz und Perspektiven am 18.10.2011 in Münster, Institut für soziale Arbeit e.V.

Beck, U., 1986. Risikogesellschaft. Auf dem Weg in eine anderer Moderne. Frankfurt am Main.

Beckmann, K., 2008. Kinderschutz in öffentlicher Verantwortung. Schwalbach.

Becker, M., Schulz, A., 2013. Epidemiologie von Kindesmisshandlung. In: Spizter, C., Grabe, H. (Hrsg.), Kindesmisshandlung. Stuttgart, S.13-21

Beck'scher Online-Kommentar. http://beck-online.beck.de

Bender, D., Lösel, F., 2005. Misshandlung von Kindern: Risikofaktoren und Schutzfaktoren. In: Deegener, G., Körner, W. (Hrsg.), Kindesmisshandlung und Vernachlässigung. Göttingen, S. 317-346

Belsky, J. 1980. Child maltreatment: An ecological integration. American Psychologist (35), S. 320-335

Bieneck, S., Stadler, L., Pfeiffer, C., 2011. Erster Forschungsbericht zur Repräsentativerhebung Sexueller Missbrauch, Hannover: Kriminologisches Forschungsinstitut Niedersachsen.

BT-Drucks. 15/3676, http://dip21.bundestag.de/dip21/btd/15/036/1503676.pdf

Buchkremer, H., 2009. Handbuch Sozialpädagogik. Ein Leitfaden in der sozialen Arbeit 3. Auflage. Darmstadt.

Bund Deutscher Kriminalbeamter, 2010. Kindesmisshandlung. Berlin.

Bundeskriminalamt, 1994-2011. Polizeiliche Kriminalstatistik. Berlin.

Bundesministerium für Familie, Senioren, Frauen und Jugend, Bundesministerium der Justiz, 2003. Gewaltfreie Erziehung. Eine Bilanz nach Einführung des Rechts auf gewaltfreie Erziehung. Berlin.

Bundesministerium für Familie, Senioren, Frauen und Jugend, Bundesministerium der Justiz, 2010. Mehr Schutz bei häuslicher Gewalt. 3. Auflage. Berlin.

Bundesministerium für Familie, Senioren, Frauen und Jugend, 2004. Gewalt gegen Kinder und Jugendliche in Institutionen. Umgang mit Fehlverhalten von Fachkräften in Einrichtungen der Erziehungshilfe, Hannover: AFET-Veröffentlichung Nr. 63

Bundesministerium für Familie, Senioren, Frauen und Jugend, 2012. 14. Kinder- und Jugendbericht. Bericht über die Lebenssituation junger Menschen und die Bestrebungen und Leistungen der Kinder- und Jugendhilfe in Deutschland. Berlin.

Bundesministerium für Bildung und Forschung, 2012. Bildung in Deutschland 2012. Bielefeld.

Bundesministerium für Familie, Senioren, Frauen und Jugend, 2012. 14. Kinder- und Jugendbericht. Berlin.

Bundesministerium für Ministerium für Bildung, Jugend und Sport (Hrsg.), 2004. Empfehlungen zum Umgang und zur Zusammenarbeit bei Kindesvernachlässigung und Kindesmisshandlung sowie bei entsprechenden Verdachtsfällen. Berlin.

Brand, T., Jungmann, T. (Hrsg.), 2013. Kinder schützen, Familien stärken Erfahrungen und Empfehlungen für die Ausgestaltung Früher Hilfen aus der „Pro Kind" Praxis und Forschung. Weinheim.

Büttner, P., Wiesner, P., 2008. Zur Umsetzung des Schutzauftrages nach § 8 a Abs. 1 Satz 1 SGB VIII. In: ZKJ- Zeitschrift für Kindschaftsrecht und Jugendhilfe. 3. Jg. Heft 7/8, S. 292-297

Cho, E., 2001. Die finanzielle Versorgung nach der Scheidung im deutschen und koreanischen Recht im Vergleich. Diss. Universität Humboldt.

Choe. J., 2008. Die Wahrnehmung der Vernachlässigung für die koreanische Eltern. Dongkwang 104.

Choi, J., 2004. Die Religion in der koreanischen Gesellschaft. In: Chei, W. (Hrsg.), Aspekte der koreanischen Kultur und Gesellschaft. Seoul, S. 45-60

Choi, J., 2011. Historische Auslegung und Identität. Zur Rezeption des deutschen Strafrechts in Korea. Inha Law Review 14(3). Incheon, S. 191-215

Choi, Y., 2008. Legal Issues on Child Abuse in the Child Welfare Act. Journal of Law research Vol. 24-3, S. 305-332

Cunningham, H., 2006. Die Geschichte des Kindes in der Neuzeit. Düsseldorf.

Das Ministeriums für Gesundheit und Wohlfahrt, 2011. Survey of Child Abuse. Sejong.

Das Ministerium für Gesundheit und Wohlfahrt, 2000. Das Leitprinzip für effektive Durchführung im Kinderschutzsystem. Sejong.

Das Ministerium für Frauen und Familien, 2010. Survey of domestic violence. Seoul.

Deegener, G., 2010. Kindesmissbrauch, Erkennen. helfen, vorbeugen. 5. Auflage. Wein-heim.

Deegener, G., 2005. Formen und Häufigkeiten der Kindesmisshandlung. In: Deegener, G., Körner, W. (Hrsg.), Kindesmisshandlung und Vernachlässigung. Göttingen, S. 37-58

Deegener, G., Körner, W., 2011. Risiko- und Schutzfaktoren. Grundlagen und Gegenstand psychologischer, medizinischer und sozialpädagogischer Diagnostik im Kinderschutz. In: Körner, W., Deegener, G. (Hrsg.), Erfassung von Kindeswohlgefährdung in Theorie und Praxis. Lengerich, S. 201-250

Deutsches Jugendinstitut e.V., 2010. Kinderschutz und Frühe Hilfen: IzKK-Nachrichten. Heft 1.

Diskowski, D., Pesch, L. (Hrsg.), 2008. Familien schützen Kinder schützen. Weimar und Berlin.

Dölling, D., Duttge, G., Rössner, D., 2013. Gesamtes Strafrecht. 3. Auflage. Baden-Baden.

Engelhard, K., 2004. Südkorea -vom Entwicklungsland zum Industriestaat. Münster.

Engfer, A., 2005. Formen der Misshandlung von Kindern. Definitionen, Häufigkeit, Erklärungsansätze, In: Egel, U.T., Hoffmann, S. O., Joraschky, P. (Hrsg.), Sexueller Missbrauch, Misshandlung, Vernachlässigung. 3. Auflage. Stuttgart, S. 3-19

Ernst, C., 1998. Zu den Problemen der epidemiologischen Erforschung des sexuellen Missbrauchs, In: Amann, G., Wipplinger, R. (Hrsg.), Sexueller Missbrauch. Überblick zu Forschung, Beratung und Therapie. 2. Auflage. Tübingen, S. 55-71

Esping-Andersen, G., 1990. The Three Worlds of Welfare Capitalism. Princeton

Faltermeier, J., 2011. Kindesmisshandlung, In: Fachlexikon der sozialen Arbeit. (Hrsg.), 7. Auflage. Baden-Baden, S. 512-513

Fegert, J., Ziegenhain, U., Fangerau, H., 2010. Problematische Kinderschutzverläufe. Mediale Skandalisierung, fachliche Fehleranalyse und Strategien zur Verbesserung des Kinderschutzes. Weinheim und München.

Felsenweg-Institut der Karl Kübel Stiftung, 2012. Projektbericht Landesprojekt „Pro Kind Sachsen"

Fieseler, G., Herborth, R., 2010. Recht der Familie und Jugendhilfe. 7. Auflage. Köln.

Fischer, J., Buchholz, T., Merten, R. (Hrsg.), 2011. Kinderschutz in gemeinsamer Verantwortung von Jugendhilfe und Schule. Wiesbaden.

Flitner, A., Hornstein, W., 1964. Kindheit und Jugendalter in geschichtlicher Betrachtung. Zeitschrift für Pädagogik 10, S. 311-339

Garbarino, J., Bradshaw, C., 2002. Gewalt gegen Kinder. In: Heitmeyer, W., Hagan, J. (Hrsg.), Internationales Handbuch der Gewaltforschung. Wiesbaden, S. 899-920

Gärtner, I., 1997. Körperliche Misshandlung an Kindern in Familien, In: Klees, K., Friedebach, W. (Hrsg), Hilfen für missbrauchte Kinder. Weinheim. S. 51-69

Gilbert, N., 1997. Combatting Child Abuse. International Perspectives and Trends. Oxford.

Gilbert, N., Parton, N., Skivenes M., 2011. Child Protection System. International Trends and Orientations. Oxford.

Ginsburg, N., 2004. Structured diversity: a framework for critically comparing welfare states?. In: Kennett, P. (Hrsg.), A handbook of comparative social policy. Northampton, S. 201-216

Goldberg, B., Schorn, A. (Hrsg.), 2011. Kindeswohlgefährdung: Wahrnehmen, Bewerten, Intervenieren. Opladen.

Gries, J., Ringler, D., 2003. Jugendamt und Jugendhilfe in der Bundesrepublik Deutschland. Baltmannsweiler.

Hagen, B., 2004. Annäherung an die Begriffe Gewalt, Macht und Vertrauen, In: Bundesministerium für Familie, Senioren, Frauen und Jugend, Gewalt gegen Kinder und Jugendliche in Institutionen, Hannover: AFET-Veröffentlichung Nr. 63.

Häuser, W., Schmutzer, G., Brähler, E., Glaesmer, H., 2011. Maltreatment in childhood and adolescence. results from a survey of a representative sample of the German population, Dtsch Arztebl Int. 108 (17): 287-294. http://www.aerzteblatt.de /archiv/87-643.pdf:26.04.2013

Helfer, R., Kempe, C., 1978. Das geschlagene Kind. Frankfurt am Main.

Hering, S., Münchmeier, R., 2003. Geschichte der Sozialen Arbeit. 2. Auflage. Weinheim und München.

Herrmann, B., Dettmeyer, R., Banaschak, S., Thyen, U., 2010. Kindesmisshandlung. 2. Auflage. Heidelberg.

Hong, K. (Hrsg.), 2000. The National Survey of Child Abuse. Journal of Korean Council for Children's Rights Vol 4(2), S. 97-112

Hwang, O., 2002. Die Konstruktion des Kinderschutzsystem und Analyse des Führung. In: Theology and mission. Jg. 27, S. 521-547

Hong, M., 2009. A Study on the Impact of Child Abuse Experience and socioenvironmental Factors on Delinquency. the case of children in rural communities in North Jeolla Province. Jeonju.

Imbusch, P., 2002. Der Gewaltbegriff, In: Heitmeyer, W., Hagan, J. (Hrsg.), Internationales Handbuch der Gewaltforschung. Wiesbaden, S. 24-57

Janz, A., 2004. Umgang mit Meldungen zum Schutz von Kindern und Jugendlichen. Ein Arbeitspapier der AG der Nordhessischen Jugendämter für eine Vereinheitlichung im Vorgehen. Jugendamt Kassel.

Jang, H., 2011. Prävention und Maßnahmen gegen Kindesmisshandlung der letzten und nächsten 10 Jahre. National Child Protection Agency und Ministerium für Gesundheit und Wohlfahrt.

Chang, J., Boo, G., 2003. Hidden Choice: Paid Work and Child Care for Married Female Workers. Korean Women's Development Institute (65). Seoul, S. 1-31

Jang, Y., 2007. A study on Improvement of the Public Intervention System against Child Abuse. Journal of Korean Society of Child Welfare (24), S. 35-61

Joecks, W., Miebach, K., 2012. Münchener Kommentar zum Strafgesetzbuch Bd. 4: §§ 185-262 StGB. 2. Auflage. München.

Johansen, E., 1978. Betrogene Kinder. Eine Sozialgeschichte der Kindheit. Frankfurt am Main.

Jordan, E. (Hrsg.), 2007. Kindeswohlgefährdung. 2. Auflage. Weinheim und München.

Jordan, E. (Hrsg), 2008. Kindeswohlgefährdung. 3. Auflage. Weinheim und München.

Jordan, E., Maykus, S., Stuckstätte, E., 2012. Kinder- und Jugendhilfe. Einführung in Geschichte und Handlungsfelder, Organisationsformen und gesellschaftliche Problemlagen. 3. überarbeitete Auflage. Weinheim und München.

Jugendamt der Stadt Bochum, Kooperationsvereinbarung zwischen den Schulen im Stadtgebiet Bochum und dem Sozialen Dienst des Jugendamtes des Stadt Bochum. http://bochumpataetnrw.-org/progs/kia/kg/04bochum/content/e706/e1178/e1179/e11360/V3SchuleundJugendhilfeKooper-ationsvertrag2008Dez.08. pdf: 21.11.2013.

Jungmann, T., 2010. Das Hausbesuchsprogramm des Modellprojekts „Pro Kind". In: Kißgen, R., Heinen, N. (Hrsg.), Frühe Risiken und Frühe Hilfen. Stuttgart, S. 183-193

Jurtela, S., 2007. Häusliche Gewalt und Stalking. Innsbruck.

Kang, D., 2011. A Study on the Improvement of the Treatment against the Childbatterer. Hanyang Law Review. Vol. 22-2(34), S. 97-115

Kang, D., Moon, Y., 2011. Kindesmisshandlung. Recht und System. Seoul.

Kern, T., Köllner, P. (Hrsg.), 2005. Südkorea und Nordkorea, Frankfurt und Newyork.

Kim, G., 1988. Kinder schlagen: noch eine Kriminalität. Seoul.

Kim, H., 2003. Future Tasks of Child Abuse Prevention Policy in Korea. Journal of Korean council for children's rights Vol. 7-3, S. 1-28

Kim, H., 2008. Development plans for integrated support system for child abuse prevention. Korean Journal of Clinical Social Work Vol. 5-2, S. 21-40

Kim, H., 2010. The Improvement of the Article 29 of the Child Welfare Act. Korean Criminological Review Vol. 21-2(81), S. 33-62

Kim, J., 1986. A Study on teacher's perception on abused young children in low socio-economic status areas. Ewha Womans Uni. Seoul.

Kim, M., Yang, S., 2007. Korean Children in Crisis and Policy Measures. Health and Welfare Policy Forum (128): The Korea Institute for Health and Social Affairs. Seoul, S. 5-20

Kim, S., Kim, H., Choe., H., 2013. Child Welfare. Paju.

Kim, S., Lee, J., Kim, H., 2003. Die Forschung für die Maßstäbe von Gewalt gegen Kinder. Korea Institute for Health and Social Affairs.

Kim, W., 2007. Jugend und Jugendhilfe im Modernisierungsprozess. Eine vergleichende Studie über Straßenkinder in Deutschland und Südkorea. Diss. Hamburg.

Kim, Y., 1986. Jugendpolitik in Korea und in der Bundesrepublik Deutschland. Diss. Bochum.

KinderschutzZentrum Berlin e. V. (Hrsg.), 2000. Kindesmisshandlung. Erkennen und Helfen, Berlin.

KinderschutzZentrum Berlin e. V. (Hrsg.), 2009. Kindeswohlgefährdung. Erkennen und Helfen-. Berlin.

Kinderschutzzentrum, www. Korea1391.org

Kindeswohlinstitut, 2002. Kindeswohl und Politik. Seoul.

Kindler, H., Lillig, S., Herbert, B., Meysen, T., Werner, A. (Hrsg.), 2006. Handbuch Kindeswohl-gefährdung nach § 1666 und Allgemeiner Sozialer Dienst (ASD). München.

Kojan, B., Lonne, B., 2012. A comparison of systems and outcomes for safeguarding children in Australia and Norway. Child and Family Social Work 17, S. 96-107

Korean Culture and Information Service, Ministerium für Kultur, Sport und Tourismus, 2009. Tatsa-chen über Korea. Seoul.

Korea Legislation Research Institute, http://www.klri.re.kr. Seoul.

Ko, M., 2004. A Phenomenological Study on the experience of physically abused children. Korean Academy of Social Welfare 56-1, S. 71-102

Krieger, W., Lang, A., Meßmer, S., Osthoff, R., 2007. Kindesmisshandlung. Vernachlässigung und sexueller Missbrauch. im Aufgabenbereich der öffentlichen Träger der Jugendhilfe. Stuttgart.

Kwack, B., 2008. The Countermeasures of the Criminal Policy on the Child Abuse. Korean Law Association Vol. 31, S. 427-453

Landeshauptstadt Hannover, 2011. Zusammenarbeit im Kinderschutz. http:// www.kinderschutz-niedersachsen.de/doc/doc_download.cfm?uuid=8CBBEB9EF-84C85-87E3BC96E0304B184F. pdf: 21.11.2013.

Lamnek, S., Luedtke, J., Ottermann, R., Vogl, S., 2013. Tatort Familie. Häusliche Gewalt im gesellschaftlichen Kontext, 3. erweiterte und überarbeitete Auflage. Wiesbaden.

Lee, B., 2008. Kinderpolitik, Ideologie und politische Fragen. National Youth Policy Institute Forum (2), S. 3-18

Lee, B., 2005. Child Protection System Korea Dilemma-Reported, research and service functions, role conflict between. Seoul, S. 3-21

Lee, H., 2006. The Status of Child Maltreatment und Legal Limitations with Ways of Reform. The Korean Society of Family Law Vol. 20-1, S. 163-192

Lee, S., Ha, S., Lee, H., 2008. A Comparative Study on the Laws Related to Child Abuse Between Korea und Japan. Journal of Korean Council for Children & Rights Vol.12-3, S. 226-248

Lee, T., 2001. Die Notwendigkeit der Überarbeitung des Kinderwohlfahrtsgesetzes und die Überlegung der gesetzlichen Reform. http://grasslog.net/home/index.php?mid=archive&category-=13695&listStyle=gallery&comment_srl=30222&document_srl=28056&sort_index=readed_cou nt&order_type=desc: 12.11.2012

Lee, Z., 2003. Normative Rahmenbedingungen in Korea. Berlin.

Meier, F., 2006. Mit Kind und Kegel. Kindheit und Familie im Wandel der Geschi-chte. Stuttgart.

Manfred, H., 2004. Familiäre Lebensformen, In: Seidenstücker, B., Mutke, B. (Hrsg.), Praxisratgeber Kinder- und Jugendhilfe. Bobingen, S. 127-144

Marthaler, T., Bastian, P., Bode, I., Schrödter, M. (Hrsg.), 2012. Rationalitäten des Kinderschutzes. Kindeswohl und soziale Interventionen aus pluraler Perspektive. Wiesbaden.

Mertens, B., Pankofer, S., 2011. Kindesmisshandlung. Körperliche Gewalt in der Familie. Paderborn.

Meysen, T., Schönecker, L., Kindler, H., 2009. Frühe Hilfe im Kinderschutz. Rechtliche Rahmen-bedingungen und Risikodiagnostik in der Kooperation von Gesundheits- und Jugendhilfe. Weinheim und München.

Meysen, T., 2012. Das Recht zum Schutz von Kindern. In: Institut für Sozialarbeit und Sozial-pädagogik e. V. (ISS) (Hrsg.), Vernachlässigte Kinder besser schützen. Sozialpädagogisches Handeln bei Kindeswohlgefährdung. München.

Mierendorff, J., 2010. Kindheit und Wohlfahrtsstaat. Entstehung, Wandel und Kontinuität des Musters moderner Kindheit. Weinheim.

Ministry of Education, 2009. Bericht für statistische Ausbildung. Sejong.

Ministry of Government Legislation, www.law.go.kr. Seoul.

Moggi, F., 2005. Folgen von Kindesmisshandlung: ein Überblick. In: Deegener, G., Körner, W. (Hrsg.), Kindesmisshandlung und Vernachlässigung. Ein Handbuch. Göttingen, S. 94-103

Moon, S. (Hrsg.), 2010. Understanding Child Abuse and Neglect. Paju.

Moon, M., 2011. A Study on the prevention of Child Abuse and the Protection Measures of the Abused Child. Dongguk Uni. Diss. Seoul.

Moon, Y., 2010. Concering Current Child welfare Law. With particular Emphasis on Child Abuse. Hanyang Law Review Vol. 21-3(31), S. 403-425

Moon, Y., 2004. Child Abuse und Resilience. Seoul.

Müller, R., Nüsken, D. (Hrsg.), 2010. Child Protection in Europe. Münster.

Münder, J., Mutke, B., Schone, R., 2000. Kindeswohl zwischen Jugendhilfe und Justiz. Professionelles Handeln in Kindeswohlverfahren. Münster.

Münder, J., Wiesner, R., 2007. Kinder- und Jugendhilferecht. Baden-Baden.

Münder, J., Wiesner, R., Meysen, T. (Hrsg.), 2011. Kinder- und Jugendhilferecht. 2. Auflage. Baden-Baden.

Münder, J., 2013. Kinder- und Jugendhilfegesetz (KJHG/SGB VIII). In: Kreft, D., Mielenz, I. (Hrsg.), Wörterbuch Soziale Arbeit. 7. Auflage. Weinheim, S. 540

Münder, J., Meysen, T., Trenczek, T., 2013. Frankfurter Kommentar SGB VIII, Kinder- und Jugendhilfe. 7. Auflage. Baden-Baden.

Nahrwold, M., 2011. Inobhutnahme und Anrufung des Familiengerichts. In: Goldberg, B., Schorn, A. (Hrsg.), Kindeswohlgefährdung: Wahrnehmen, Bewerten, Intervenieren. Opladen, S. 143-165

National Human Rights Commission of Korea, 2006. Survey of Child Abuse „Neglect". Seoul.

National Child Protection Agency, 2001-2011. National Child Abuse Report. Seoul.

National Child Protection Agency, 2012. Anleitung zur Durchführung von Aufgaben. Seoul.

National Youth Policy Institute, 2011. The study on the current status of Korean children´s and youth´s rights I. Seoul.

Nationales Zentrum Frühe Hilfe, 2008. Frühe Hilfen. Modellprojekte in den Ländern. Köln.

Nothhafft, S., 2008. Sorge- und Umgangsrecht bei Gewalt in der Familie: Deutschen Jugendinstitut, München. http://www.dji.de/izkk/UmgangSorge-Haeusliche-Gewalt. pdf: 24.09.2013.

Nüsken, D., 2010. Kinderschutz in Deutschland. Strategien und erste Erfahrungen mit Spezialdiensten, In: Müller, R., Nüsken, D. (Hrsg.), Child Protection in Europe, Münster, S. 55-69

Oh, J., Jeong, I., 2008. Child Welfare. Seoul.

Park. K., 1999. The Effect of Social Support on Maladjustment of Adolescent's Behavior in Violent Family. Ewha Womans Uni. Seoul.

Park. J., 2008. A Comparative Study On Temporary Custody and separation of parents and child - Focusing On Child Abuse Cases. The Korean Society Of Family Law. Vol.12-1, S. 108-135

Park, J., 2008. The Legal Protection for Abused Child. Diss. Korea Uni. Seoul.

Park, J., 2012. Heute und morgen des Kindes in Südkorea in Bezug auf die Gewalt gegen Kinder. Seoul.

Park, S. (Hrsg.), 2005. A Comparative Study on Child Protection System among OECD Countries: Korea Institute for Health and Social Affairs. Seoul.

Pfeiffer, C., Wetzels, P., 1997. Kinder als Täter und Opfer. eine Analyse auf der Basis der PKS und einer repräsentativen Opferbefragung, Hannover: Kriminologisches Forschungsinstitut Niedersachsen.

Pfeiffer, C., Wetzels, P., Enzmann, D., 1999. Innerfamiliäre Gewalt gegen Kinder und Jugendliche und ihre Auswirkungen, Hannover: Kriminologisches Forschungsinstitut Niedersachsen.

Pinheiro, S.P., 2006. Report of the independent expert for the United Nations study on violence against children. United Nations.

Pothmann, J., 2012. Inobhutnahme. eine Hilfe mit unterschiedlichen Gesichtern. Heft Nr. 2/12 (15 Jg.): Komdat

Präventionsrat der Stadt Kassel, 2013. Kinder im Klima häuslicher Gewalt. Maßnahmen zum Schutz gefährdeter Kinder. Kassel.

Prölß, R., 2013. Jugendamt. In: Kreft, D., Mielenz, I. (Hrsg.), Wörterbuch Sozialen Arbeit. 7. Auflage. Weinheim.

Pyo,G., 2010. Kinder- und Jugendwohl. 2. Auflage. Paju.

Rätz-Heinisch, R., Schröer, W., Wolff, M., 2009. Lehrbuch Kinder- und Jugendhilfe. Weinheim.

Rauschenbach, T., Pothmann, J., 2010. Frühe Hilfen als aktiver Kinderschutz. Rückgang der Kindstötungen, Zunahme der Hilfe. Heft Nr. 2/10 (13 Jg.): Komdat

Schellhorn, W., Schellhorn, H., Fischer, L., Mann, H., 2007. SGB VIII Kommentar zum Sozialgesetzbuch VIII. 3. Auflage. München.

Schone, R., Gintzel, U. (Hrsg.), 1997. Kinder in Not. Münster.

Schone, R., Tenhaken, W. (Hrsg.), 2012. Kinderschutz in Einrichtungen und Diensten der Jugendhilfe. Ein Lehr und Praxisbuch zum Umgang mit Fragen der Kindeswohlgefährdung. Weinheim.

Schone, R., 2008. Kontrolle als Element von Fachlichkeit in den sozialpädagogischen Diensten der Kinder- und Jugendhilfe: AGJ. Berlin.

Senatsverwaltung für Bildung, Wissenschaft und Forschung, 2009. Bildung für Berlin. Zusammenarbeit zwischen Schulen und bezirklichem Jugendamt im Kinderschutz: Handlungsleitfaden. Berlin,https://www.berlin.de/imperia/md/content./senjugend/kinder_und_jugendschutz/handlungs leitfaden.pdf?start&ts=1259319906&file=-handlungsleitfaden.pdf: 21.11.2013.

Shahar, S., 1991. Kindheit im Mittelalter. München.

Shin, S., 2004. Die Familie in der koreanischen Gesellschaft. In: Chei, W. (Hrsg.), Aspekte der koreanischen Kultur und Gesellschaft. Seoul, S. 97-124

Stadt Kassel. 2013. Kassel Daten. http://www.serviceportalkassel.de/imperia/md//content/cms01/-07rathausinfo/statistik/kassel_daten_2013_version_2_barrierefrei.pdf: 30.01.2014

Statistisches Bundesamt, 2011. Statistisches Jahrbuch 2011. für die Bundesrepublik Deutschland mit internationalen Übersichten. Wiesbaden.

Statistisches Bundesamt, 2011a. Datenreport 2011. Ein Sozialbericht für die Bundesrepublik Deutschland. Bonn.

Statistisches Bundesamt, 2011b. Statistisches Jahrbuch 2011. für die Bundesrepublik Deutschland mit internationalen Übersichten. Wiesbaden.

Statistisches Bundesamt, 2013. Datenreport 2013. ein sozialbericht für die Bundesrepublik Deutschland. Bonn.

Statistisches Bundesamt, 2013. Statistiken der Kinder- und Jugendhilfe. Vorläufige Schutzmaßnahmen. Wiesbaden.

Statistisches Amt. www.kostat.go.kr. Südkorea oder www.index.go.kr

Statistische Ämter, 2015. Kindertagesbetreuung regional 2014. Wiesbaden

Sterzing, D., 2011. Präventive Programme für sozial benachteiligte Familien mit Kindern von 0-6 Jahren. Überblick über die Angebote in Deutschland: Deutsches Jugendinstitut. München.

Stiftung Pro Kind, http://www.bertelsmann-stiftung.de/cps/rde/xbcr/SID-E18476-36 91057811/bst/-E14_Modellprojekt_Pro-Kind.pdf: 06.11.2013.

Stopfel, U., Bohne, P., Herborth, R. (Helfer, M., Kempe, R., Krugman, R.,) 1997. Das misshandelte Kind (The Battered Child). 5. Auflage. The University of Chicago.

Struck, N., 2002. Kinder- und Jugendhilfegesetz/ SGB VIII. In: Handbuch Kinder- und Jugendhilfe. Weinheim, S. 529-544

Suess, G., 2010. Schritte zu einer effektiven, Freunde bereitenden Elternschaft. Das STEEP Programm. In: Kißgen, R., Heinen, N. (Hrsg.), Frühe Risiken und Frühe Hilfen. Stuttgart, S. 194-208

Suess, G., Hammer, W. (Hrsg.), 2010. Kinderschutz. Stuttgart.

Thole, W., Höblich, D., Ahmed, S. (Hrsg.), 2012. Taschenwörterbuch Soziale Arbeit. Stuttgart.

Thole, W. (Hrsg.), 2012. Grundriss Soziale Arbeit. Ein einführendes Handbuch. 4. Auflage. Wiesbaden.

Thole, W., Retkowski, A., Schäuble, B. (Hrsg.), 2012. Sorgende Arrangements. Kinderschutz zwischen Organisation und Familie. Wiesbaden.

Thole, W. (Hrsg.), 2013. Sexualisierte Gewalt, Macht und Pädagogik. Berlin.

Thüringer Ministerium für Soziales, Familie und Gesundheit, 2012. Kinderschutz in Thüringer Schulen.

UN, 1989. Übereinkommen über die Rechte des Kindes. http://www.national-coaliti-on.de/pdf/UN-Kinderrechtskonvention.pdf: 05.11.2012.

UNICEF, 2003. A league table of child maltreatment. Deaths in rich nations. http://www.unicef-irc.org/publications/pdf/repcard5e.pdf: 05.11.2012.

UNICEF, 2008. Gewalt gegen Kinder. http://www.unicef.de/fileadmin/content_media/mediathek/-I_0077_Gewalt_gegen_Kinder_2008.pdf: 05.11.2012.

UNICEF, 2010. Child Disciplinary Practices at Home: Evidence from a Range of Low- and Middle-Income Countries. New York.

UNICEF, 2008. Gewalt gegen Kinder. http://www.unicef.de/fileadmin/contest_media/mediathek/-I_0077_Gewalt_gegen_Kinder_2008. pdf: 05.11.2012.

Universität Koblenz-Landau, Vom Falleingang bis zur Kollegialen Beratung – Grundsätze und Arbeitshilfen, Bundesmodellprojekt „Hilfeplanung als Kontaktmanagement?" Modellstandort Düsseldorf.

Wabnitz. R., 2009. Grundkurs Kinder- und Jugendhilferecht für die Soziale Arbeit. 2. Auflage. München.

Wanger, S., 2011. Vielen Frauen würden gerne länger arbeiten: IAB-Kurzbericht. 9/2011.

Wagner, L., Lutz, R. (Hrsg.), 2009. Internationale Perspektiven Sozialer Arbeit. 2. Auflage. Wiesbaden.

Wetzels, P., 1997. Gewalterfahrungen in der Kindheit, Hannover: Kriminologisches Forschungsinstitut Niedersachsen.

Wiesner, R., 2002. Staatliches Wächteramt. In: Bange, D., Körner, W., Handwör-terbuch Sexueller Missbrauch. Göttingen, S. 592-595

Wimmer, F., der klassische Konfuzianismus und die Idee der Menschenrechte. http://sammelpunkt.-philo.at: 8080/896/1/se0102arbhagn.pdf: 12.12.2013.

Wontroba, G., Menzel, U., 1978. Stagnation und Unterentwicklung in Korea- von der Yi-Dynastie zur Peripherisierung unter japanischer Kolonialherrschaft, Meisenheim am Glan.

World Health Organization, 2002. World report on Violence and Health. Geneva.

Yoon, H., 2003. Child Abuse Prevention Centers: Practice Overview and Implications for Future Development of Child Protective Services. Korea Society of Child Welfare 2003(1), Seoul, S. 7-38

Yoon, H., 2011. Die Überlegungen zur Entwicklung der Kinderschutzsystem, In: Prävention und Maßnahmen gegen Kindesmisshandlung der letzten und nächsten 10 Jahre: National Child Protection Agency und Ministerium für Gesundheit und Wohlfahrt. Seoul.

Zorn, D., 2006. Das Recht der elterlichen Sorge. Berlin.

The manufacturer's authorised representative in the EU is Springer
Nature Customer Service Centre GmbH, Europaplatz 3, 69115 Heidelberg,
Germany. If you have any concerns regarding our products, please
contact ProductSafety@springernature.com

Printed and bound by CPI Group (UK) Ltd, Croydon, CR0 4YY
28/04/2026
02098479-0006